РУССКАЯ ГРАММАТИКА（第2版）
俄语语法

张会森　汤雅茹 ◎ 编著
王铭玉　于凤颖 ◎ 修订

北京大学出版社
PEKING UNIVERSITY PRESS

图书在版编目（CIP）数据

俄语语法 / 张会森，汤雅茹编著．— 2 版．— 北京：北京大学出版社，2024.8.
ISBN 978-7-301-35319-6

Ⅰ．H354

中国国家版本馆 CIP 数据核字第 2024HY5362 号

书　　　名	俄语语法（第 2 版）
	EYU YUFA (DI-ER BAN)
著作责任者	张会森　汤雅茹　编著
	王铭玉　于凤颖　修订
责任编辑	李 哲
标准书号	ISBN 978-7-301-35319-6
出版发行	北京大学出版社
地　　　址	北京市海淀区成府路 205 号　100871
网　　　址	http://www.pup.cn　新浪微博：@北京大学出版社
电子邮箱	编辑部 pupwaiwen@pup.cn　总编室 zpup@pup.cn
电　　　话	邮购部 010-62752015　发行部 010-62750672
	编辑部 010-62759634
印　刷　者	北京鑫海金澳胶印有限公司
经 销 者	新华书店
	720 毫米 ×1020 毫米　16 开本　22.75 印张　340 千字
	2008 年 9 月第 1 版
	2024 年 8 月第 2 版　2024 年 8 月第 1 次印刷
定　　　价	78.00 元

未经许可，不得以任何方式复制或抄袭本书之部分或全部内容。
版权所有，侵权必究
举报电话：010-62752024　电子邮箱：fd@pup.cn
图书如有印装质量问题，请与出版部联系，电话：010-62756370

第1版前言

北大出版社外语编辑部主任张冰约我写一本大学生用的俄语语法书。尽管手头有别的写作任务，我还是欣然同意了。这不仅是盛情难却，更主要的是因为考虑到有必要编写一本大学生（主要是基础阶段）学习用的俄语语法书。

不错，北外和黑大编的俄语实践课教材中，各课都附有一定的俄语语法材料，但内容分散，各课语法之间缺乏内在联系，且常常过于简约，光靠教科书学生们难以形成系统、集中、总体的印象。内容分散于各课各册之中也不太便于他们学习和复习。这几年，各院系好像都不开设专门的语法课，这就更需要一本适用的俄语语法书了。

俄语是一种形态变化、句法规则相当繁复的语言，要学好它，必须掌握俄语语法基本要领。我常被问及个人学习俄语的经验体会，我总是说：在学习俄语时，我对语法特别留意，每课我都力求把语法搞明白。语法是规则，是能举一反三的。多掌握一条规则，比多掌握几个单词重要得多。有人曾比喻：一个个单词好比砖瓦，是建筑材料，而语法则是建筑蓝图。

合作者汤雅茹曾多年从事大学俄语语法教学，我们合作编写过语法书。我们自信这本《俄语语法》能够为大学生学习俄语提供必要的帮助。本书为实用语法，但我们认为应深入浅出地讲述必要的道理，使学生在必要的程度上"知其所以然"。造句规则广泛通过模式化予以凸显。本书文字、例句力求简明，内容、写法、篇幅均从大学基础阶段（1—2年级）俄语教学需要出发。

书中不足之处欢迎广大读者指正。

张会森

2008年·奥运在即

黑龙江大学俄语语言文学研究中心

第2版前言

　　一部实用语法书经过十五年的时间到了该修订的时间，去年暑假，北大出版社的张冰教授如同当年约定张会森先生写作此书一样，出于历史的责任感，又向我发出了修订的邀请。同时，她还向我展现了她与张会森长女张晓丹教授的微信聊天记录，二人经过沟通，一致认为此书应由我来担纲修订最为合适。原因很简单：我是张会森先生的开门弟子，也是他和夫人汤雅茹教授最喜爱的学生，两位老人对我恩德如山，他们之于我也是亦师亦父母。研究学问三十几年，终于有机会可以以学术之名、以弟子之手亲自报答老师及师母的教诲与厚爱，这是多大的一个荣誉啊！这不仅是使命与担当，更是一种精神的弘扬与传承。因此，从接受任务直到初修完毕，我始终未敢松懈。我和同事于凤颖副教授商定，要坚持做到每日必读、每日必修，一本300来页的《俄语语法》就是这样被我们攻读下来，完成了必要的修订工作。

　　看到眼前这部经过修订的文稿，作为学生，我长长地舒了一口气。在如释重负的同时，我感到更多的是无法排遣的思念。

　　张会森先生1933年生于河北省乐亭，1950年入哈外专学习俄语。1953年毕业于哈尔滨外国语学院（黑龙江大学前身）并留校任教。曾在苏联列宁格勒大学进修。1993—1999年任黑大俄语理论教研室兼研究生教研室副主任，长期任俄语研究所副所长。2011年4月28日20时因病不幸辞世，享年78岁。他为培养高层次俄语人才，为我国的俄语语言文学学科建设作出了卓越的贡献。张会森先生一生虽然只有一个身份——教师，但他在大家的心中却是一个思想家，其学术思想闪闪发光！

　　他的一生思想充满着定力。近60年的教师生涯中，他始终矢志于理论探索。早在1954年就发表了第一篇语法论文《俄语不定代词与不定副词研究》，一直引领着全国俄语语法的研究。从20世纪60年代开始算起，商务印书馆共出版了张先生的四本语法著作：《现代俄语语法》（商务印书馆，1963）、《现代俄语语法新编》（商务印书馆，1979）、《最新俄语语法》（商务印书馆，2000）、《当代俄语语法》（商务印书馆，2010）。这些专著既有理论深度，又有很高的实用价值。

他的一生思想洋溢着活力。张先生思维敏锐，善于抓住科学的前沿问题，善于发现新的研究领域。1991年苏联解体，俄语某些方面的演变受到苏联解体后新的社会空间和价值观念的影响和推动，出现了前所未有的新现象，他与时俱进展开现实研究，发表过《1991—1992：苏联解体前后的俄语》《苏联解体后的俄语》《九十年代俄语的变化和发展》《现代俄语的变化和发展》以及后来的《今日俄语：现状与问题》等论著。张先生首先在我国开始了"现代俄语的发展"的研究，是这一领域研究的先行者。

他的一生思想迸发着张力。张先生厚于知识，富于见识，敢于创新。他在多个领域提出的见解引起了学界的极大关注，《论主语》（1983）和《今日俄语：语法领域中的积极过程》（2010）当时在语法界引发了诸多讨论；《俄语口语问题》（1980）为传统研究带来了一股清风；《当代翻译研究三思》（2009）又为翻译的地位问题进行了思考。尤为值得一提的是，张会森先生是我国最早开始引介并研究功能语法的著名语言学家。早在1980年他就发表了《功能语法的若干问题》一文，这是国内最早研究功能语法的论文，也是张先生一系列富有成效的功能研究的先声；而后他又相继撰文以推动这一研究方向的发展，如《功能语法导言》（1988）、《俄语功能语法：祈使范畴》（1988）、《俄语功能语法：存在范畴》（1989）、《苏联的功能语法研究》（1989）、《功能语法问题——А.В.Виноградов功能语法观述评》（1989）。1992年他写出了我国第一部《俄语功能语法》（1992）。

他的一生思想彰显着魄力。张先生一辈子直爽善言，敢为人先。很早时他就倡导洋为中用，坚持本土化研究。《现代中国修辞学：成就和任务》（1989）和《俄语与汉语动词体的对比》（1991）等是这方面的代表作。他退休之后还成功申报了"俄汉语对比研究"国家社科基金重大项目。张先生曾经创造了许多中国俄语界的"第一"：20世纪50年代，他率先翻译苏联著名语言学家维诺格拉多夫院士的语法学说；20世纪70年代，他撰写的《现代俄语语法新编》（上）成为我国首部自己编写的顶级俄语词法学著作；20世纪90年代初，他与信德麟、华劭教授一起译编的《俄语语法》，将苏联科学院的1980年《俄语语法》缩译成书，独领学术潮流。

张会森先生的座右铭是"作为读书人，一要勤于读书，善于思考；二要不忘传统，敢于创新；三要不读死书，努力践行"。他是这样说的，更是这样做的！这本《俄语语法》是个缩影，记录了他和夫人对俄语的挚爱和对事业的追求，两位长者是我们永远的学习榜样。

2023年6月

目 录

第一编 词 法

第一章 俄语词的构成及构词方法 ········· 3
- 一 词素及其类别 ········· 3
- 二 俄语基本构词方法 ········· 6

第二章 名 词 ········· 20
- 一 俄语词类概述 ········· 20
- 二 名词及其类别 ········· 22
- 三 名词的性 ········· 26
- 四 名词的数 ········· 31
- 五 名词的格 ········· 34
- 六 名词各格的意义和用法 ········· 47
- 七 指小表爱名词和指大名词 ········· 56
- 八 俄罗斯人的姓名（附：非俄罗斯人姓名）········· 58

第三章 形容词 ········· 63
- 一 概述 ········· 63
- 二 形容词的变化 ········· 64
- 三 形容词的用法 ········· 66
- 四 短尾形容词 ········· 67
- 五 形容词比较级和最高级 ········· 70

第四章	数　词		77
	一	概述	77
	二	定量数词的变格和用法	79
	三	不定量数词的变化和用法	85
	四	集合数词的变化和用法	87
	五	顺序数词的变化和用法	89
	六	钟点表示法	92
	七	年、月、日表示法	94
	八	分数	95
	九	小数	97
第五章	代　词		98
	一	概述	98
	二	人称代词	99
	三	反身代词	102
	四	物主代词	103
	五	指示代词	105
	六	疑问代词	108
	七	关系代词	112
	八	限定代词	112
	九	不定代词	116
	十	否定代词	119
第六章	动　词		121
	一	概述	121
	二	动词不定式	123
	三	动词的变位	126
	四	未完成体将来时的构成	134
	五	动词 быть	135
	六	动词过去时的构成	137

七　动词的体 ……………………………………………… 139
　　八　动词的时 ……………………………………………… 149
　　九　动词的命令式 ………………………………………… 155
　　十　动词的假定式 ………………………………………… 161
　　十一　及物动词与不及物动词 …………………………… 162
　　十二　带 -ся 动词 ………………………………………… 164
　　十三　无人称动词 ………………………………………… 168
　　十四　运动动词 …………………………………………… 171
　　十五　形动词 ……………………………………………… 179
　　十六　副动词 ……………………………………………… 187

第七章　副　词 ……………………………………………… **193**
　　一　概述 …………………………………………………… 193
　　二　副词比较级和最高级 ………………………………… 194
　　三　谓语副词 ……………………………………………… 195
　　四　不定副词和否定副词 ………………………………… 197

第八章　前置词 ……………………………………………… **199**
　　一　概述 …………………………………………………… 199
　　二　前置词的意义和功能 ………………………………… 200
　　三　前置间в和на的主要用法和区别 …………………… 201
　　四　前置词через, за 的功能和用法 …………………… 205
　　五　关于前置词的几点补充说明 ………………………… 207

第九章　连接词 ……………………………………………… **209**
　　一　概述 …………………………………………………… 209
　　二　并列连接词 …………………………………………… 209
　　三　主从连接词 …………………………………………… 210
　　四　简单连接词和复合连接词 …………………………… 211
　　五　连接词与关联词的异同 ……………………………… 212

第十章　语气词 · 214
　　一　概述 · 214
　　二　一些常用语气词的用法 · 214

第十一章　感叹词 · 219
　　一　概述 · 219
　　二　感叹词的类别 · 220
　　三　象声词 · 222

第二编　句　法

第一章　句子、句子成分、句子类别 · 225
　　一　句子 · 225
　　二　句子成分 · 225
　　三　陈述句、疑问句、祈使句和感叹句 · 227
　　四　单部句和双部句 · 228
　　五　双部句的基本格式 · 229
　　六　简单句与复合句 · 232

第二章　主语和谓语 · 233
　　一　概述 · 233
　　二　主语表示法 · 234
　　三　谓语的类型及其表示法 · 236
　　四　主语、谓语间的一致关系 · 244

第三章　句子次要成分 · 248
　　一　补语 · 248
　　二　定语 · 251
　　三　同位语 · 253
　　四　状语 · 255

目 录

第四章　单部句 ··· **260**
　　一　确定人称句 ··· 260
　　二　不定人称句 ··· 261
　　三　泛指人称句 ··· 262
　　四　无人称句 ··· 263
　　五　不定式句 ··· 265
　　六　主格句 ··· 267

第五章　独词句与不完全句 ······························· **269**
　　一　独词句 ··· 269
　　二　不完全句 ··· 270

第六章　同等成分 ······································· **271**
　　一　概述 ··· 271
　　二　类别 ··· 271
　　三　同等主语与谓语的一致问题 ··························· 273
　　四　同等成分与连接词及标点符号 ························· 274
　　五　同等成分与总括词 ··································· 276
　　六　总括词与标点符号 ··································· 277

第七章　独立次要成分 ··································· **278**
　　一　概述 ··· 278
　　二　次要成分必须独立的场合 ····························· 278

第八章　呼语与插入语 ··································· **284**
　　一　呼语 ··· 284
　　二　插入语 ··· 285

第九章　简单句中的词序 ································· **287**
　　一　概述 ··· 287
　　二　主要成分的词序 ····································· 288
　　三　次要成分的词序 ····································· 289
　　四　无人称句的词序 ····································· 292

五　疑问句的词序 …… 292

第十章　并列复合句 …… 293
　　一　概述 …… 293
　　二　用联合连接词连接的并列复合句 …… 294
　　三　用区分连接词连接的并列复合句 …… 295
　　四　用对别连接词连接的并列复合句 …… 296

第十一章　主从复合句 …… 298
　　一　概述 …… 298
　　二　关联词与指示词 …… 299
　　三　主从复合句的类别 …… 301

第十二章　带限定从句的主从复合句 …… 302
　　一　概述 …… 302
　　二　名词限定从句 …… 303
　　三　代词限定从句 …… 305

第十三章　带说明从句的主从复合句 …… 306
　　一　概述 …… 306
　　二　说明从句的类型 …… 307
　　三　说明从句的连接词与关联词 …… 309
　　四　指示词то的用法 …… 313
　　五　说明从句中谓语的时间 …… 315

第十四章　带疏状从句和接续从句的主从复合句 …… 316
　　一　带时间从句的主从复合句 …… 316
　　二　带处所从句的主从复合句 …… 319
　　三　带行为方式或程度从句的主从复合句 …… 321
　　四　带比较从句的主从复合句 …… 322
　　五　带原因从句的主从复合句 …… 324
　　六　带目的从句的主从复合句 …… 326
　　七　带条件从句的主从复合句 …… 327

八　带让步从句的主从复合句 …………………………………… 329
　　九　带结果从句的主从复合句 …………………………………… 330
　　十　带接续从句的主从复合句 …………………………………… 331

第十五章　无连接词复合句 ……………………………………… 332
　　一　概述 ……………………………………………………………… 332
　　二　相当于并列复合句的无连接词复合句 …………………… 333
　　三　相当于主从复合句的无连接词复合句 …………………… 334

第十六章　繁式复合句 …………………………………………… 337
　　一　带从句的并列复合句 ………………………………………… 337
　　二　带并列从句的主从复合句 …………………………………… 338
　　三　带递序从句的主从复合句 …………………………………… 340
　　四　兼带并列从句与递序从句的复合句 ……………………… 340

第十七章　直接引语与间接引语 ………………………………… 342
　　一　直接引语 ……………………………………………………… 342
　　二　直接引语的书写与标点符号 ………………………………… 342
　　三　变直接引语为间接引语 ……………………………………… 346

参考书目 ………………………………………………………………… 348

第一编　词　法

第一章
俄语词的构成及构词方法

一 词素及其类别

1. 词素 (морфе́ма)

一个词，常可分解为若干意义的部分——词素。词素是词中最小的表义部分。如вода́含两个词素вод-а, подво́дный包含四个词素под-вод-н-ый。词素分为词根和词缀，词根以外的部分统称词缀（а́ффиксы），词缀分前缀、后缀和词尾，以及连接元音。

2. 词根 (ко́рень)

词根是一个词的核心部分，表示该词词汇意义的最基本的东西。如：

вода́（水），во́дный（水的），подво́дный（水下的），водяни́стый（多水的）……

бе́лый（白的），белизна́（白），белова́тый（稍白的），беле́ть（发白），побели́ть（刷白）……

具有共同词根的词叫同根词。

3. 前缀 (приста́вка 或 пре́фикс)

前缀是位于词根前的词缀，如подво́дный 中的под-，сде́лать 中的с-，

нехоро́ший 中的 не-。

有的前缀使词增加新的词汇意义，如 хоро́ший（好的）加 не- 构成 нехоро́ший（不好的），使词彻底改变。

有的则只改变词的语法意义，如 сде́лать 中的 с- 并没改变 де́лать 的词义，只是使 де́лать（未成体）变成完成体。

有的前缀同时改变原词的词汇意义和语法意义，如 петь — запе́ть，前缀 за- 表示"开始"，同时，又使原来的 петь 变成完成体。

4. 后缀 (су́ффикс)

在词根后、词尾前（如果有词尾的话）的词缀叫后缀，表示附加的词汇意义或语法意义，用来构成新词或词的语法形式。如 во́дный 的 -н- 是后缀，在词根 вод 之后，词尾 -ый 之前，表示"与……有关的"：во́дный — "水的""水上的"。

在 краси́вее 这一词形中，-ее 是后缀，用来构成比较级形式。писа́л 中的 -л 是过去时后缀。

有的后缀，如反身动词的 -ся，在词尾之后，叫尾后后缀 (постфикс)，如верну́ться, верну́лась。

5. 词尾 (оконча́ние 或 фле́ксия)

词尾是一个词的变化部分，词尾构成词的各种形式，表示性、数、格、人称等语法意义。例如名词有单数和复数之分，表现在词尾上：кни́га（单数）— кни́ги（复数）；名词有六个格的变化，它们通过词尾表现出来，如：кни́га, кни́ги, кни́ге, кни́гу, кни́гой, о кни́ге；动词的人称词尾表示人称和数的意义，如：чита́ю（单数第一人称），чита́ешь（单数第二人称）、чита́ет（单数第三人称）、чита́ем（复数第一人称）、чита́ете（复数第二人称）、чита́ют（复数第三人称）。

动词过去时 -л 是后缀，-(л)а, -(л)и 是词尾，如 чита́л（阳性，单数），

чита́ла（阴性、单数），чита́ли（复数）。

以 брат（第一格），бра́та（第二格），бра́ту（第三格）为例，我们发现，брат的第一格形式没有词尾，我们管这叫**零词尾**，或叫秃尾 (нулево́е оконча́ние)，用符号-0来表示。例如，过去时 чита́л 也是秃尾。

一个词尾可能兼表两三个意义，如：хоро́шая，词尾 -ая 表示阴性、单数、第一格。

大致上说，词尾的功能是：

名词词尾		表示性、数和格
形容词词尾		表示性、数和格
动词词尾	现在时与将来时	表示人称和数
	过去时	表示性和数

6. 连接元音 (соедини́тельная гла́сная)

复合词中，连接两个词干的元音也是一种词缀，又叫中缀或者间缀 (интерфи́кс)。俄语连接元音主要是-о-、-е- 两个。元音 о 用于硬辅音之后，例如парохо́д（轮船）一词中，-о- 连接 пар 和 ход，водопрово́д（自来水管）中，-о- 连接 вод 和 провод；元音е用于软辅音和ц之后，例如сталева́р（工人），пылесо́с（吸尘器），птицело́в（捕鸟者）词中，-е-分别连接 стал 和 вар，пыл 和 сос，птиц 和 лов。

在пятиле́тний（五岁的），себялю́бие（自私自利）等词中，-и-、-я-也是连接元音。

7. 词干 (осно́ва)

一个词找出词尾，也就找出了词干，因为一般词去掉词尾，剩下的部分就是词干。例如：

单词	词干	词尾
вода́（水）	вод	-а
стол（桌子）	стол	-ø
хоро́ший（好的）	хоро́ш	-ий
прочита́ть（读完）	прочита́	-ть
хорошо́（好，副词）	хорошо́	-ø
подво́дный（水下的）	подво́дн	-ый

一个词干中可能包含好多词素，如词干 подво́дн- 包括 под-（前缀）+ вод（词根）+ н（后缀），构词时，特别是用后缀法构词时，都是以词干作为构词基础。如 писа́ть 的词干 писа- 加上后缀 -тель 构成名词 писа́тель（作家）；用 зима́ 的词干 зим 加上后缀 -н（及词尾 -ий）构成形容词 зи́мний（冬天的）。因此，词干是个十分重要的概念。

用来构成另外一个词的词干，叫**生产词干 (производя́щая осно́ва)**。例如，дом（房子）是生产词干，可构成 дом 的指小形式 до́мик（小房子）；выключа́ть（打开）的 выключа́- 是生产词干，可构成名词 выключа́тель（开关）。这里的 до́мик 和 выключа́тель 又被叫做**派生词 (произво́дные слова́ 或 мотиви́рованные слова́)**。

二　俄语基本构词方法

词的数量巨大，但构词方法是有限的。俄语基本构词方法是形态构词法，即使用各种词缀来构词。形态构词法又分为：（1）前缀构词法；（2）后缀构词法；（3）前后缀构词法；（4）去缀构词法；（5）复合构词法。

除了形态构词法外，还有两种非形态构词法：（1）**溶合法 (сраще́ние)**，是指一个词组由于经常使用而拼合为一个词，如 малоупотреби́тельный（很少用的）来自词组 ма́ло употреби́тельный, сейча́с（现在，马上）源自 сей (= э́тот) час；（2）**词性转化法** (морфо́лого-синтакси́ческое словообразова́ние)，通过词类转化产生新词，如由于形容词名词化，形容词 рабо́чий（工作的）、вое́ный（军事的）变化为名词 рабо́чий（工人）、вое́ный（军人）。

俄语新词大部分是利用俄语既有的构词手段和方法构成。了解俄语构词方法和手段可大大有助于我们理解和掌握生词。

1. 前缀构词法 (приста́вочный спо́соб)

在一个词的前头加上前缀可构成同类词，如动词 писа́ть 前加各种前缀构成系列同类动词：**в**писа́ть（写入……），**вы́**писать（摘录），**до**писа́ть（接着写完），**за**писа́ть（记下），**ис**писа́ть（写满），**на**писа́ть（写好），**о**писа́ть（描写），**от**писа́ть（写完）〈俗〉，**пере**писа́ть（重写），**по**писа́ть（写一阵），**под**писа́ть（签署），**про**писа́ть（登记），**рас**писа́ть（分别写），**с**писа́ть（抄下），**у**писа́ть（把……全写在……上）。

某些前缀加在形容词前可构成新的形容词，如：**анти**нау́чный（反科学的），**раз**весёлый（十分快活的），**сверх**да́льний（超远的）。

少数名词也用此法构成，如：**со**учени́к（同学），**не**прия́тель（敌人）等。

各种前缀都有一定的意义，掌握常用前缀的意义，大大有助于理解新词。

2. 后缀构词法 (суффикса́льный спо́соб)

借助后缀（加在生产词干上）构成新词是俄语中使用最为广泛的构词方法。用这种方法可构成名词、形容词、副词、动词。例如由形容词 чи́стый 的词干 чист- 加后缀 -от- 和词尾 -а 构成名词 чистота́（清洁），加后缀 -о 构成副词 чи́сто（干净）。由动词 чита́ть 的词干 чита- 加后缀 -тель 可构成名词 чита́тель

（读者）。

由性质形容词词干加后缀-о（以-ый结尾的形容词），-е（以-ий 结尾的形容词）及-и（以-ский 结尾的形容词）构成相应的副词，是现代俄语中十分常见的现象。例如：

  сме́лый — сме́ло   （勇敢地）
  ежедне́вный — ежедне́вно   （每日）
  живо́й — жи́во   （活泼地）
  и́скренний — и́скренне   （真诚地）
  певу́чий — певу́че   （歌唱般）
  дру́жеский — дру́жески   （友好地）

以-ний, -кий 结尾的形容词加后缀-о构成副词，例如：

  по́здний — по́здно   （晚）
  да́вний — давно́   （早先）
  широ́кий — широко́   （广阔）
  высо́кий — высоко́   （高）

又如，由形容词词干加后缀**-е(ть)**构成动词。例如：

  бе́л(ый) — беле́ть   （呈白，变白）
  тёмн(ый) — темне́ть   （发暗，变暗）

可见知道词干的意义，知道后缀的特点，大体上就可知道这个或那个用后缀法构成的新词（未学过的词）的意义了。

3. 前后缀构词法 (приста́вочно-суффикса́льный спо́соб)

由生产词干同时加前缀和后缀构成新词。形容词、副词、动词常用此法构成。例如：

第一章　俄语词的构成及构词方法

用前缀 $\begin{cases} \text{вне-}（在……外）\\ \text{внутри-}（在……内）\\ \text{до-}（在……前）\\ \text{между-}（在……中间）\\ \text{на-}（在……上）\\ \text{над-}（在……上头）\\ \text{после-}（在……后）\\ \text{при-}（在……附近）\end{cases}$ ＋名词词干＋后缀 $\begin{cases}\text{-н-}\\ \text{-ов-, -ск-}\end{cases}$ ＋ $\begin{cases}\text{-ый}\\ \text{-ий}\end{cases}$

这种格式可构成大量的形容词。例如：

внекла́ссный
（课外的）

внекла́ссовый
（超级的）

внутризаводско́й
（厂内的）

внутрипарти́йный
（党内的）

дореволюцио́нный
（革命前的）

дооктя́брьский
（十月革命前的）

междунаро́дный
（国际的）

междуря́дный
（〈农〉行间的；垄间的）

насто́льный
（桌上的；常备的）

назе́мный
（陆上的）

послеобе́денный
（午饭后的）

послеледнико́вый
（冰期后的）

привокза́льный
（车站附近的）

призаводский
（工厂附设的）

4. 去缀法 (бессуффикса́льный спо́соб)

俄语中有些名词通过去掉原来词的后缀或词尾构成，例如：

приходи́ть　去掉 -и、-ть　构成　прихо́д　　（到来）
вы́лететь　　去掉 -е、-ть　构成　вы́лет　　（起飞）

но́вый 去掉 -ый 构成 новь （新事物）

теннисистка（女网球运动员）去掉 -ка 构成 теннисист（男网球运动员）

5. 复合构词法 (сложе́ние)

复合构词法是专门用来构成复合词的方法。复合构词法包括：

1) **合干法** 利用两个词的词干，或一个词干加一个完整的词构成复合词。构成复合词时，词干间常加连接元音（中缀）-о-或-е-,-е-用于软辅音及ц之后。例如：парохо́д（轮船）— 由пар（蒸汽）和ходи́ть（行走）的词干，再加连接元音-о-构成；птицево́д（养禽专家）— 由пти́ц(а) 和 вод 两词干再加连接元音-е-构成。

合干的同时也可能不用连接元音，例如спортба́за（体育运动基地）。

合干的同时可能还加后缀、词尾，例如：земледе́лие（农业、耕作）这个复合词由земл(я) 和дел(ать) 的词干，再加连接元音-е-及后缀-и(е)构成。又如машиностроéние（机械制造）也是合干的同时又加了后缀-ние。

2) **合词法** 由两个完整的同格名词构成复合名词，中间用连词符"-"。例如：маркси́зм-ленини́зм（马克思列宁主义），дива́н-крова́ть（沙发床），премье́р-мини́стр（总理），генера́л-полко́вник（上将），ку́пля-прода́жа（买卖），лётчик-космона́вт（宇航员）。

3) **复合缩节法** 这是构成复合缩节词的方法，基本特点是用名词的一部分、一个字母、一个音来组词。详见"复合缩节词"。

6. 复合缩节词 (сложносокращённые слова́)

不用完整词干，而用词干的一部分构成的复合词叫复合缩节词。根据构造复合缩节词可分为以下五种类型：

1. 由名词词首（辅音）字母构成（按字母名称读）	РФ(эрэф)（俄罗斯联邦） КПК（ка-пэ-ка）（中国共产党）	Росси́йская Федера́ция Коммунисти́ческая па́ртия Кита́я
2. 由名词词首语音构成（读成音节）	ГЭС（水电站） вуз（高等院校）	ги́дроэлектри́ческая ста́нция вы́сшее уче́бное заведе́ние

（续表）

3. 由名词开头部分构成	горко́м（市委） филфа́к（语言系）	городско́й комите́т филологи́ческий факульте́т
4. 第一部分缩节，第二部分为整词	профсою́з（工会） горбольни́ца（市立医院）	професиона́льный сою́з городска́я больни́ца
5. 由部分组成词的缩节部分构成	Госпла́н（国家计委） комсомо́л（共青团）	Госуда́рственный пла́новый комите́т коммунисти́ческий сою́з молодёжи

  复合缩节词的语法性属问题比较复杂。上表第3、4、5类都根据末尾词性质而定。例如 комсомо́л, Госпла́н 以辅音结尾属阳性，而 горбольни́ца 以元音-а 结尾则为阴性。

  上表中的第1、2类缩节词，保留原复合名称中心词的性，例如 КПК — 中心词 па́ртия 是阴性，所以它也是阴性。个别以辅音结尾、按音节来读的复合缩节词，由于经常使用，已固定为阳性，而不受原中心词影响了，例如 вуз（高等院校）（原为 вы́сшее уче́бное заведе́ние 的缩写）。

7. 名词后缀构词法

  利用后缀法构成名词是名词生成的最普遍方法。现把常用后缀列表分析如下：

  1）抽象名词后缀

后缀	意义	例词	附注
-АЦИ(Я) -ФИКАЦИ(Я)	"……化"	автоматиза́ция（自动化） глобальза́ция（全球化） электрифика́ция（电气化）	生产词一般为带-зировать的动词
-ИЗМ	"主义" "学说"	маркси́зм（马克思主义） коммуни́зм（共产主义） социали́зм（社会主义）	加于名词词干
-НИ(Е) -ЕНИ(Е)	动作或状态	печа́тание（印，印刷） изобрете́ние（发明）	加于动词词干
-ОСТЬ	属性，特性	сме́лость（勇敢） пра́вильность（正确性）	加于形容词词干

（续表）

后缀	意义	例词	附注
-ОТ(А)	状态、属性	чистота́（清洁，整洁） темнота́（黑暗，昏暗） дремо́та（打盹，瞌睡状态）	加于名词、动词或形容词词干
-СТВ(О) (-ЕСТВО)	动作、状态、特征	произво́дство（生产） бога́тство（财富） председа́тельство（主席职务）	加于名词、动词、形容词词干
-ТИ(Е) (ТЬЁ)	动作	разви́тие（发展） откры́тие（发现，开发） мытьё（洗，洗濯）	加于动词词干

2）表人名词后缀

后缀	意义	例词	附注
-АНИН -ЧАНИН	某地的人	горожа́нин（市民，城里人） южа́нин（南方人） англича́нин（英国人）	加于名词词干
-АНТ	从事某种活动的人	музыка́нт（音乐师） курса́нт（学员） оккупа́нт（占领者）	加于名词或动词词干
-ЕЦ (-ОВЕЦ) (-АНЕЦ)	某地，某社团，学派的人，或从事某种活动的人	парти́ец（党员） америка́нец（美国人） кружко́вец（小组成员、组员）	加于名词词干上
-ЕЦ	具有某种特征，从事某种职业活动的人	продаве́ц（售货员） певе́ц（歌手）	加于动词词干
-ИК (-ИЦА)	具有某种特征，从事某种活动的人	передови́к（先进工作者） выпускни́к（毕业生）	加于形容词干或名词词干，女性为-ица
-ОНЕР	从事某种活动的人	революционе́р（革命者） реакционе́р（反动派） коллекционе́р（集邮者）	加于以-иця结尾名词词干
-ИСТ	属于某种派别、学说的人	маркси́ст（马克思主义者） дарвини́ст（达尔文主义者） идеали́ст（唯心主义者）	与-изм对应；加于名词词干，女性加-ка，如маркси́стка

（续表）

后缀	意义	例词	附注
-НИК (-НИЦА)	从事某种活动的人	помо́щник（助手） защи́тник（保卫者）	加于名词词干，女性用-ница，如помо́щница
-ТЕЛЬ (-ИТЕЛЬ)	从事某种活动的人	учи́тель（教师） распространи́тель（传播者）	加于动词词干，女性另加-ница，如учи́тельница
-ЩИК (-ОВЩИК -ЛЬЩИК) -ЩИЦА	从事某种活动的人	покупщи́к（买主） кладовщи́к（保管员） носи́льщик（搬运工人，担架员） часовщи́к（修表工人）	加于名词或动词词干，女性为-щица，如часовщи́ца
-КА	表人（女性）	студе́нтка（女大学生） пионе́рка（女少先队员） комсомо́лка（女共青团员） коммуни́стка（女共产党员）	加于阳性名词词干

3）表物名词后缀

后缀	意义	例词	附注
-ТЕЛЬ	进行某种动作的器具	выключа́тель（开关） измери́тель（测量仪）	加于及物动词词干
-НИК -ЛЬНИК	进行某种动作的机器或器具	подъёмник（起重机） холоди́льник（冰箱，冷冻器）	加于动词或名词词干
-ЧИК -ЩИК	进行某种动作的工具	счётчик（计算器） мото́рчик（小型发电机） букси́ровщик（拖船）	加于动词或名词词干
-ЛК(А) -Л(О)	同上	ве́шалка（衣架，衣挂） зажига́лка（打火机） точи́ло（磨石）	

8. 形容词前缀构词法

俄语中常在现成的形容词前加上前缀构成新的形容词，现把常用形容词前缀列表于下：

前缀	意义	例词	附注
АНТИ-	"反对""反"	антинаро́дный（反人民的） антикита́йский（反华的） антинау́чный（反科学的）	与 противо- 同义
АРХИ-	"极其"	архиу́мный（聪明绝顶的） архинеле́пый（荒谬绝伦的）	书面语词
БЕЗ- (БЕС-)	"没有""无"	безоши́бочный（没有错误的） безо́блачный（无云的） бескро́вный（无血的）	广泛运用
НЕБЕЗ-	"不无"	небезоши́бочный（不无错误的） небезра́достный（不无乐趣的）	与 без 对应
НЕ-	"不""非"	неpа́достный（不愉快的） небольшо́й（不大的） ненорма́льный（非（不）正常的）	广泛运用，可加于性质形容词与关系形容词
ПРЕ- РАЗ- (РАС-)	"特别" "十分"	предо́брый（十分和善的） пребольшо́й（十分大的） развесёлый（十分快活的） распрокля́тый（罪大恶极的）	带有口语特点
ПРО-	"亲"	проамерика́нский（亲美的） проза́падный（亲西方的）	用于政治术语，与 анти 相对应

9. 动词前缀构词法

动词加前缀产生新的动词。一般说未完成体动词加前缀产生完成体动词。下面列举分析一些常用前缀的基本意义。

前缀	意义	例词	附注
В-	进入内部	пойти́ (вбежа́ть) в ко́мнату （走进（跑进）屋子）	与前置词 в 连用 反义前缀为 вы-
	向上	вбежа́ть на́ гору（跑到山上） влезть на де́рево（爬到树上） втащи́ть на́ гору（拉到山上）	与前置词 на 连用
ВЫ-	由内向外	вы́йти (вы́бежать) из ко́мнаты （从屋里走（跑）出）	与前置词 из 连用，反义前缀为 в-
	从中取出	вы́нести из ко́мнаты（从屋里拿出）	

第一章　俄语词的构成及构词方法

（续表）

前缀	意义	例词	附注
ДО-	达到某一地点或时间	дойти́ (добежа́ть) до шко́лы（走（跑）到学校） дожи́ть до весны́（活到春天）	与前置词 до 连用
	（接着）完成未完部分	дочита́ть (дописа́ть) кни́гу（把书读（写）完）	一般为及物动词，接第四格
ЗА-	开始（……起来）	запе́ть（开始唱（起来）） заговори́ть（开始说（起来）） закрича́ть（开始喊（起来））	
ЗА-	向……外或……后运动	забежа́ть за́ дом（跑到房后） заложи́ть ру́ку за́ спину（背后）	与前置词 за 连用
	顺便	забежа́ть в ла́вку（顺便跑到小铺去） зайти́ к дру́гу（顺便到朋友那里去）	与前缀 с- 意思相近
С-	特意	сбежа́ть в ла́вку（特意跑到小铺去） сойти́ к дру́гу（特意到朋友那里去）	
НА-	触及某物，触撞	набежа́ть (нае́хать) на прохо́жего（跑着（乘车）撞上行人）	与前置词 на 连用
	把……放在某物上	наши́ть пу́говицу на пиджа́к（把扣子缝到上衣上） накле́ить ма́рку на конве́рт（把邮票贴在信封上）	与前置词 на 连用
НЕДО-	不足	недоце́ннинь（估价不足） недопоня́ть（理解不足） недопи́ть（喝得不足）	反义前缀为 пере-
О- (ОБ-, ОБО-)	环绕，绕过	обойти́（环绕……而行） облете́ть（环绕……而飞） обежа́ть（环绕……而跑）	及物动词
OT- (ОТО-)	离开，使离开	отойти́ от стола́（离开桌子） отлете́ть от де́рева（从树上飞离）	与前置词 от 连用，反义前缀为 при-
	使……停止	отучи́ть（使……抛弃） отвы́кнуть（去掉……习惯） отсове́товать（劝止）	与前置词 от 连用
	完成，结束	откури́ть（停止吸烟） отшуме́ть（停止喧哗） отрабо́тать（工作完毕）	

（续表）

前缀	意义	例词	附注
ПЕРЕ-	越过某物，从一边到另一边	перебежáть дорóгу（跑过马路） переплы́ть океáн（漂洋过海）	及物
	重新	перечитáть（重（新）读） переде́лать（重做） переклéить（重贴）	及物
	过分，过火	переварúть（煮得过火） переутомúть（过累） переоценúть（估计过高）	反义前缀为 недо-
ПРИ-	到达	прибежáть（跑（来）到） прилете́ть（飞（来）到）	反义前缀为 у-
	接合，弄在某物上	приклéить（把……贴在……上） привинтúть（把……拧在……上）	及物
ПО-	行为受时间限制，持续不长时间	погуля́ть（散散步） поговорúть（谈一会儿） полежáть（躺一会儿） побéгать（跑一跑）	
	开始	побежáть（开始跑） полете́ть（开始飞） пойтú（开始走）	
ПОД-	放在某物下面，向某物下面运动	подплы́ть под мост（游到桥下） подлéзть под стол（爬到桌子底下） подстáвить ведрó под кран（把桶放到水龙头下面）	与 под（四格）连用
	自下向上	подбрóсить мяч（往上扔球） подлете́ть до потолкá（飞到天棚上）	
ПРО-	穿通	пробúть（穿孔） проколóть（刺穿）	及物
	经过，越过	пройтú（走过） проéхать（驶过） проплы́ть（渡过）	加于运动动词
	经过一段较长时间	проболтáть（闲谈（若干时间）） проспáть（睡（若干时间））	与表示时间的状语连用

（续表）

前缀	意义	例词	附注
	行为及于全部，彻底	проду́мать（深思熟虑） провари́ть（煮透） прокипяти́ть（煮沸）	及物
	完结	прозвуча́ть（引起反响；发出响声；响起） прозвони́ть（铃响；发出叮当声；打（做某事）铃）	
РАЗ- (РАС)	分散开	разби́ть（打碎） рвзвяза́ть（解开） разбро́сить（四处乱抛）	
	仔细认真，从各方面	рассмотре́ть（（仔细）观察） расспроси́ть（盘问，仔细打听）	
C- (CO-)	离开；向下运动	сойти́ с доро́ги（离开道路） скати́ться с горы́（从山上滑下）	反义前缀为в-，вз-
	结合	соедини́ть（连在一起） скле́ить（粘在一起）	
	往返运动	сходи́ть в шко́лу（去一趟学校） своди́ть больно́го к врачу́（领病人去看一次医生）	加在不定向运动动词上，构成完成体
У-	离去，消失	уйти́（走开） убра́ть（收拾掉） улета́ть（飞走）	反义前缀при-

〈附录〉俄语语音交替表

在俄语中，当构成一个词的不同形式（例如变格、变位）时，构成比较等级形式时，或者借助后缀构成时，有时发生一些音被另一些音替代的现象，这种现象叫**语音交替** (чередова́ние зву́ков)，也叫**音变**。例如动词 писа́ть（写）变位时发生辅音 с 和 ш 的交替：пишу́, пи́шешь, пи́шут……；又如由名词 страх（可怕）构成形容词стра́шный（可怕的）时，发生х — ш的交替；сон — сна（梦），день — дня（日）等名词变格时词干元音 о 和 е 脱落，形成 о — 零音和е — 零音的交替。

语音交替是历史形成的、有规律的，分辅音交替与元音交替。辅音交替更为常见。

辅音交替

交替的语音	例证
г — ж — з	друг（朋友）— дру́жный（友好的）— друзья́（друг 复数形式）
д — ж — жд	ходи́ть（走，去；穿着）— хожу́（单数第一人称）— хожде́ние（行走）（名）
з — ж	сказа́ть — скажу́（单数第一人称） возрази́ть（表达）— возраже́ние（反对）（名）
к — ч — ц	рука́（手）— ручно́й（与手有关的） коли́кать（呐喊）— клич（呐喊）（名）— восклица́ние（赞叹声）（名）
ц — ч	яйцо́（蛋）— яи́чный（蛋的）（形）
г — ж	дорого́й（贵的）— доро́же（较贵）（比较级）
д — ж	сиде́ть（坐）— сижу́（单数第一人称） молодо́й（年轻的）— моло́же（更年轻的）（比较级）
т — ч	хоте́ть（想）— хочу́（单数第一人称） круто́й（险峻的）— кру́че（更险峻的）（比较级）
т — ч — щ	свет（光明）— свеча́（蜡烛）— освеща́ть（照亮）（未完成体）
т — ч	отве́тить（回答）（完成体）— отвеча́ть（未完成体）
с — ш	писа́ть（写）— пишу́（单数第一人称）
х — ш	слух（听力）— слу́шать（听）
ск — ст — щ	пуска́ть（放）（未完成体）— пусти́ть（完成体）— пущу́（单数第一人称）
ст — щ	просто́й（简单的）— про́ще（更简单的）（比较级）
ск — щ	иска́ть（寻找）— ищу́（单数第一人称）
б — бл	люби́ть（爱）— люблю́（单数第一人称）
в — вл	лови́ть（钓）— ловлю́（单数第一人称）
ф — фл	графи́ть（画格）— графлю́（单数第一人称）
м — мл	корми́ть（喂）— кормлю́（单数第一人称）

元音交替

交替的语音	例证
о—а	спроси́ть（问）（完成体）—спра́шивать（未完成体） зако́нчить（结束）（完成体）—зака́нчивать（未完成体）
е—а	лезть（爬）（定向）—ла́зить（不定向）
е—零音	день（日）—дня（单二格），оте́ц（父亲）—отца́（单二格）
о—零音	сон（梦）—сна（单二格），у́гол（角）—угла́（单二格）
零音—ы	разорва́ть（撕碎）（完成体）—разрыва́ть（未完成体）
零—е—и—о	вы́брать（选择）（完成体）—выбира́ть（未完成体）—вы́бор（名词）—вы́беру（单数第一人称）
у—ы—о	сухо́й（干的）—засыха́ть（干涸）—со́хнуть（干枯）

第二章
名 词

一 俄语词类概述

每种语言的词千千万万，但根据一定的特征可以把它们划分为不同的类别。词类是指词的语法上的分类。俄语的词根据意义和语法特征可分为十类，列表如下：

		例如
实词	名词 （и́мя существи́тельное）	кни́га（书），стол（桌子），рабо́та（工作），молодёжь（青年）
	形容词 （и́мя прилага́тельное）	но́вый（新的），кита́йский（中国的）
	数词 （и́мя числи́тельное）	оди́н（1），два（2）（基数词）；тро́е（三、三个、三对）（集合数词）；четвёртый（第四）（序数词）
	代词 （местоиме́ние）	я（我），ты（你）（人称代词）；мой（我的）（物主代词）；э́тот（这）（指示代词）；како́й（何样的）（疑问代词）
	动词 （глаго́л）	чита́ть（读），учи́ться（学习）
	副词 （наре́чие）	хорошо́（好），по-ру́сски（用俄语），там（在那里）

（续表）

		例如
虚词	前置词 （предло́г）	на（向，往……上；在……上，在……里），под（往……下；在……下面），из-за（因为；从……后面；从……那边）
	连接词 （сою́з）	и（和；与；并；及；接着；于是），но（但是，可是，然而），и́ли（或者），так как（因为）
	语气词 （части́ца）	ра́зве（难道，莫非），ли（吗，是否），да́же（甚至），ведь（要知道）
	感叹词 （междоме́тие）	ах（唉，哎呀），ой（啊，哎哟），ура́（乌拉）（表示赞美的欢呼声），тсс（嘘）（要求保持肃静的声音）

以上十类词中，有六类——名词、形容词、数词、代词、副词、动词属于**实词**(знамена́тельные слова́)。实词有独立的意义，是事物、特征、数量、动作、状态等的名称，其中代词则有指称、替代功能。实词能做句子成分。实词大都有词形变化，有的变格（名词、形容词、数词、代词），有的变位（动词），副词不变格不变位，但可有比较级别的变化（如：си́льно — сильне́е）。

实词中名词、形容词、数词三类词统称为**静词**（имена́）。

前置词、连接词、语气词属于**虚词**（служе́бные слова́）。虚词没有独立的词汇意义，它们用来表达词与词、句与句之间的关系（前置词、连接词），或赋予词或句子以各种附加意味或语气（语气词）。虚词一般不能（或单独不能）充当句子成分。虚词没有任何形态变化。

感叹词既不属于实词，也不属于虚词。

语言中的一切都不是一成不变的，词类也会转化。例如 учёный 原是形容词，意为（有学问的），现在变成名词，意为（学者）。在现代俄语中，"词类转化"或"词的转类"常常指一个词"双重（或多重）国籍"，也就是说，转类的结果是一个词产生同音词，它既是甲类的词，又是乙类的词。这种现象从本质上看是修饰语的物化，从词的词类属性上看，是形容词的名词化。例

如 рабо́чий 原是形容词，在现代俄语中又当名词用。这样，рабо́чий 既是形容词，又是名词。试比较：

Э́то мой **рабо́чий** стол.（这是我的办公桌。）（这里 рабо́чий 是形容词)

Я **рабо́чий**.（我是工人。）（这里 рабо́чий 是名词）

二　名词及其类别

1. 名词概述

名词是表示"事物"的词类。名词所表示的"事物"不仅包括具体的物体、人、动物（如 стол（桌子），го́род（城市），пти́ца（鸟），учени́к（学生）），而且还包括自然现象和社会现象（如 гроза́（雷雨），собра́ние（会议），власть（政权），以及各种抽象概念（如 возмо́жность（可能性），ско́рость（速度），откры́тие（发现)）等。

俄语名词有性的区分：阳性（каранда́ш（铅笔），геро́й（英雄）），阴性（кни́га（书），дере́вня（乡村）），中性（письмо́（信），по́ле（田野)）；有数的区分：单数与复数（кни́га — кни́ги)；有格的变化，分六个格。

俄语名词在句中主要做主语和补语，也可做其他成分：谓语、定语、状语等。如：

Ма́ма（主语）положи́ла кни́гу（补语）под поду́шку（状语）Серге́я（定语）.（妈妈把书放到了谢尔盖的枕头下面。）

名词还可做呼语，或单独构成句子（叫主格句），如：

1）**Де́вушка**（呼语），куда́ вы идёте?（姑娘，你上哪儿去？）

2）**Дека́брь.**（主格句）Идёт снег.（12月。下着雪。）

第二章　名　词

2. 普通名词与专有名词

全部俄语名词分为**普通名词**（существи́тельные нарица́тельные）与**专有名词**（существи́тельные со́бственные）两大类。

普通名词表示同类事物共同的名称，如 кни́га（书），стол（桌子），го́род（城市），而专有名词则是某一事物特有的名称，如：Земля́（地球），Кита́й（中国），А.С. Пу́шкин（阿·谢·普希金）。

专有名词要大写开头。如人的姓名：Ю́ра（尤拉），Та́ня（丹尼娅），Копе́рник（哥白尼）；地名：Во́лга（伏尔加河），Москва́（莫斯科），Евро́па（欧洲）；国名：Кита́йская Наро́дная Респу́блика（中华人民共和国），Чи́ли（智利）等。

普通名词可以转用为企业、书刊、历史事件等的专有名称，此时也要大写，通常放在引号或书名号内；由几个普通名词组合而成的专有名称，通常第一个单词的第一个字母大写（但国名都大写开头，如 Росси́йская Федера́ция（俄罗斯联邦））。如：

Са́ша, ты не брал мою́ кни́гу **«Настоя́щая весна́»**?（萨沙，你没拿我的书《真正的春天》吗？）

После́дние 5 лет я чита́ю то́лько **«Аргуме́нты и фа́кты»**.（近五年我只读报纸《论据与事实》。）

Вот, това́рищ Васи́лий, э́то статья́ для **«Пра́вды»**, сказа́л Ле́нин.（"瓦西里同志，这是给《真理报》的文章，"列宁说。）

平常使用的普通名词 со́лнце（太阳），луна́（月亮），земля́（地球）等，在天文学中用作专有名词，要大写开头。如：

Птолеме́й оши́бочно счита́л, что **Земля́**……э́то центр **Вселе́нной**. А вокру́г неё враща́ются **Со́лнце, Луна́**.（托勒密错误地认为地球是宇宙的中心，认为太阳、月亮都围绕地球转。）

3. 具体名词、抽象名词、物质名词和集合名词

俄语名词可分为四类：具体名词、抽象名词、物质名词和集合名词。这四类名词在意义上和语法上都有一定的特点。

1）**具体名词** (существи́тельные конкре́тные)是表示具体可数事物的名词，如 кни́га（书），перо́（笔尖），учи́тель（教师）。具体名词有单复数的变化，可与定量数词直接连用，如 пять книг（五本书），три ма́льчика（三个男孩子）。

2）**抽象名词** (существи́тельные отвлечённые) 是表示抽象概念的名词，如 свобо́да（自由），во́ля（意志，毅力）等。抽象名词的特点是一般没有单、复数的变化，大部分只有单数，少数只有复数，如 вы́боры（选举），перегово́ры（谈判）。抽象名词一般不能和定量数词连用。如不能说 два внима́ния。但抽象名词可以和不定量数词 мно́го, ма́ло, немно́го, нема́ло 搭配，表示程度，如 мно́го шу́му（很吵闹），ма́ло внима́ния（很少注意）。

某些抽象名词可以转义表示具体现象、具体事物。用做具体名词时，则可以有单、复数的变化，可以和数量数词连用。如 труд 当"劳动"讲，只有单数，而转义表示"著作"时，则可有单、复数变化。如：**труды́** Ма́ркса（马克思的著作），де́сять нау́чных **трудо́в**（十部科学著作）。

3）**物质名词** (существи́тельные веще́ственные) 是表示物质、材料的名词。如：зо́лото（金），сталь（钢），са́хар（糖），молоко́（牛奶）。物质名词所表示的东西无论如何分割，其性质不变。如 зо́лото 不管分成多少块，都还是金子。物质名词不能和定量数词直接搭配，要用表示度量单位的词做中介，如不能说 два зо́лота，但可以说 два кусо́чка зо́лота（两小块金子），два́дцать гра́ммов зо́лота（20克金子）。物质名词可以和不定量数词连用，如 мно́го са́хару（很多糖），часть бензи́на（部分汽油）。

4）**集合名词** (существи́тельные собира́тельные) 只有单数，用单数形式表示多数事物，并把这些事物当作一个整体。如：молодёжь（青年），наро́д（人民——复数表"民族"），листва́（树叶）等。表示单个事物时，不能用集合名词，如不能说 Я молодёжь（我是青年），只能说 Я ю́ноша (或 де́вушка)。

4. 动物名词与非动物名词

俄语名词分**动物名词**(существи́тельные одушевлённые)与**非动物名词**(существи́тельные неодушевлённые)。动物名词原则上包括表示人和动物的名词，如 учени́к（学生），ло́шадь（马）。其他名词（包括植物名称在内），属非动物名词。

但是表示人的集体的名词，如 молодёжь（青年），наро́д（人民），пролетариа́т（无产阶级）都不算动物名词。因为，它们的第四格并不同于第二格。

动物名词与非动物名词语法上的区别在于：前者的复数第四格同于第二格，而后者的第四格同于第一格（简称"动二非一"）。

试比较

动/四格同二格

Я ви́жу **учителе́й**.

（我看见一些老师。）

Я люблю́ **дете́й**.

（我喜欢孩子们。）

非动/四格同一格

Я ви́жу **столы́**.

（我看见一些桌子。）

Я люблю́ **цветы́**.

（我喜欢花儿。）

单数时，仅阳性动物名词第四格同于第二格，而阴性名词以及以 -а（-я）结尾的阳性名词，第四格有其特定词尾。试比较：

单数

动/阳四格同二格

Я ви́жу **бра́та**.

（我看见哥哥。）

单数

阴性动物名词及以 -а，-я 结尾的阳性名词 -а 变 -у，-я 变 -ю

Я ви́жу **сестру́**.

（我看见姐姐。）

Я ви́жу **дя́дю**.

（我看见叔叔。）

Я ви́жу **де́душку**.

（我看见爷爷。）

当"前置词 в + 动物名词第四格"表示"成为什么人","取得某种地位、职称"时,名词的第四格同第一格,这是古俄语用法的遗留。如:вы́йти в лю́ди(成人),пойти́ в солда́ты(去当兵),приня́ть кого́ в чле́ны па́ртии(吸收某人入党)。

Дед о́тдал Алёшу в ма́льчики в обувно́й магази́н.(外祖父送阿廖沙去鞋店当学徒。)

Я бы в лётчики пошёл.(我希望去当个飞行员。)

表人的专有名词可转义用来表示该人的著作,此时其第四格仍同第二格。如:чита́ть Ма́ркса и Ле́нина(读马克思和列宁的著作);игра́ть Бетхо́вена(演奏贝多芬的作品)。表人专有名词做作品名称时,仍按动物名词处理,如:чита́ть «Евге́ния Оне́гина»(读《叶夫盖尼·奥涅金》)。

三　名词的性

1. 概述

俄语名词有**性**(род)的区别,分**阳性**(мужско́й род)、**阴性**(же́нский род)、**中性**(сре́дний род)。

俄语名词(除表人名词外)的性根据最后一个字母的性质决定。例如:

性	缩尾	例词
阳性 мужско́й род	辅音字母 - ь	стол(桌子) учени́к((中、小)学生) геро́й(英雄) словарь(词典)
阴性 же́нский род	-а -я -ь	кни́га(书) учени́ца((中、小)女学生) неде́ля(星期、周) па́ртия(党;派;组) жизнь(生活;生命) ночь(夜)

（续表）

性	缩尾	例词
中性 сре́дний род	-о -е -мя	сло́во（单词） мо́ре（海洋） вре́мя（时间）

俄语中以 -мя 结尾的中性名词只有十个：и́мя（名），вре́мя（时间），пла́мя（火焰），зна́мя（旗帜），се́мя（种子），бре́мя（负担），пле́мя（种族），те́мя（头顶），стре́мя（马镫），вы́мя（兽的乳房）。它们的变格形式比较特殊，见后面"名词的格"第8部分。

表人名词的性则和人的自然性别密切相关。表示男性的名词属阳性（即使是以 -а, -я 结尾），如：па́па（爸爸），де́душка（祖父），дя́дя（叔叔）；表示女性的名词属阴性，如：ба́бушка（祖母），мать（母亲）。

指小指大、表卑表爱的名词，如果是由阳性名词构成的，那么不管结尾是 -ище, -ища, -ищко，都属阳性，即与原来名词的性一致。如：

дом（房子） { доми́ще（大房子）
до́мик（小房子） } 因 дом 是阳性，所以它们也是阳性。

2. 以 -ь 结尾的名词性的判定

以 -ь 结尾的名词既可能是阳性，也可能是阴性。以下几点可作为判断的依据：

阳性

1）表人名词，如：гость（客人），секрета́рь（书记；秘书），учи́тель（教师）（但 мать（母亲），дочь（女儿）等表示女性的阴性名词和молодёжь（青年）属于阴性的集合名词除外）。

2）月份的名称，如：янва́рь（一月），февра́ль（二月）等。

3）以 -арь 结尾的词，如：слова́рь（字典），календа́рь（日历）。

阴性

1）表示抽象概念的名词（除 у́ровень（水平），контро́ль（检查）属阳性外）都是阴性。如：возмо́жность（可能性），производи́тельность（生产率），ско́рость（速度），жизнь（生命），смерть（死），мысль（念头），власть（政权）等。

2）-ь 前有 ж，ч，ш，щ 的名词，如：ночь（夜），мышь（鼠），рожь（黑麦）等。

以上概括了绝大部分以-ь 结尾的词，剩余的其他以-ь结尾的名词，记起来就容易多了。

3. 表人名词在性上的对应

俄语大多数表人名词有阳性 — 阴性的对应词。如：

учи́тель — учи́тельница（女教师）

студе́нт — студе́нтка（女大学生）

докла́дчик — докла́дчица（女报告人）

但一部分从社会地位、职业、职务角度来表示人的名词，只有阳性，而没有阴性，如：инжене́р（工程师），врач（医生），профе́ссор（教授）。这些词虽然是阳性，但也可以指称女人，如：

Ле́на — **инжене́р**（列娜是位工程师。）

Она́ хоте́ла стать настоя́щим, хоро́шим **врачо́м**.（她想成为一名真正的好医生。）

常见只有阳性的表人名词有：а́втор（作者），агроно́м（农艺师），акаде́мик（院士），врач（医生），генера́л（将军），гео́лог（地质学家），дире́ктор（厂长；校长），до́ктор（医生；博士），доце́нт（副教授），инжене́р（工程师），команди́р（指挥员），комисса́р（政委），кри́тик（批评家），ма́стер（工匠；行家；能手），мини́стр（部长），нача́льник（主任；首长），офице́р（军官），поли́тик（政治家），полко́вник

（上校），полково́дец（统帅），посо́л（大使），президе́нт（总统），профе́ссор（教授），педаго́г（教育家），ребёнок（小孩），секрета́рь（书记、秘书），солда́т（士兵），судья́（法官、审判员；裁判员），те́хник（技师），хиру́рг（外科医生），шофёр（司机），челове́к（人）等。

4. 共性名词

俄语中有一部分名词叫**共性名词**（существи́тельные о́бщего ро́да）。共性名词的特征是：

1）是表人名词；

2）以-а，-я结尾；

3）在句中根据实际所指而确定为阳性（男人）或阴性（女人）。试比较下列句中的сирота́与у́мница：

Эта де́вочка — **кру́глая сирота́**.（这个小姑娘是个父母双亡的孤儿。）

Этот ма́льчик — **кру́глый сирота́**.（这个小男孩是个父母双亡的孤儿。）

Он **большо́й у́мница**.（他特别聪明。）

Она́ **больша́я у́мница**.（她特别聪明。）

常用的共性名词有：гуля́ка（游手好闲者），добря́га（好心人），злю́ка（狠心人），зубри́ла（死记硬背的人），жа́дюга（吝啬鬼），непосе́да（坐不住的人），нери́ла（邋遢鬼），пла́кса（好哭精），пустоме́ня（好闲扯的人），пья́ница（酒鬼），сирота́（孤儿），ста́роста（班长），судья́（裁判），тупи́ца（笨蛋），у́мница（聪明人）等。

俄罗斯人名的某些爱称，如Са́ша（Алекса́ндр 与 Алекса́ндра 的爱称），Же́ня（Евге́ний 与 Евге́ния 的爱称），Ва́ля（Валенти́н 与 Валенти́на 的爱称）等等，也是一种特殊的共性名词。

5. 不变格名词的性

俄语中有些以元音字母结尾的外来名词，如 пальто́（大衣），такси́（出租汽车）等等，不变格。它们的性不能根据形态特征，而要根据下述语义原则来确定：

1）表示非动物的名词一般属中性，例如 кака́о（可可（粉）），такси́（出租汽车），пальто́（大衣），кино́（电影院），ко́фе（咖啡），меню́（菜单），метро́（地铁）。

2）地理名称随它们的中心词是城市（го́род）、河流（река́）、国家（госуда́рство）等而分别属于阳性、阴性、中性。例如 Тóкио（东京）是城市名，属阳性，Янцзы（扬子江）是河流名而属阴性，Чи́ли（智利）是国名而属中性。

3）一般表示职务、身份的名词属阳性，如 буржуа́（资本家），маэ́стро（艺术大师；名作曲家），атташе́（随员），конферансье́（报幕人）。

4）表示女人的词属阴性，如 ле́ди（夫人），мисс（小姐），мада́м（太太）；女人的姓，也不变格，如：Чжан（张），Ван（王），Цеткин（蔡特金）。

5）表示动物的名词一般作阳性，如 краси́вый какаду́（美丽的白鹦），большо́й кенгуру́（大袋鼠）。但特别强调是雌性时，也可用作阴性，例如：Кенгуру́ корми́ла своего́ детёныша.（母袋鼠喂了小袋鼠）。

俄语中其他词类的词可转类用作名词（多放在引号内），此时按中性处理。例如：

Я не уме́ю произноси́ть **ру́сское «р»**.（我不会发俄语的 р 音。）

Сего́дня не похо́же на вчера́.（今天不同于昨天。）

6. 复合缩写词的性

通常复合缩写词根据其中心词的属性来定，如：

ЦК（Цетра́льный **комите́т**，中央委员会）— 阳性

КПК（Коммунисти́ческая **па́ртия** Кита́я，中国共产党）— 阴性

МГУ（Моско́вский госуда́рственный университе́т，莫斯科国立大学）——阳性

有些复合缩写词的中心词虽属中性，但近些年倾向于把它们当作阳性来用。如：

МИД（Министе́рство иностра́нных дел）中心词为中性，但有时也作为以-д结尾的阳性名词使用，例如 Росси́йский МИД заяви́л……（俄罗斯外交部声明说……）。显然句中的 МИД 是阳性名词。

四 名词的数

1. 概述

俄语名词分**单数**（еди́нственное число́）和**复数**（мно́жественное число́）形式。

大部分俄语有单数、复数的变化。单数形式通常表示一个人或一个事物，而复数形式则通常表示两个或两个以上的人或事物。名词的单、复数各有不同的词尾。单数变复数时往往是加词尾或改变词尾，如下表：

单数	复数	词尾	说明
стол（桌子） журна́л（杂志）	столы́ журна́лы	-ы	硬辅音结尾名词加-ы
газе́та（报纸） у́лица（街道）	газе́ты у́лицы		-а变-ы
слова́рь（词典） тетра́дь（笔记本） геро́й（英雄） дере́вня（乡村） фами́лия（姓）	словари́ тетра́ди геро́и дере́вни фами́лии	-и	-ь -й ⎬变-и -я
окно́（窗）	о́кна	-а	-о变-а
по́ле（田野） зда́ние（建筑物）	поля́ зда́ния	-я	-е变-я

注：

① г，к，х 及 ж，ш，ч，щ 后面不能写-ы 而要写-и .如：

студе́нтка — студе́нтки（女大学生）

нож — ножи́（刀）

каранда́ш — карандаши́（铅笔）

② 有些名词变复数后，重音移动，如：

слова́рь — словари́（词典）

окно́ — о́кна（窗）

сестра́ — сёстры（姐妹）

③ 有些阳性名词的复数形式不是-ы (-и)，而是-а (-я)。这时重音移至词尾-а (-я)上，如：

го́род — города́（城市）

учи́тель — учителя́（教师）

дом — дома́（房子）

④ 有些名词复数形式比较特殊，如：

брат — бра́тья（弟兄）

стул — сту́лья（椅子）

па́лец — па́льцы（指头）

2. 单数的意义和用法

1）表示一个事物

俄语名词因为有数的变化，单数形式本身就可表示出"一"的数量，所以与汉语不同，一般不用再加 оди́н, одна́...，试比较：给我一本书 — Да́йте мне (одну́) кни́гу. 又如：

Да́йте пойдём купи́ть ба́бушке пода́рок на день рожде́ния.（让我们一起给奶奶买个生日礼物吧！）

Э́тот челове́к посади́л не **де́рево,** не два, а три ты́сячи дере́вьев.（这个人种了不是一棵树，也不是两棵树，而是三千棵树。）

2）表示一类事物

有时名词单数形式不是指具体的一个事物，而是概括地表示一类事物。例如：Челове́к — реша́ющий фа́ктор.（人是决定因素。）并不是说某一个人是决定因素，而是泛指人。又如：

Кни́га — хоро́ший друг **челове́ка**.（书是人的好朋友。）

Ру́сские лю́ди осо́бенно лю́бят **берёзу**.（俄罗斯人特别喜欢白桦树。）

Маши́на заменя́ет труд **челове́ка**.（机器可代替人劳动。）

3）表示"均分单数"，即指该事物在当时情况下是"人各其一"，如 Ребя́та, подними́те **ру́ку**！（同学们，举手！），ру́ку 在这里是强调每人举一只手。如果说 Ребя́та, подними́те ру́ки！那就可能每人举两只手了。又如教师在课堂上对学生说：Ребя́та, закро́йте **уче́бник**！（同学们，合上书！），单数 уче́бник 也是指每个学生合上自己那本书。

3. 复数的意义和用法

1）与单数相对的复数形式一般是表示"两个及两个以上"的事物。如 Вверх и вниз по реке́ дви́жутся **парохо́ды**. На́ш **парохо́д** даёт гудо́к.（大河上下游有轮船行驶。我们的轮船鸣着汽笛。）前一句中，парохо́ды 指一些轮船，而第二句 парохо́д 则指我们乘的那一艘。

2）有些只有复数的名词，表示可以计数的事物，如 часы́（表），но́жницы（剪刀），брю́ки（裤子）。但它们的复数形式只表示这些事物是由若干部分组成的，反映了过去人们的认识，不能表示"许多个"的意思。名词 часы́ 并不表明是一块表还是许多块表，其数量概念须通过数词表示，如 одни́ часы́（一块表），дво́е часо́в（两块表），мно́го часо́в（许多表）。

3）某些抽象名词可能转化为具体名词，从而可构成复数形式。如 труд 当"劳动"讲时，只有单数，但可转指劳动成果——"著作"，这时就可有复数了，如 изуча́ть **труды́** Ма́ркса и Ле́нина（学习马克思、列宁的著作），Как запо́мнить все эти но́вые **изобрете́ния** и **откры́тия**？（怎么能把所有这些新的发明和发现都记住呢？）这里，изобрете́ния 与 откры́тия 指的不是"发现""发明"动作本身，而是指具体的发明、发现的成果。

五 名词的格

1. 概述

名词有格（падéж）的变化，俄语分六个格。如果一个名词有单数或复数，那么就有十二种形式。不过俄语名词中，非动物名词第四格与第一格相同，动物名词第四格与第二格相同，这样，十二个格形式中总有一两个同音同形形式，真正有区别的就没有十二个了，格的不同主要反映在词尾上，因此，学习名词首先要掌握名词的词尾变化。例如：

	单数	复数
第一格（имени́тельный падéж）	кни́га	кни́ги
第二格（роди́тельный падéж）	кни́ги	книг
第三格（да́тельный падéж）	кни́ге	кни́гам
第四格（вини́тельный падéж）	кни́гу	кни́ги
第五格（твори́тельный падéж）	кни́гой	кни́гами
第六格（предло́жный падéж）	(о) кни́ге	(о) кни́гах

格用来表示句中词与词之间的语法联系，也就是动作与事物，事物与事物之间的种种关系。例如 Я чита́ю кни́гу．（我读书。）这个句子中 кни́гу 是第四格，表示动作 чита́ю 的客体，而 Это кни́га бра́та．（这是哥哥的书。）第二格 бра́та 则表示 кни́га 的所有者。

俄语的六个格，每个格都能回答一定的问题，这些问题可以作为各格的代表，它们是：

格	（谁）	（什么）
第一格	кто	что
第二格	кого́	чего́

（续表）

格	（谁）	（什么）
第三格	комý	чемý
第四格	когó	что
第五格	кем	чем
第六格	(о) ком	(о) чём

2. 名词的三种变格法

俄语名词的变格分为三种变格法：

变格法	性	第一格形式标志	例词
第一变格法 (пéрвое склонéние)	阳性	以辅音结尾	гóрод（城市）
		以软音符号 -ь 结尾	словáрь（词典）
	中性	以 -о 结尾	слóво（词）
		以 -е 结尾	мóре（海）
第二变格法 (вторóе склонéние)	阴性	以 -а 结尾	кнúга（书）
		以 -я 结尾	недéля（周）
	阳性	以 -а, -я 结尾	мужчúна（男人）
第三变格法 (трéтье склонéние)	阴性	以软音符号 -ь 结尾	тетрáдь（笔记）

3. 第一变格法

第一格秃尾（即以辅音结尾的）阳性名词和以 -о, -е 结尾的中性名词属于第一变格法。

1）词干以辅音结尾的阳性名词变格法：

格	名词		词尾
第一格	ученúк（学生）	завóд（工厂）	秃尾（术语为零词尾）
第二格	ученикá	завóда	-а
第三格	ученикý	завóду	-у
第四格	ученикá	завóд	动二非一

（续表）

格	名词		词尾
第五格	учеником	заво́дом	-ом
第六格	(об) ученике́	(о) заво́де	-е

2）词干以软辅音结尾（末尾有-ь者）和й结尾的阳性名词变格法：

格	名词		词尾
第一格	слова́рь（词典）	геро́й（英雄）	秃尾
第二格	словаря́	геро́я	-я
第三格	словарю́	геро́ю	-ю
第四格	слова́рь	геро́я	动二非一
第五格	словарём	геро́ем	-ем(ём)
第六格	(о) словаре́	(о) геро́е	-е

注：

①阳性动物名词，第四格同于第二格，非动物名词第四格与第一格相同，本书用"动二非一"表示。

②有集合意义的阳性名词 наро́д（人民），отря́д（队伍）第四格与第一格相同，如 люби́ть наро́д（热爱人民），вести́ отря́д（率领队伍）。

3）中性名词变格法：

格	名词	词尾	名词	词尾
第一格	де́ло（事情）	-о	по́ле（田地）	-е
第二格	де́ла	-а	по́ля	-я
第三格	де́лу	-у	по́лю	-ю
第四格	де́ло	同一格	по́ле	同一格
第五格	де́лом	-ом	по́лем	-ем
第六格	(о) де́ле	-е	(о) по́ле	-е

注：第一格词尾为 -ё 的名词，第五格为 -ём，如 ружьё — ружьём

4）在 ж, ч, ш, щ 和 ц 之后词尾的变格法：

（1）阳性和中性名词单数第五格，词尾上有重音时，变-о́м，不带重音时，变-ем，如：боец — **бойцо́м**（战士），нож — **ножо́м**（刀），това́рищ — **това́рищем**（同志），па́лец — **па́льцем**（指头）。

（2）阴性名词单数第五格，词尾上有重音时变-ой，不带重音时变-ей，如 овца́（绵羊）— **овцо́й**，межа́（田界）— **межо́й**，кры́ша（房顶）— **кры́шей**，пти́ца（鸟）— **пти́цей**，ту́ча（乌云）— **ту́чей**。

5）以 -ий 结尾的阳性名词, -ие 结尾的中性名词变格法：

格	阳性名词	中性名词	词尾
第一格	агра́рий（农业生产者；地主；（复）农业党）	собра́ние（会议）	-й, -е
第二格	агра́рия	собра́ния	-я
第三格	агра́рию	собра́нию	-ю
第四格	агра́рия	собра́ние	动二非一
第五格	агра́рием	собра́нием	-ем
第六格	(об) агра́рии	(о) собра́нии	-и

注：以-ий, -ие结尾的名词，其第六格词尾跟其他阳、中性名词不同，不是-e，而是-и！

4. 第二变格法

第一格以-a结尾的名词的变格法：

格	例词		词尾
第一格	же́нщина（女人）	рука́（手）	-а
第二格	же́нщины	руки́	-ы
第三格	же́нщине	руке́	-е
第四格	же́нщину	ру́ку	-у
第五格	же́нщиной	руко́й	-ой
第六格	(о) же́нщине	(о) руке́	-е

注：

① 在 г, к, х 后不写 ы, 而写 и, 如 руки́, доро́ги。

② 以-а 结尾的阳性名词和共性名词也按这个格式变化，如 мужчи́на（男

人）(-ы, -е, -у, -ой, -е)。

③ у́мница（聪明人）的第五格，词尾不是-ой，而是-ей，因为重音不在词尾上。

第一格以 **-я** 结尾的名词的变格法：

格	例词		词尾
第一格	земля́（土地）	неде́ля（周）	-я
第二格	земли́	неде́ли	-и
第三格	земле́	неде́ле	-е
第四格	зе́млю	неде́лю	-ю
第五格	землёй	неде́лей	-ей(-ёй)
第六格	(о) земле́	(о) неде́ле	-е

注：

① 重音在词尾上时，第五格词尾用-ёй，如 семья́ — семьёй。

② 以-я 结尾的阳性名词，共性名词也按这个格式变化，如 дя́дя（叔叔）(-и, -е, -ю, -ей, -е)，тихо́ня（不爱说话的人）(-и, -е, -ю, -ей, -е)。

第一格以 **-ия** 结尾的名词的变格法：

格	例词		词尾
第一格	а́рмия（军队）	ли́ния（路线）	-я
第二格	а́рмии	ли́нии	-и
第三格	а́рмии	ли́нии	-и
第四格	а́рмию	ли́нию	-ю
第五格	а́рмией	ли́нией	-ей
第六格	(об) а́рмии	(о) ли́нии	-и

注：以 -ия 结尾的名词第二、三和第六格词尾都是-и，如 об а́рмии（关于军队），о ли́нии（路线）。

5. 第三变格法

以-ь 结尾的阴性名词属第三变格法（ь 是软音符号，并不是词尾，这类名词第一格实际上是秃尾形式）。

格	例词		词尾
第一格	жи́знь（生活）	ночь（夜）	-ь
第二格	жи́зни	но́чи	-и
第三格	жи́зни	но́чи	-и
第四格	жи́знь	ночь	同第一格
第五格	жи́знью	но́чью	-ью
第六格	(о) жи́зни	(о) но́чи	-и

6. 复数形式变格法

上面讲的三种变格法主要是涉及名词单数形式的变格，至于名词复数的变格，则三种变格法共同之处很多：第三、五、六格词尾相同 -ам(-ям)，-ами(-ями)，-ах(-ях)，第四格体现"动二非一"原则，即动物名词第四格同第二格，非动物名词第四格同第一格。这样，值得注意的只有复数第二格了。

1）第一变格法名词

阳性名词

第一格	(заво́д) заво́ды（工厂）	(геро́й) геро́и（英雄）	(ого́нь) огни́（灯火）
第二格	заво́дов	геро́ев	огне́й
第三格	заво́дам	геро́ям	огня́м
第四格	заво́ды	геро́ев	огни́
第五格	заво́дами	геро́ями	огня́ми
第六格	(о) заво́дах	(о) геро́ях	(об) огня́х

中性名词

第一格	(сло́во) слова́（词）	(по́ле) поля́（田地）	(зда́ние) зда́ния（建筑物）
第二格	слов	поле́й	зда́ний
第三格	слова́м	поля́м	зда́ниям
第四格	слова́	поля́	зда́ния
第五格	слова́ми	поля́ми	зда́ниями
第六格	(о) слова́х	(о) поля́х	(о) зда́ниях

注：-ий实际不是词尾，以-ние结尾名词复数第二格秃尾。

2）第二变格法名词

阴性名词

第一格	(же́нщина) же́нщины （女人）	(дере́вня) дере́вни （农村）	(а́рмия) а́рмии （军队）
第二格	же́нщин	дереве́нь	а́рмий
第三格	же́нщинам	деревня́м	а́рмиям
第四格	же́нщин	дере́вни	а́рмии
第五格	же́нщинами	деревня́ми	а́рмиями
第六格	(о) же́нщинах	(о) деревня́х	(об) а́рмиях

3）第三变格法名词

阴性名词

第一格	(тетра́дь) тетра́ди（笔记）	(степь) сте́пи（草原）
第二格	тетра́дей	степе́й
第三格	тетра́дям	степя́м
第四格	тетра́ди	сте́пи
第五格	тетра́дями	степя́ми
第六格	(о) тетра́дях	(о) степя́х

7. 复数二格的词尾

1）第一变格法

（1）以硬辅音结尾的阳性名词，复数第二格为**-ов**。如：заво́д（工厂）— заво́дов；учени́к（学生）— ученико́в。

（2）但复数一格以**-ья**结尾的名词，第二格词尾为**-ьев**。如：стул（椅子）— сту́лья — сту́льев；брат（哥哥；弟弟）— бра́тья — бра́тьев。

当**-ья**上有重音时，复数二格词尾为**-ей**。如：阳性名词 друг（朋友）— друзья́ — друзе́й；сын（儿子）— сыновья́ — сынове́й。

中性名词：перо́（羽毛）— пе́рья — пе́рьев；де́рево（树）— дере́вья — дере́вьев；крыло́（翅膀）— кры́лья — кры́льев。

（3）以 -й 结尾的名词（бой，геро́й，музе́й（博物馆）等），复数二格词尾有重音时是 -ёв (бой（战斗）— боёв)，没有重音时是 -ев (геро́й — геро́ев)。

（4）单数一格以 -ь 结尾，或 ж，ч，ш，щ 结尾，复数一格词尾为 -и 的阳性名词，复数二格词尾为 -ей。如：

单数一格	复数一格	复数二格
вождь（领袖）	вожди́	вожде́й
ого́нь（灯火）	огни́	огне́й
нож（刀）	ножи́	ноже́й
врач（大夫）	врачи́	враче́й
каранда́ш（铅笔）	карандаши́	карандаше́й
бо́рщ（红甜菜汤）	борщи́	борще́й

（5）某些阳性名词，复数第二格秃尾，这类词常用的有：

单数一格	复数一格	复数二格
глаз（眼）	глаза́	глаз
раз（次）	разы	раз
слода́т（士兵）	солда́ты	солда́т
сапо́г（靴）	сапоги́	сапо́г
челове́к（人）	лю́ди	челове́к

试举几个用例：

не́сколько раз（若干次），пять солда́т（五名战士），па́ра сапо́г（一双靴子），шесть челове́к（六个人）。

（6）以 -о 结尾的中性名词（复数以 -ья 结尾者除外）第二格秃尾。如：

сло́во（词）слова́ — слов

окно́（窗）— о́кна — о́кон

письмо́（信）— пи́сьма — пи́сем

（7）以 -ие，-ье 结尾的中性名词，复数二格以 -ий 结尾。如：

собра́ние — собра́ний（会议）

выступле́ние — выступле́ний（演说，演出）

мгнове́ние — мгнове́ний（瞬间）

воскресе́нье — воскресе́ний（星期日）

мо́ре（海洋），по́ле（田野）的复数二格词尾为-е́й：море́й，поле́й。

2）第二变格法

（1）以 **-а(-я)** 结尾的名词复数第二格秃尾。如：

单数一格	复数一格	复数二格
кни́га（书）	кни́ги	книг
гора́（山）	го́ры	гор
дере́вня（农村）	дере́вни	дереве́нь

但个别词复数第二格词尾为-ей。如：ю́ноша（青年人）— ю́ношей，дя́дя（叔叔）— дя́дей，свеча́（蜡烛）— свече́й。

以-ня 结尾的名词，复数二格秃尾，如：пе́сня（歌曲）— пе́сен，чита́льня（阅览室）— чита́лен。有的词书写上末尾带软音符号。如：дере́вня（农村）— дереве́нь，ку́хня（厨房）— ку́хонь。

（2）以 **-ия** 结尾的名词，复数二格以 **-ий** 结尾，实际上是秃尾，因为-ий 是词干的一部分。如：

单一格	复一格	复二格
а́рмия（军队）	а́рмии	а́рмий
мо́лния（闪电）	мо́лнии	мо́лний
ста́нция（站；车站）	ста́нции	ста́нций

注：семья́（家）复二格为 семе́й。

3）第三变格法

以-ь结尾的阴性名词，复数二格词尾为-е́й。如：

单一格	复一格	复二格
тетра́дь（练习本）	тетра́ди	тетра́дей
но́чь（夜）	но́чи	ноче́й
ло́шадь（马）	ло́шади	лошаде́й

8. 特殊变化的词

1) 以 -мя 结尾的名词的变格

格	单数		复数	
第一格	и́мя（名）	вре́мя（时间）	имена́	времена́
第二格	и́мени	вре́мени	имён	времён
第三格	и́мени	вре́мени	имена́м	времена́м
第四格	и́мя	вре́мя	имена́	времена́
第五格	и́менем	вре́менем	имена́ми	времена́ми
第六格	(об) и́мени	(о) вре́мени	(об) имена́х	(о) времена́х

从上表可见，变复数形式时，词干增加了 **-ен-**。但 зна́мя（旗）和其他以 -мя 结尾的名词不同，复数各格的重音在 **-ён-** 上：знамёна, знамён, знамёнам...

2) мать 与 дочь 的变格

格	单数		复数	
第一格	мать（母）	дочь（女）	ма́тери	до́чери
第二格	ма́тери	до́чери	матере́й	дочере́й
第三格	ма́тери	до́чери	матеря́м	дочеря́м
第四格	мать	дочь	матере́й	дочере́й
第五格	ма́терью	до́черью	матеря́ми	дочеря́ми
第六格	(о) ма́тери	(о) до́чери	(о) матеря́х	(о) дочеря́х

3) путь 的变格

格	单数	复数
第一格	путь（道路）	пути́
第二格	пути́	путе́й
第三格	пути́	путя́м
第四格	путь	пути́
第五格	путём	путя́ми
第六格	(о) пути́	(о) путя́х

注：这个词除第五格 путём 外，其余各格变化都与带 -ь 的阴性名词（如 ночь）相同。

9. 只有复数的名词变格

俄语中有些名词只有复数，它们的变格除二格复杂外，其他格为通用词尾，即三格：-ам(-ям)，五格：-ами(-ями)，六格：-ах(-ях)。

1）第一格词尾为 -a 的名词，第二格秃尾。例如：

черни́ла（墨水）— черни́л

воро́та（大门）— воро́т

дрова́（木柴）— дров

2）第一格带重读词尾 -ы 或 -и（在 г，к，х 后）的名词，第二格词尾为 **-ов**。例如：

штаны́（裤子）— штано́в

очки́（眼镜）— очко́в

часы́（钟表）— часо́в

3）第一格带非重读词尾 -ы 或 -и（г，к，х 后）的名词，第二格秃尾。例如：

брю́ки（裤子）— брюк

кани́кулы（假期）— кани́кул

де́ньги（钱）— де́нег（注意：-ь 改变 -е）

но́жницы（剪刀）— но́жниц

су́тки（昼夜）— су́ток（注意：增加 о）

4）第一格带非重读词尾 -и 的名词，第二格词尾为 **-ей**。例如：

лю́ди（人们）— люде́й

са́ни（雪橇）— сане́й

я́сли（托儿所）— ясле́й

10. 不变格名词（несклоня́емые имена́ существи́тельные）

俄语中有少数名词不变格，如：ра́дио（收音机），кино́（电影院）。这些不变格名词都是外来语，大都以元音字母 -и，-е，-о，-у，-ю，-э 结尾，如：атташе́（外交随员），бюро́（局、办），депо́（机车库；器材库），кашне́

（围巾），кофе（咖啡），кило（公斤），купе（车厢单间），метро（地铁），пальто（大衣），такси（出租汽车）。

不变格名词包括一些以上述元音字母结尾的地名、非俄罗斯人姓名，如：Токио（东京），Фучжоу（福州），Чили（智利），Перу（秘鲁），Хатояма（鸠山）等。

以辅音结尾的不变格名词包括非俄罗斯女人姓名，例如:Лю Хулань（刘胡兰），Ван Хун（王红）。

11. 单数第六格词尾- у (-ю)

有些阳性名词除正常词尾 -е 外，在同前置词 на, в 连用，表示时间、处所意义时，用词尾-у(-ю)。如：о бое（关于战斗），в бою（在战斗中）；о лесе（关于森林），в лесу（在森林里）。第六格词尾-у(-ю) 都应重读。

常见第六格用词尾-у(-ю) 的名词有：

на бегу（在跑的时候），на берегу（在岸上），в бою（在战斗中），в быту（在日常生活中），на веку（一生中），на ветру（迎着风），иметь в виду（注意），быть на виду（受注意）；в глазу（在眼睛里），на глазу（在眼睛上），в году（在……年内）；в дыму（在烟雾中）；в жару（在炎热中），на жару（在热地方）；в краю（在……地方）（但 в ... крае（在……边区）），на краю（在边缘上），в кругу（在……范围内）；на лбу（在额上），в лесу（在森林里），на льду（在冰上），на мосту（在桥上），в мозгу（在脑海里）；на носу（在鼻子上），в носу（在鼻子里）；в плену（被俘中），в полку（在团里），на полу（在地板上），в поту（全身是汗）；во рту（在嘴里），в ряду（在……行列里）；в снегу（在雪中），на снегу（在雪上），в строю（在队伍中），в тылу（在后方），на ходу（在行进中）（但 в ходе ...（在……过程中））；на углу（在拐角上），в углу（在角落里）；в шкафу（在柜子里），на шкафу（在柜子上）。

在这类组合中，当名词带形容词定语时，第六格可用词尾-у(-ю)，也可用词尾-е，如 в родном краю — в родном крае。

12. 复数第一格以-a 结尾的名词

俄语中有些阳性名词复数第一格词尾为-a(-я)，这类词重音在-a(-я)上，其他间接格重音也都在词尾。如 го́род — города́, городо́в, о города́х; учи́тель — учителя́, учителе́й, о учителя́х。

常见的词尾为-a(-я)的词有：а́дрес — адреса́（地址），бе́рег — берега́（岸），ве́чер — вечера́（夜晚），глаз — глаза́（眼睛），го́лос — голоса́（声音），го́род — города́（城市），дире́ктор — директора́（校长；厂长），до́ктор — доктора́（医生；博士），дом — дома́（房子），инстру́ктор — инструктора́（指导员，教练，教官），ла́герь — лагеря́（营），лес— леса́（树林，森林），ма́стер — мастера́（工匠；师傅），мех — меха́（毛皮），но́мер — номера́（号码），о́стров — острова́（岛），полуо́стров — полуострова́（半岛），па́рус — паруса́（帆），па́спорт — паспорта́（证件，护照），по́вар — повара́（厨师），по́езд — поезда́（列车），по́яс — пояса́（带；地区；皮带），про́вод — провода́（电线），про́пуск — пропуска́（通行证），профе́ссор — профессора́（教授），реда́ктор — редактора́（或 реда́кторы）（编辑），са́хар — сахара́（糖），се́ктор — сектора́（部门），снег — снега́（雪），сле́сарь— слесаря́（钳工），сорт — сорта́（品种），то́карь — токаря́（镟工），том — тома́（卷），тра́ктор — трактора́（或 тра́кторы）（拖拉机），учи́тель — учителя́（教师），хлеб — хлеба́（粮食），хо́лод — холода́（寒冷），царь — царя́（沙皇），цвет — цвета́（颜色），цех — цеха́（车间）等。

有些名词可有两种词尾，但两种形式词义不同，例如：

о́браз — образа́（神像）— о́бразы（形象）

счёт — счета́（账单）— счёты（算盘）

учи́тель — учителя́（教师）— учи́тели（导师）

хлеб — хлеба́（谷物，庄稼）— хле́бы（面包）

цвет— цвета́（颜色）— цветы́（花朵）

13. 名词变格总表

数	格	阳性				中性			阴性			
		辅音	-й	-ь	-о	-е	-ие	-а	-я	-ия	-ь
单数	1	辅音	-й	-ь	-о	-е	-ие	-а	-я	-ия	-ь
	2	-а	-я	-я	-а	-я	-ия	-ы(и)	-и	-ии	-и
	3	-у	-ю	-ю	-у	-ю	-ию	-е	-е	-ии	-и
	4	同1或2			同1			-у	-ю	-ию	-ь
	5	ж, ч, ш, щ, ц } -ом/-óм/-ем	-ем	-ем (-ём)	-ом	-ем	-ием	жа, ча, ша, ща, ца } -ой/-óй/-ей	-ей (-ёй)	-ией	-ью
	6	-е	-е	-е	-е	-е	-ии	-е	-е	-ии	-и
复数	1	-ы(-и)	-и	-и	-а	-я	-я	-ы(-и)	-и	-ии	-и
	2	ж, ч, ш, щ, ц } -ов/-ей/-ев	-ев	-ей	-0 (即о脱落)	-ей	-ий	-0	-ь/-й	-ий	-ей
	3	-ам	-ям	-ям	-ам	-ям	-иям	-ам	-ям	-иям	-ям
	4	同1或2			同1			同1或2			
	5	-ами	-ями	-ями	-ами	-ями	-иями	-ами	-ями	-иями	-ями
	6	-ах	-ях	-ях	-ах	-ях	-иях	-ах	-ях	-иях	-ях

六　名词各格的意义和用法

1. 第一格 (имени́тельный паде́ж)

第一格是名词的代表形式。孤立地表示事物名称时都用第一格。

第一格名词通常有以下用途：

1）在句中做主语，表示动作、状态、特征的主体。例如：

Весна́ пришла́.（春天来了。）

Алёша идёт в шко́лу. (阿廖沙正往学校走（去）。)

2）做静词性合成谓语（的表语），表示主语是什么（或人）。例如：

Макси́м Го́рький — вели́кий ру́сский **писа́тель**.

（马克西姆·高尔基是位伟大的俄罗斯作家。）

Москва́ — **столи́ца** РФ. (莫斯科是俄罗斯联邦的首都。)

3）做主格句的主要成分。例如：

Молоде́ц! (好样儿的！)

Тишина́. Моро́з. Снег лежи́т. (寂静。严寒。白雪皑皑。)

4）做呼语。例如：

Ба́бушка! Обед гото́в? (奶奶！饭做好了吗？)

Что ты там, **Ната́ша**, де́лаешь? (娜塔莎，你在那里干什么？)

2. 第二格 (роди́тельный паде́ж)

1）用在另一名词之后，表示事物的特征、所有者、作者等，汉语常用"……的"表示其意义。例如：

кварти́ра **рабо́чего** （工人的住宅）

высота́ **де́рева** （树的高度）

Воспомина́ния **Турге́нева** （屠格涅夫回忆录）

уче́ние **Копе́рника** （哥白尼的学说）

2）与 **нет, не́ было, не бу́дет** 等词连用，表示不存在的事物。例如：

За́втра не бу́дет **дождя́**. (明天没有雨。)

Не́ было тогда́ цветны́х **телеви́зоров**. (那时并没有彩色电视机。)

Пока́ нет **вопро́сов**. (暂时没有问题。)

3）受某些要求第二格的动词支配，表示动作的客体。例如：

Дедо ма́стера **бои́тся**. (事怕行家。)

Они́ доби́лись больши́х **успе́хов**. (他们取得了很大成就。)

4）要求第四格的及物动词，当带语气词 не 时，原第四格客体改用第二格，试比较：

Чита́йте э́ту кни́гу.（读这本书吧。）— **Не чита́йте э́той кни́ги.**（不要读这本书。）

Мы **не забу́дем** э́того **уро́ка**.（我们是不会忘记这次教训的。）

Я **не по́нял** ва́шего **вопро́са**.（我没懂您的问题。）

5）与由及物动词构成的动名词连用，表示动作客体，试比较чита́ть кни́гу — чте́ние кни́ги（读书）。例如：

По **оконча́нии институ́та** Ни́на ста́ла врачо́м.

（大学毕业之后，尼娜当了医生。）

Журна́л помога́ет **изуче́нию ру́сского языка́**.

（该刊物有助于学习俄语。）

6）与形容词、副词比较级连用，表示比较对象。例如：

Бори́с **моло́же Са́ши**.（鲍里斯比萨沙年轻。）

Серёжа бежи́т **быстре́е Яши**.（谢廖沙比雅沙跑得快。）

7）与第一格数量数词(оди́н及末尾数为оди́н的合成数词除外)以及мно́го, ма́ло, ско́лько, не́сколько 等词连用，表示被计数的事物。例如：

Сейча́с четы́ре **часа́** семна́дцать **мину́т**.（现在是四点十七分。）

У него́ мно́го **книг**.（他有好多书。）

Ско́лько **ме́сяцев** в году́?（一年有几个月？）

8）与某些完成体动词连用，表示动作的部分客体。如：

Да́йте мне **воды́**.（给我点儿水。）

Доба́вьте **са́хару** в ко́фе.（往咖啡里加点儿糖。）

9）年岁、月日名词第二格，表示动作发生、进行的时间，回答когда?的问题。如：

Обы́чно уче́бный год начина́ется **пе́рвого сентября́**.

（通常9月1日开学。）

Семи́ лет он лиши́лся ма́тери.（他七岁时失去了母亲。）

10）与动名词连用，表示动作的主体。如：

отъе́зд **отца́**（父亲的离开）

наступле́ние весны́（春天的来临）

чте́ние Маяко́вского（马雅可夫斯基的诵读）

11) 与前置词 у, до, после, для, с, из, от 等用：表示处所、时间、目的、原因等意义，如：

Я ждал дру́га у вхо́да.（我在入口等朋友。）

В воскресе́нье мы бы́ли у учи́теля в гостя́х.（星期天我们到老师那里去做客了。）

До за́втрака я де́лал заря́дку.（早饭前我做了操。）

Авто́бус дошёл до вокза́ла.（公共汽车开到火车站了。）

По́сле рабо́ты все пошли́ домо́й.（下班后大家都回家去了。）

Брат пришёл с заня́тий.（弟弟放学回来了。）

С утра́ шёл дождь.（雨从早上就下了。）

Они́ останови́лись для о́тдыха.（他们停下来休息。）

Я купи́л кни́гу для бра́та.（我为弟弟买了本书。）

Он прие́хал из Шанха́я.（他是从上海来的。）

Я узна́л об э́том из газе́т.（我是从报纸上知道这件事的。）

Она́ не пришла́ из-за боле́зни.（她因病未来。）

3. 第三格（да́тельный паде́ж）

1) 与动词连用，补语，回 кому́-чему́ 的问题。这里要区分两种情况：

（1）与及物动词连用，表示给予的对象（用在"及物动词+кого́-что+кому́-чему́"结构中）。例如：

писа́ть отцу́ письмо́（给父亲写信）

Майо́р протяну́л ру́ку ма́льчику.（少校把手伸给男孩。）

Учи́тель дал Алёше кни́гу и сказа́л: «Чита́й!»（老师给阿廖沙一本书，说道"你读吧！"）

（2）与一些不及物动词连用作补语。例如：

Чтобы природа могла служить **человеку**, её надо изучать. (为了使大自然为人类服务，需要研究它。)

2）与动词不定式、无人称动词、谓语副词连用，表示主体。例如：

Ломоносову было трудно. (罗蒙诺索夫当时很困难。)

Рабочим надо учиться. (工人们需要学习。)

В конце концов **Алёше** пришлось покинуть пароход. (最后，阿廖沙不得不离开轮船。)

3）与某些前置词连用。要求第三格的前置词常用的有к, по。

（1）前置词 к 表示"朝着……""向着……"，回答куда? к кому-чему?的问题。例如：

Дети пошли **к реке**. (孩子们向河边走去。)

前置词 к 还可与表示时间的名词连用，表示"将近……时""在……前不久"，回答когда?的问题。例如：

К утру пошёл дождь. (一早就开始下雨了。)

Ученики должны вернуться в школу **к 1-ому сентября**. (学生们应该在9月1日前返校。)

（2）前置词 по

①表示"沿着……""在……上"。例如：

Они гуляют **по берегу** реки. (他们在河岸边散步。)

②表示"按照……""根据……"。例如：

По закону всемирного тяготения Солнце притягивает Землю. (根据万有引力定律，太阳吸引着地球。)

③与名词复数第三格连用，表示"每逢……"，回答когда?的问题。例如：

По воскресеньям у нас показывают фильмы. (每逢星期日我们这里都放电影。)

Доктор принимает **по средам и субботам**. (医生每逢星期三和星期六开诊。)

④表示行为的原因，回答почему?的问题。例如：

Он пропусти́л заня́тие **по боле́зни**.（他因病缺课了。）

⑤表示行为的方式、手段，回答как? каки́м о́бразом?的问题。例如：

Мы договори́лись о встре́че **по телефо́ну**.（我们通过电话约好了见面。）

4.第四格（вини́тельный паде́ж）

1）表示及物动词动作的直接客体，如чита́ть **кни́гу**（读书），писа́ть **письмо́**（写信）。例如：

Мы лю́бим свою́ **Ро́дину**.（我们热爱自己的祖国。）

Алёша мыл **посу́ду**, чи́стил **ви́лки** и **ножи́**.（阿廖沙洗了餐具，擦净了叉子和刀子。）

Кни́ги откры́ли Алёше но́вый **мир**.（书籍给阿廖沙打开了新的世界。）

2）与未完成体动词连用，表示动作持续的时间。例如：

Я учу́сь ру́сскому языку́ уже́ **год**.（我学俄语已经一年了。）

Ме́сяц лежа́ла Ни́на в больни́це.（尼娜在医院里躺了一个月。）

Он отдыха́л **неде́лю**.（他休息了一周。）

"ка́ждый+四格名词"词组可表示动作周期性重复的时间。例如：

Мы занима́емся ру́сским языко́м **ка́ждый день**.（每天我们都学习俄语。）

Ка́ждое у́тро я де́лаю гимна́стику.（我每天早晨都做操。）

3）下列前置词与第四格名词连用：в, на, че́рез, за等。如：

В суббо́ту я иду́ **на рабо́ту**.（星期六我去上班。）

Он верну́лся **че́рез час**.（过一小时他回来了。）

Он написа́л докла́д **за два часа́**.（他用两个小时写完了报告。）

关于这些前置词的用法见本书"前置词"一章。

5. 第五格（твори́тельный паде́ж）

1）表示行为的工具、手段，回答 чем? 的问题。例如：

Учени́к пи́шет **ру́чкой**.（学生用钢笔写字。）

Утром я умыва́юсь **холо́дной водо́й**.（早晨我用冷水洗脸。）

Снача́ла мы е́хали **самолётом**, пото́м — **по́ездом**.（我们先乘飞机，然后坐火车。）

2）表示行为进行的方式、方法，回答 как? 的问题。例如：

Чжан Сыдэ **всем се́рдцем** служи́л наро́ду.（张思德全心全意为人民服务。）

Гро́мким го́лосом говори́л он.（他大声地说。）

3）表示行为的时间（常用者为带形容词的 днём, но́чью, у́тром, ве́чером 等），如：

Верну́лись они́ **по́здней но́чью**.（他们深夜才回来。）

Я пошёл на рабо́ту **ра́нним у́тром**.（大清早我就上班去了。）

4）与系词 быть, явля́ться, стать/станови́ться, де́латься/сде́латься, оказа́ться 等连用，做合成谓语的表语。例如：

Мой оте́ц был **учи́телем**.（我的父亲当过教师。）

С тех пор они сде́лались **друзья́ми** на всю жизнь.（从那个时候起他们便成了一辈子的朋友。）

5）与 занима́ться（从事……，学习），горди́ться（以……为骄傲），руководи́ть（领导），управля́ть（操纵），овладе́ть（掌握），махну́ть（挥动）等动词连用，表示行为客体。例如：

Мы горди́мся свое́й **Ро́диной**.（我们为自己的祖国而感到自豪。）

Этим **вопро́сом** ста́ли **занима́ться** мно́гие.（许多人已经开始着手研究这个问题。）

Автома́ты управля́ют поезда́ми и самолётами.（自动装置能操纵火车和飞机。）

Овладе́ть нау́кой, — такова́ тепе́рь на́ша зада́ча.（掌握科学，这就是我们当前的任务。）

6）与被动形动词、被动反身动词连用，表示该动作的主体。例如：

Э́та карти́на **нарисо́вана** мои́м **бра́том**.（这幅画是我兄弟画的。）

Дом **стро́ится** о́пытными **рабо́чими**.（房子由有经验的工人们建造着。）

Пробле́мы, **реша́емые э́той нау́кой**, име́ют огро́мное значе́ние.（这门科学所要解决的课题有着十分重要的意义。）

7）做某些及物动词的第二补语，表示第四格补语的称谓或身份。例如：

Его́ **называ́ли мечта́телем**.（大家曾称他为"幻想家"。）

Мы единогла́сно **вы́брали** его́ **ста́ростой**.（我们一致选了他当班长。）

Револю́ция **сде́лала** меня́ **писа́телем**.（革命使我成为一名作家。）

8）第五格尚可与及物或不及物动词连用，表示进行动词行为时的身份。例如：

Он **рабо́тал** в шко́ле **учи́телем** фи́зики.（他曾在学校里任物理教师。）

Весно́й Алёша **поступи́л** на парохо́д **посу́дником**.（春天阿廖沙上了一艘轮船当洗碗工。）

9）与及物动词的动名词连用，表示行为主体（此时句中有客体二格）。例如：

Студе́нты по́няли объясне́ние **профе́ссором** вопро́сов.（大学生们明白了教授所解释的一些问题。）

Мы все ра́ды получе́нию на́шей **брига́дой** кра́сного зна́мени.（我们都为我们班组获得红旗而高兴。）

如无客体二格，则主体不用五格，而用二格。试比较：

Реше́ние **ученика́** пра́вильно.（学生的演算是正确的。）

Реше́ние **ученико́м зада́чи** пра́вильно.（学生对习题的演算是正确的。）

10）与要求第五格的动名词连用，表示动作的客体。这些动名词通常与要求第五格的动词相对应，如 **овладе́ние ру́сским языко́м** — овладе́ть ру́сским языко́м（掌握俄语）。例如：

Гра́мммати́ка име́ет огро́мное значе́ние для овладе́ния ру́сским языко́м. （语法对掌握俄语有重要意义。）

Кома́ндование отря́дом（试比较：кома́ндовать отря́дом）поручи́ли молодо́му майо́ру. （指挥队伍的任务交给了一名年轻的少校。）

11）与某些要求第五格的形容词短尾连用，做补语。例如：

На́ша прови́нция **бога́та не́фтью**. （我们省盛产石油。）

Хо́дов был **дово́лен** но́вым **врачо́м**. （霍道夫对新来的医生很满意。）

12）有些前置词与第五格名词连用，有 с, над, под, пе́ред, за, ме́жду 等。以前置词 с 为例。要求名词第五格的前置词 с 可表下述语义关系：

а）"同……" "跟……" 回答 с кем? 的问题。例如：

Я разгова́ривал **с учи́телем**. （我跟老师聊了一会儿。）

Оте́ц **с сы́ном** пошли́ в кино́. （父亲同儿子一起去看了电影。）

б）"带(有)……" 回答 с чем? 问题。例如：

Ученики́ хо́дят в шко́лу **с уче́бниками и тетра́дями**. （学生们带着课本和笔记本去上学。）

Я пришёл к вам **с вопро́сом**. Вы свобо́дны? （我有问题来向您请教，您有空吗？）

в）表示行为方式，回答 как? 问题。例如：

Зри́тели смотре́ли фильм с больши́м **интере́сом**. （观众兴致勃勃地观看了影片。）

По у́лицам с **пе́сней** иду́т студе́нты. （大学生们唱着歌在街上走着。）

其他要求五格名词的前置词的功能和用法，见本书"前置词"一章。

6. 第六格 (предло́жный паде́ж)

第六格只能和前置词一起使用，常被称作"前置词格"。

前置词 о 用得最广泛，它表示言语、思维的内容。例如：

Стари́к вспо́мнил **о свое́й дере́вне**. （老头想起了自己所在的乡下。）

С ней я никогда́ не говори́л о мое́й карти́не （我从不与她提起我的画作。）

前置词 **в, на** 与名词第六格连用，表示处所，回答 где?（在哪里）的问题。例如：

—Где вы у́читесь?（您在哪里学习？）

—Я учу́сь **в сре́дней шко́ле**.（我在中学学习。）

—А где у́чится ваш ста́рший брат?（那你哥哥在哪里学习？）

—Он не у́чится, а рабо́тает **на заво́де**.（他现在不上学，而是在工厂工作。）

в 和 **на** 用法详见"前置词"部分。

七 指小表爱名词和指大名词

1. 指小表爱名词

不少俄语名词可以构成指小表爱名词。例如：

дом — до́мик	（小房子）
маши́на — маши́нка	（小型机器）
ла́мпа — ла́мпочка	（小灯泡）
лист — листо́чек	（嫩叶）
час — ча́сик	（一小时，一个钟头）

指小表爱名词带有特殊的后缀 -к-а，-очк-а，表示所指事物是小的，同时也往往表示说话人对该事物爱抚、喜欢的意味。例如：

Берёза хороша́, когда́ её моло́денькие **листо́чки** (<лист) блестя́т в луча́х весе́ннего со́лнца. Она́ хороша́ и по́сле тёплого ле́тного **дожди́ка** (<дождь). Прия́тно смотре́ть, как лёгкий **ветеро́к** (<ветер) игра́ет её то́ненькими **ве́точками** (<ветвь).（白桦，当它的嫩叶在春天的阳光下闪闪发光时，非常好看。白桦，在一场带来暖意的夏雨过后，显得越发动人。微风舞弄着它那细嫩的枝条，这情景令人赏心悦目。）

又如：

Детство её прошло́ в ма́леньком до́мике.（她的童年是在一栋小房子里度过的。）

Ру́сские лю́ди осо́бенно лю́бят берёзу, называ́ют её «**берёзка**» и́ли «**берёзенька**» и сра́внивают с неве́стой.（俄罗斯人特别喜欢白桦，人们称它为"小白桦"或"可爱的白桦"，把它比作新娘。）

«Хороша́ **шко́лочка** (<шко́ла)!» — сказа́л он, любу́ясь зда́нием но́вой шко́лы.（"多漂亮的学校呵！"他欣赏着新校舍说。）

指小表爱词的使用，多见于口语及文艺作品中，有时无关事物大小，而是赋予言语以亲切、亲昵的语气。例如：

Подожди́ **мину́тку**!（请等一小会儿！）

Ты пойди́ погуля́й **ча́сика** два и́ли три.（你去玩玩吧，玩它两三个小时。）

С пра́здничком тебя́, Таню́ша!（塔纽莎，祝你节日快乐呀！）

分秒无大小，мину́тка, ча́сик 显然不是指小，с пра́здничком 也不是祝贺小节日，这里只表亲切语气。

指小表爱名词都是由普通名词加指小表爱后缀构成的，构成时往往发生语音交替。常见的后缀有：

后缀 **-ик** 如：стол → сто́лик　　　　（小桌子）

дом → до́мик　　　　（小房子）

дождь → до́ждик　　　　（小雨）

час → ча́сик　　　　（小时）

后缀 **-ок** 如：ве́тер → ветеро́к　　　　（小风，微风）

го́род → городо́к　　　　（小城市）

лес → лесо́к　　　　（小树林）

о́стров → острово́к　　　　（小岛）

后缀 **-к(а)** 如：кни́га → кни́жка　　　　（小书）

берёза → берёзка　　　　（小白桦）

тетра́дь → тетра́дка	（小本子）
маши́на → маши́нка	（小型机器）
строка́ → стро́чка	（一小行）
后缀 **-очк(a)** 如: ла́мпа → ла́мпочка	（小灯泡）
ло́дка → ло́дочка	（小船）
звезда́ → звёздочка	（小星星）
мину́та → мину́точка	（秒）
后缀 **-ушк(a)** 如: голова́ → голо́вушка	（小脑袋）
изба́ → избу́шка	（小木房）
мать → ма́тушка	（妈妈，大娘）

此外，还可经常见到 сыни́шка（（源自 сын）小儿子，儿子），сестрёнка（（源自 сестра́）小妹妹）等指小表爱名词。

2. 指大名词

俄语中还有专门用来指大的名词，如 доми́ще（大房子）（由 дом 构成），рыби́ща（大鱼）（由 ры́ба 构成），роти́ще（大嘴）（由 рот 构成），голоси́ще（大嗓门）（由 го́лос 构成）。

指大名词一般使用后缀 -ищ(е), -ищ(а) 构成，这类名词保持原来名词的性属。如：дом 是阳性，由它产生的 доми́ще 也是阳性；нос 是阳性，由它构成的 носи́ще（大鼻子）也是阳性。

八 俄罗斯人的姓名（附：非俄罗斯人姓名）

1. 构成和用法

俄罗斯人的姓名由三部分构成：

	名	父称	姓
男	Алексе́й Влади́мир Тимофе́й	Макси́мович Ильи́ч Петро́вич	Го́рький Ле́нин Его́ров
女	Наде́жда Еле́на	Константи́новна Петро́вна	Кру́пская Его́рова

书写时也可按"姓+名+父称"的顺序。例如：

Го́рький Алексе́й Макси́мович

Ле́нин Влади́мир Ильи́ч

平常在言语实践中，可单用姓，单用名，或用"名+父名"，后者带有尊敬意味。例如：

Пешко́в, иди́ чита́ть!（彼什科夫，去读书吧！）

Но́чью **Алексе́й** ви́дел сон.（夜里阿列克谢做了个梦。）

Как мне пройти́ к **Ле́нину**?（去列宁那我该怎么走？）

Влади́мир Ильи́ч по́днял ру́ку — тре́бовал тишины́.（弗拉基米尔·伊里奇举起了手，要求大家肃静。）

书写时，名和父称常简写，姓用全称，名和父称用头一个字母，字母后下方用略号"."但译成中文时"·"放在中间。例如：

В.В. Пу́тин 弗·弗·普京

А.И. Заги́това 阿·伊·扎吉托娃

2. 名的变格

名按相应名词变格法变格。如 Влади́мир, Алексе́й 属阳性，按阳性名词变格：

第一格	Влади́мир	Алексе́й
第二格	Влади́мира	Алексе́я
第三格	Влади́миру	Алексе́ю
第四格	Влади́мира	Алексе́я
第五格	Влади́миром	Алесе́ем
第六格	(о) Влади́мире	(об) Алексе́е

Надéжда, Нáдя 属阴性，按阴性名词变格：

第一格	Надéжда	Нáдя
第二格	Надéжды	Нáди
第三格	Надéжде	Нáде
第四格	Надéжду	Нáдю
第五格	Надéждой	Нáдей
第六格	(о) Надéжде	(о) Нáде

俄国人名还有爱称，小名，例如：

Алексéй — Алёша

Владúмир — Волóдя

Николáй — Кóля

Татьянá — Тáня

Óльга — Óля

大部分男人的小名、爱称都以 -а, -я 结尾，如 Юра（尤拉），Пéтя（别佳），它们都按相应的以 -а, -я 结尾的名词变格法变格。

3. 父名的变格

男人的父称，按一般阳性名词变格法变格，女人的父称，按以 -а 结尾的阴性名词变格法变格。

格	男人父称	女人父称
第一格	Максúмович	Максúмовна
第二格	Максúмовича	Максúмовны
第三格	Максúмовичу	Максúмовне
第四格	Максúмовича	Максúмовну
第五格	Максúмовичем	Максúмовной
第六格	(о) Максúмовиче	(о) Максúмовне

注：-ич 第五格词尾重读时为 -óм。如：Ильúч — Ильичóм

4. 姓的变格

俄罗斯人姓的变格比较特殊，例如：

	男人姓		女人姓	
第一格	Пу́тин	Медве́дев	Пу́тина	Медве́дева
第二格	Пу́тина	Медве́дева	Пу́тиной	Медве́девой
第三格	Пу́тину	Медве́деву	Пу́тиной	Медве́девой
第四格	Пу́тина	Медве́дева	Пу́тину	Медве́деву
第五格	Пу́тиным	Медве́девым	Пу́тиной	Медве́девой
第六格	(о) Пу́тине	(о) Медве́деве	(о) Пу́тиной	(о) Медве́девой

由此可见，俄罗斯男人的姓，第五格为-ым，而女人的姓，则除第四格为-у外，其余格均变为-ой。

复数时，除第一格词尾为-ы外。其余各格均用形容词词尾。例如：

第一格	Медве́девы	Пу́тины
第二格	Медве́девых	Пу́тиных
第三格	Медве́девым	Пу́тиным
第四格	Медве́девых	Пу́тиных
第五格	Медве́девыми	Пу́тиными
第六格	(о) Медве́девых	(о) Пу́тиных

有许多姓，形式上与形容词相同，以-ский, -кий；-ская, -кая 结尾，这些姓的变格与形容词一模一样。如 Кру́пская，Го́рький 等。

5. 非俄罗斯人的姓名

1）非俄罗斯人（外国人）的姓名，一般没有父称，只有姓和名两部分。外国人姓名通常由一个姓和一个名组成。欧美人的姓名有时名在前，姓在后；有时姓在前，名在后。例如：

Никола́й Копе́рник　　　　（尼古拉·哥白尼）

（名）（姓）

Гри́ффин Дона́льд　　　　　（格里芬·唐纳德）

（姓）（名）

有时为了区别，使用两个名。例如：

А́нна Луи́с Странг　　　　　（安娜·路易斯·斯特朗）

（名）（名）（姓）

Эдисо́н То́мас Альва　　　　（爱迪生·托马斯·阿尔瓦）

（姓）（名）（名）

中国人的姓名，姓在前，名在后。例如：

Чжо́у Эньла́й　　　　　　　（周恩来）

Лэй Фэн　　　　　　　　　（雷锋）

2）外国人的姓名变格与普通名词一样，但外国人的姓第五格不是 **-ым**，而是 **-ом**。例如：

встре́ча с Рича́рдом Ни́ксоном　（会晤理查德·尼克松）

встре́ча с Бетхо́веном　　　　（同贝多芬会面）

встре́ча с Копе́рником　　　　（同哥白尼会见）

中国人的姓名，与外国人的不同，变格时姓和名作为一个整体，只变名，姓不变格，例如：

вме́сте с Чжан Иби́ном　　　　（同张义宾一起）

вместе с Ван Пи́ном　　　　　（同王平一起）

但只用姓时，姓要变格，例如：

с учи́телем Чжа́ном　　　　　（同张老师）

с учи́телем Ва́ном　　　　　　（跟王老师）

女人的姓和名，都不变格。例如：

идти́ к Лю Ин　　　　　　　（到刘瑛（女）那里去）

вме́сте с Ван Пин　　　　　　（和王萍（女）一起）

第三章
形容词

一 概述

形容词 (и́мя прилага́тельное) 是表示事物特征的词类。形容词有性、数、格的变化。它通常用来说明名词,与被说明的名词在性、数、格上保持一致。形容词在句中通常用作定语或谓语。

形容词按其意义可分为**性质形容词** (ка́чественные прилага́тельные) 和**关系形容词** (относи́тельные прилага́тельные) 等。

1. 性质形容词

性质形容词直接(不通过与其他事物的关系)表示事物的性质特征,一般可以有程度上的差异。例如:

большо́й го́род (大城市)

бо́лее большо́й го́род (较大的城市)

са́мый большо́й го́род (最大的城市)

性质形容词除了长尾形式外,还有短尾形式,而由于性质形容词通常有程度上的差异,一般它还有比较级和最高级形式。

2. 关系形容词

关系形容词通过事物之间的关系来表示事物的特征，一般没有程度上的差别，因此关系形容词没有比较级和最高级的形式。例如：

Ду́ет **се́верный** ве́тер.（刮着北风。）

Он купи́л большу́ю **желе́зную** крова́ть.（他买了一张大铁床。）

以第二个句子为例，其中词组 желе́зная крова́ть（铁床），желе́зная 说明 крова́ть 是用铁制成的。通过 крова́ть 与其材料（желе́зо）的关系说明 крова́ть 的特征。"铁床"这种特征是没有程度变化的，例如不能说成"更铁的"或"比较铁的"床。

由于关系形容词是通过一事物对另一事物的关系来表示该事物的特征，因而，"关系形容词+名词"结构可能和表示限定关系的"名词+名词间接格形式"结构形成同义现象。例如：**городска́я** библиоте́ка — библиоте́ка го́рода（市图书馆），рабо́чий стол — стол для рабо́ты（办公用桌，工作用桌）。

二　形容词的变化

1. 形容词性和数的变化

形容词有性和数的变化，与名词连用时，要和名词的性、数一致。例如：

Э́то ⎰ но́вый стол.
　　 ⎨ но́вая кни́га.
　　 ⎱ но́вое окно́.

这是 ⎰ 新桌子。
　　 ⎨ 新书。
　　 ⎱ 新窗户。

Э́то ⎰ но́вые столы́.
　　 ⎨ но́вые кни́ги.
　　 ⎱ но́вые о́кна.

这些是 ⎰ 新桌子。
　　　 ⎨ 新书。
　　　 ⎱ 新窗户。

第三章 形容词

形容词性、数变化表

	单数			复数
阳性	阴性		中性	
(какой?)	(какая?)		(какое?)	(какие?)
но́вый（新的）	но́вая		но́вое	но́вые
ста́рый（老、旧的）	ста́рая		ста́рое	ста́рые
большо́й（大的）	больша́я		большо́е	больши́е
вели́кий（伟大的）	вели́кая		вели́кое	вели́кие
сре́дний（中等的）	сре́дняя		сре́днее	сре́дние
хоро́ший（好的）	хоро́шая		хоро́шее	хоро́шие

注：在 г, к, х, ж, ч, ш, щ 这些辅音字母后不能写 ы, я, 应写 и, а。

2. 形容词的变格

形容词不仅有性和数的变化，还有格的变化。形容词和名词一样，也有六个格的形式。形容词在与名词连用时，必须与名词在性、数、格上保持一致。例如：

Я чита́ю **интере́сную кни́гу**.（我在读一本有趣的书。）

Мы должны́ быть **здоро́выми и поле́зными людьми́** для на́шей страны́.（我们要成为身体健康并对我们国家有益的人。）

凡形容词词干末尾为硬辅音，其阳性第一格词尾为 -ый（如词尾带重音时则为 -ой）者，均属**硬变化**。如：

形容词硬变化变格表

格	单数			复数
	阳性	阴性	中性	
第一格	но́вый（新的）	но́вое	но́вая	но́вые
第二格	но́вого		но́вой	но́вых
第三格	но́вому		но́вой	но́вым
第四格	同一或二	同一	но́вую	同一或二
第五格	но́вым		но́вой	но́выми
第六格	(о) но́вом		(о) но́вой	(о) но́вых

凡形容词词干末尾为软辅音，其阳性第一格词尾为-ий时，均属**软变化**。如：

形容词软变化变格表

格	单数			复数
	阳性	阴性	中性	
第一格	сре́дний	сре́днее	сре́дняя	сре́дние
第二格	сре́днего		сре́дней	сре́дних
第三格	сре́днему		сре́дней	сре́дним
第四格	同一或二	同一	сре́днюю	同一或二
第五格	сре́дним	сре́дним	сре́дней	сре́дними
第六格	(о) сре́днем	(о) сре́днем	(о) сре́дней	(о) сре́дних

注：

① 以-ый, -о́й 结尾的形容词的变格，通常与 но́вый 的变格相同。

② 以-ий 结尾的形容词的变格，通常与 сре́дний 的变格相同。

③ 词尾-ий 前为 г, к, х 和词尾-ой 前为 г, к, х, ж, ш 的形容词的变格，基本上同 но́вый，但在 г, к, х, ж, ш 后不能写 ы，应写 и，如：вели́кий, плохи́е, больши́е.

④ 词尾-ий 前为 ж, ч, ш, щ 的形容词的变格，基本上同 сре́дний，但在 ж, ч, ш, щ 后不能写 я, ю，应写 а, у。如：хоро́шая, рабо́чую.

⑤ 形容词的变格词尾-ого, -его 读作（ово），（ево）。

三　形容词的用法

形容词在句中主要用作定语，也可以用作谓语。

1. 用作定语

形容词在用作定语时，一般放在被说明名词之前，形容词与被说明名词在性、数、格上保持一致，所以叫做一致定语。通常回答какóй?的问题。例如：

В какóй кóмнате они живýт?
（他们住在怎样的房间？）

Они живýт в **свéтлой** кóмнате.（他们住在明亮的房间。）

Они живýт в **чи́стой** кóмнате.（他们住在清洁的房间。）

Они живýт в **краси́вой** кóмнате.（他们住在漂亮的房间。）

2. 用作谓语

形容词用作谓语，通常说明事物是什么样的，一般放在主语的后面，形容词谓语与主语在性、数上保持一致；格则根据系词的要求用第一格或第五格形式。例如：

Наша кóмната **свéтлая, чи́стая** и **краси́вая**.

（我们的房间明亮、清洁又漂亮。）

Цветы́ скóро бýдут совсéм **вя́лыми**.

（花朵马上就会完全凋谢。）

四　短尾形容词

1. 短尾形容词的构成

短尾形容词由性质形容词的长尾形式（原形）构成。方法是：去掉长尾形容词的词尾 -ый, -ий, -ой，即构成短尾形容词的阳性；短尾形容词的阴性加-a(-я)，中性加-o(-e)，复数加-ы(-и)。短尾形容词只有性、数的区别，没有格的变化。

短尾形容词构成表

长尾形容词	短尾形容词			
	阳性	阴性	中性	复数
бога́тый（丰富的）	бога́т	бога́та	бога́то	бога́ты
молодо́й（年轻的）	мо́лод	молода́	мо́лодо	мо́лоды
вели́кий（伟大的）	вели́к	велика́	велико́	велики́
хоро́ший（好的）	хоро́ш	хороша́	хорошо́	хороши́

注：

① 如果长尾形容词词尾前有两个辅音并列，后一个辅音是-н-，构成阳性短尾时，辅音之间加-е-；后一个辅音 -к- 或 -г-，辅音之间加-о-，但短尾阴性、中性和复数不需加。

例如：кра́сный（红的）— кра́сен (-сна́, -сно, -сны)（红）

   лёгкий（轻的）— лёгок (-гка́, -гко́, -гки́)（轻松）

   до́лгий（长久的）— до́лог (-лга́, -лго, -лги)（长久）

   больно́й（有病的）— бо́лен (-льна́, -льно́, -льны́)（生病）

② 有些性质形容词没有短尾形式。例如：ста́рший（年长的），мла́дший（年幼的），родно́й（亲的），передово́й（先进的）。

③ 有的形容词的短尾形式是从其他形容词借用的。例如：большо́й（大的）(вели́к, велика́, велико́, велики́)，ма́ленький（小的）(мал, мала́, мало́, малы́)。

④ 还有些形容词只有短尾形式，或在表示某一意义时只用短尾。

例如：рад (ра́да, ра́до, ра́ды)　　　　（高兴）

   до́лжен (-жна́, -жно́, -жны́)　　（应该）

   винова́т (-та, -то, -ты)　　　　（有过错）

   прав (-ва́, -во, -вы)　　　　　　（正确）

   согла́сен (-на, -но, -ны)　　　　（同意）

   наме́рен (-на, -но, -ны)　　　　（打算）

   на́добен (на́добна, -бно, -бны)　（需要）

2. 短尾形容词的用法

1）如前所述，形容词的长尾形式在句中既可作定语，又可作谓语；而短尾形式在句中只能作谓语，回答каков, какова́, каково́, каковы́? 的问题。短尾形容词的性和数必须和主语保持一致。例如：

Во́здух ле́са **чист** и **свеж**.（森林里空气清新。）

На́ша страна́ **широка́** и **краси́ва**.（我们的国家幅员辽阔又壮丽。）

Я́ша ещё вчера́ был **здоро́в**, сего́дня уже́ **бо́лен**.（雅沙昨天还挺好的，今天却病了。）

Сего́дня я о́чень **за́нят**, за́втра бу́ду **свобо́ден**.（今天我很忙，明天有空。）

2）短尾形容词用作谓语与长尾形容词用作谓语的区别：

（1）短尾形式常用于书面语，而长尾形式则多用于口语。例如下列句子：

И́стина **конкре́тна**.（真理是具体的。）

Как **обши́рна** и **прекра́сна** на́ша Ро́дина!（我们的祖国多么辽阔、美丽！）

（2）短尾形式常用来表示短暂的特征，而长尾形式则常表示经常的特征。例如：

Он верну́лся и уви́дел, что ко́мната **пуста́**.（他回来发现房间里空无一人。）

Брат сего́дня о́чень **ве́сел**.（今天弟弟很高兴。）

Весь ве́чер Тама́ра была́ **молчали́ва,** а обы́чно она́ **весёлая** и **многоговоря́щая**.（整个晚上塔玛拉都沉默不语，而平常她活泼又健谈。）

（3）当形容词谓语带间接补语时，一般用短尾形式。例如：

Э́ти брю́ки ему́ **велики́**.（这条裤子他穿太大了。）

Э́тот дом сли́шком **мал** для пяти́ челове́к.（这屋子住五个人太小了。）

（4）与Будь, Бу́дьте连用表示"祝愿、嘱咐"等时，要用短尾形式。例如：

Бу́дьте **здоро́вы**!（祝您［你们］健康！）

Бу́дьте добры́!（劳驾了！）

Будь осторо́жен!（当心！要小心啊！）

3）有些短尾形容词（例如до́лжен, рад, наме́рен等）可与动词不定式连用，构成动词性合成谓语。例如：

Мла́дшие должны́ уважа́ть ста́рших.（晚辈应该尊敬长辈。）

Эта рабо́та должна́ бу́дет ко́нчиться к концу́ го́да.（这项工作必须在年底前结束。）

Я о́чень рад вас ви́деть.（我很高兴见到您。）

五　形容词比较级和最高级

性质形容词大多有比较级和最高级形式，以区分事物特征的程度差异。

形容词比较级表示"较为……的""更……的"等意义；形容词最高级表示"最……的"等意义。

1. 形容词比较级的构成

1）简单式比较级的构成：

去掉原级（原形）形容词的词尾，有的形容词要发生词干的辅音交替，然后加上比较级的后缀-ee(-ей)或-е。

例如：

до́брый（善良的）— добре́е　　　краси́вый（美丽的）— краси́вее

дорого́й（珍贵的）— доро́же　　чи́стый（清洁的）— чи́ще

лёгкий（轻的）— ле́гче　　　　ти́хий（静的）— ти́ше

简单形式形容词比较级构成表

原级	去掉词尾	加 -ee 或 -e
све́тлый（明亮的）	светл	
дли́нный（长的）	длинн	
тёплый（温暖的）	тепл	+ е́е
краси́вый（美丽的）	красив	
ую́тный（舒服的）	уютн	+ ее
дорого́й（珍贵的）	дорож	
молодо́й（年轻的）	молож	г
гро́мкий（大声的）	громч	д → ж
бога́тый（丰富的）	богач	+ е 音变规则为： к
чи́стый（清洁的）	чищ	т → ч
ти́хий（静静的）	тиш	ст — щ
		х — ш

注：

① 大部分形容词构成短尾时用后缀-ее。但词干为单音节的形容词在构成比较级时，重音一般移到后缀的第一个 е 上。例如：

но́вый（新的）— нове́е，кра́сный（红的）— красне́е，тру́дный（困难的）— трудне́е，све́тлый（光亮的）— светле́е。

② 以 -ее 为后缀的形容词比较级在口语或诗歌中可用 -ей 为后缀。例如：

быстре́е (-ей)（快的），интере́снее (-ей)（有趣的），счастли́вее (-ей)（幸福的），важне́е (-ей)（重要的）。

③ 以 г, д, к, дк, зк, т, ст 结尾的形容词构成短尾时使用后缀-е，同时发生语音交替（音变）。音变规则：除外 г, д→ж；к,т→ч；х→ш；ст→щ 外还有 дк, зк→ж；тк→ч。例如：

гла́дкий（光滑的）— гла́же，бли́зкий（近的）— бли́же，коро́ткий（短的）— коро́че。

④ 还有一些形容词的简单式比较级形式是特殊的。例如：

хоро́ший（好的）→ **лу́чше**　　большо́й（大的）→ **бо́льше**

ма́ленький（小的）→ **ме́ньше**　　плохо́й（坏的）→ **ху́же**

широ́кий（宽阔的）→ **ши́ре**　　высо́кий（高的）→ **вы́ше**

далёкий（远的）→ **да́льше**　　дешёвый（便宜的）→ **деше́вле**

2）复合式比较级的构成：

在原级形容词前加 бо́лее 即成。例如：

бо́лее краси́вый（更美丽的），бо́лее но́вый（更新的）

бо́лее большо́й（更大的），бо́лее све́жий（更新鲜的）

有些性质形容词不能构成简单式比较级，只能用"бо́лее+原级"构成复合式比较级。例如 го́рдый（骄傲的），дру́жеский（友好的），отста́лый（落后的），передово́й（先进的），уста́лый（疲乏的）等。另外，也不是所有的性质形容词都可以构成比较级形式，例如 больно́й（有病的），го́лый（裸露的）等，但这些词可以构成短尾形式、性质副词，能用程度副词加以说明：

больно́й — бо́лен (больна́, больны́), тяжело́ больно́й（重病的）。

2. 形容词比较级的用法

简单式形容词比较级没有性、数、格的变化；复合式形容词比较级的变化与其原级形容词相同，只是 бо́лее 不变。

1）简单式比较级在句中主要用作谓语。如有比较对象时，被比较的事物的名称用第二格形式表示，或借助于比较连接词 чем，其后被比较事物的名词（或人称代词）用第一格形式表示（чем 前要用逗号）。例如：

Нефть ле́гче воды́.

Нефть ле́гче, чем вода́.（石油比水轻。）

Она́ ста́рше меня́.

Она́ ста́рше, чем я.（她比我年长。）

Э́тот рома́н интере́снее того́.

Э́тот рома́н интере́снее, чем тот.（这部小说比那部有意思。）

2）复合式比较级同原级形容词，在句中可作定语，作定语时要与被说明名词在性、数、格上保持一致；也可用作谓语，多用短尾，被比较对象只能用 чем 加第一格形式表示。例如：

Домо́й мы возвраща́лись по бо́лее широ́кой доро́ге.（回家时我们走比较宽的那条路。）

Оте́ц купи́л мне **бо́лее краси́вую** су́мку.（爸爸给我买了一个更漂亮的书包。）

Этот рома́н **бо́лее интере́сный**, чем тот.（这部小说比那部有意思。）

Эта зада́ча **бо́лее трудна́**, чем други́е.（这道习题比其他的都难。）

3）说明：

（1）如果被比较对象是用带前置词的词组或副词等表示的，也用 чем 连接。例如：

В Санкт-Петербу́рге зима́ **тепле́е, чем в Москве́**.（［在］冬天［在］圣彼得堡比［在］莫斯科暖和。）

Урожа́й у нас в э́том году́ оказа́лся **бога́че，чем в про́шлом**.（今年我们的收成比去年好。）

Ле́том дни **длинне́е, чем зимо́й**.（夏季的白天比冬季长。）

Тепе́рь жизнь крестья́н ста́ла **лу́чше, чем ра́ньше**.（现在农民的生活比以前好了。）

（2）简单式形容词比较级常以重复形式来表示事物特征逐渐增强的意义，此时一般要借助系词 быть, станови́ться 等。例如：

На́ша жизнь стано́вится всё **лу́чше и лу́чше**.（我们的生活越过越好。）

Вопро́с о воспита́нии молодёжи стано́вится всё **важне́е и важне́е**.（青年教育问题变得益发重要了。）

（3）简单式形容词比较级加上前缀 по-，可表示"稍微……""……一些"等意义，放在被限定名词后面，在句中做非一致定语。例如：

Чита́йте мне расска́з **поинтере́снее**.（请给我念一篇稍微有趣点儿的故事吧！）

Да́йте нам но́мер **посветле́е и почи́ще**.（请给我们一间光线好一些、干净一些的房间吧！）

3. 形容词最高级的构成

1）简单式最高级的构成：

（1）去掉原级形容词的词尾，加上后缀-ейш-和词尾-ий。例如：

ста́рый → старе́йший　　　　　（最年老的）

краси́вый → краси́вейший　　　（最美丽的）

си́льный → сильне́йший　　　　（最强大的）

（2）如果原级形容词的词干以 г, к, х 结尾，则 г, к, х 要经过音变（语音交替），然后加上后缀-а́йш-和词尾-ий。例如：

стро́гий → строжа́йший　　　　（最严格的）

ти́хий → тиша́йший　　　　　　（最静的）

глубо́кий → глубоча́йший　　　（最深的）

简单式形容词最高级构成表

原级	去掉词尾	加-ейш-ий
краси́вый	красив	
дли́нный	длин	+ейш-ий
просто́й	прост	

原级	去掉词尾、发生音变	加-айш-ий	
стро́гий	сторг→строж		г — ж
глубо́кий	глубок→ глубоч	+айш-ий	к — ч
ти́хий	тих→ тиш		х — ш

注：

①简单式形容词最高级的重音大多在-ейш-和-айш-上，但比较级后缀为不带重音的-ее形容词，构成以-ейш-为后缀的最高级时，后缀-ейш-也不带重音。例如：огро́мный（巨大的）— огро́мнее（比较级）— огро́мнейший（最高级），краси́вый（美丽的）— краси́вее（比较级）— краси́вейший（最高级）

②有些形容词的简单式最高级形式是特殊的，例如：

хоро́ший — лу́чший, плохо́й — ху́дший, 如：

лу́чший сорт чая（最好的茶叶品种）

в **ху́дшем** слу́чае（在最坏的情况下）

③与比较级一样，-дк-, -зк-音变时, -к-脱落, -д-, -з-交替为-ж-。例如：

сла́дкий（甜的）→ слажа́йший（最甜的）

ни́зкий（矮的）→ нижа́йший（最矮的）

бли́зкий（近的）→ ближа́йший（最近的）

④还有一些形容词没有简单式最高级形式。例如：

молодо́й（年轻的），ча́стный（频繁的）

родно́й（亲的），до́лгий（长久的）

гро́мкий（大声的），ло́вкий（灵活的）

све́жий（新鲜的），большо́й（大的）

2）复合式最高级的构成：

在原级形容词前加 са́мый 即成。例如：

са́мый высо́кий（最高的），са́мый краси́вый（最美的）

са́мый тру́дный（最难的），са́мый дорого́й（最贵的）

4. 形容词最高级的用法

简单式和复合式最高级都有性、数、格的变化，其变化同原级形容词一样。复合式最高级形容词变化时，са́мый 和后面的原级形容词同时变化。

两种最高级形式在句中都可作为定语或谓语，用法与原级形容词相同。例如：

Этот вопро́с **са́мый ва́жный**.（这个问题是最重要的。）

Пеки́н — оди́н из **древне́йших** городо́в Кита́я.（北京是中国最古老的城市之一。）

5. 补充说明

1）形容词的简单式比较级加 всего́（指物）或 всех（指人）也具有最高级意义。例如：

Для коммуни́стов интере́сы наро́да **вы́ше всего́**.（对共产党人来说人民的利益高于一切。）

Среди́ студе́нтов он **умне́е всех**.（在大学生中间他是最聪敏的。）

Яо Мин **вы́ше всех** среди спортсме́нов.（姚明在运动员中个头最高。）

2）简单式最高级较常见于书面语体中，而复合式最高级则广泛运用于各种语体中。

6. 形容词的主观评价形式

性质形容词具有主观评价形式，用来加强性质特征意义，同时表达谈话人一定的感情和态度，如爱抚、憎恶、鄙视等。形容词的主观评价形式利用特定的构词后缀-еньк-（-оньк-），-ущ-(-ющ-)由形容词原形构成。-еньк 一般表爱，而-ущ-则通常具有不好的评价色彩。例如：

бе́ленький（白白净净的）（由бе́лый［白的］构成）

си́ненький（蓝蓝的）（由си́ний［蓝的］构成）

толсту́щий（很胖的）（由то́лстый［胖的］构成）

злю́щий（十分凶狠的）（由злой［凶狠的］构成）

例如：

Како́й **ми́ленький** ма́льчик!（多么可爱的小男孩呀！）

На́ша сосе́дка — **злю́щая** стару́ха.（我的邻居是个极凶恶的老太婆。）

主观评价形式一般用于口语与文艺语体中。

第四章

数　词

一　概述

数词（имя числи́тельное）是实词的一种，表示抽象的数目、事物的数量和事物的顺序。

表示抽象数目及事物数量的数词叫做**数量数词**，又叫**量数词**(коли́чественное числи́тельное)；数量数词回答 ско́локо? 问题。例如：пять ученико́в（五位学生），четы́ре стола́（四张桌子）。再如：

Два и пять — семь.（二加五等于七。）

表示事物顺序的数词叫做**顺序数词**，或**序数词**(поря́дковое числи́тельное)，顺序数词回答 кото́рый? 问题。例如：Пе́рвая сре́дняя шко́ла（第一中学），шесто́е упражне́ние（第六个练习）。

数量数词按其意义可分为**定量数词**和**不定量数词**。例如：шесть（六），оди́ннадцать（十一），два́дцать（二十），ты́сяча（一千），миллио́н（百万）等是定量数词；не́сколько（几个），мно́го（许多），ма́ло（少），немно́го（不多），нема́ло（不少）等是不定量数词。

定量数词按其构成又可分为三种：

（1）简单数词，由一个词根构成。例如：

оди́н（一），пять（五），во́семь（八），со́рок（四十），сто（一百）

（2）复合数词，由连写的两个词根组成。例如：

пятна́дцать（十五）, пятьдеся́т（五十）, две́сти（二百）, девятьсо́т（九百）

（3）合成数词，由几个简单数词或复合数词分写组成。合成数词都是随机组合的。

例如：

два́дцать шесть（二十六）, пятьдеся́т пять（五十五）, сто три（一百零三）, три́ста се́мьдесят де́вять（三百七十九）, ты́сяча девятьсо́т во́семьдесят четы́ре（一千九百八十四）

俄语定量数词

简单数词	复合数词
1 оди́н (одна́, одно́, одни́) 2 два (две) 3 три 4 четы́ре 5 пять 6 шесть 7 семь 8 во́семь 9 де́вять 10 де́сять 40 со́рок 100 сто 1,000 ты́сяча 1,000,000 миллио́н 1,000,000,000 миллиа́рд（10亿） 10^{12} риллио́н（兆，万亿）	11 оди́ннадцать 12 двена́дцать 13 трина́дцать 14 четы́рнадцать 15 пятна́дцать 16 шестна́дцать 17 семна́дцать 18 восемна́дцать 19 девятна́дцать 20 два́дцать 30 три́дцать 50 пятьдеся́т 60 шестьдеся́т 70 се́мьдесят 80 во́семьдесят 90 девяно́сто 200 две́сти 300 три́ста 400 четы́реста 500 пятьсо́т 600 шестьсо́т 700 семьсо́т 800 восемьсо́т 900 девятьсо́т

注：

① 11—19（简单数词+ на + дцать）； 20—30（简单数词+ дцать）； 50—80（简单数词+ десят）； 200—900 [简单数词+ сто (сти, ста, сот)]。

> ② 除 тысяча 具有一定数词语法特征外，миллион, миллиард 和 триллион 都是名词用作数词，它们的语法特征都是名词的，都按阳性名词变格。

俄语整数数量在读法上有下述特点：

（1）俄语数词以三位数为一单元，集四位数为"千"—— тысяча，集七位数为"百万"—— миллион，集十位数为"十亿"—— миллиард。如：456,000 读作 четыреста пятьдесят шесть тысяч；165,423,105 读作 сто шестьдесят пять миллионов четыреста двадцать три тысячи сто пять。

（2）数词中间的"0"（零）不读出。如：2007 读作 две тысячи семь，2010 读作 две тысячи десять。

二　定量数词的变格和用法

1. один (одно, одна, одни) 的变格和用法

	阳性	中性	阴性	复数
第一格	один	одно	одна	одни
第二格	одного	одного	одной	одних
第三格	одному	одному	одной	одним
第四格	同一或二格	同一格	одну	同一或二格
第五格	одним	одним	одной	одними
第六格	(об) одном	(об) одном	(об) одной	(об) одних

1）один 有单数和复数形式。单数有阳性、中性和阴性。性、数要与被说明的名词保持一致。例如：

один ученик　　　　　（一个男学生）
одна ученица　　　　　（一个女学生）

одно́ сообще́ние　　　　　　（一条短消息）

одни́ очки́　　　　　　　　（一副眼镜）

2) оди́н 有格的变化。格必须与被说明的名词一致。例如：

оди́н студе́нт, у одного́ студе́нта, к одному́ студе́нту, на одного́ студе́нта, с одни́м студе́нтом, об одно́м студе́нте;

одна́ шко́ла, из одно́й шко́лы, к одно́й шко́ле, в одну́ шко́лу, с одно́й шко́лой, в одно́й шко́ле

3) 由于俄语名词单数形式本身已表示"一个"的含义，所以 оди́н (одно́, одна́) 在与名词连用时一般可省去，只有特别强调时才用。例如：

Ма́ша написа́ла бу́кву "а". （玛莎写了［一个］字母«а»。）

Пра́вда, одна́ бу́ква то́же име́ет большо́е значе́ние. （是的，一个字母也同样起着很大的作用。）

4) 复数形式 одни́ 在以下几种情况时使用。

（1）与只有复数的名词连用，但不表示复数含义。例如：

одни́ часы́　　　　　　　（一块表）

одни́ очки́　　　　　　　（一副眼镜）

одни́ су́тки　　　　　　　（一昼夜）

одни́ брю́ки　　　　　　（一条裤子）

одни́ ту́фли　　　　　　（一双鞋）

（2）表示"一些""一部分"的意义。例如：

В кла́ссе одни́ чита́ют, а други́е пи́шут. （教室里一些人在读书，另一些人在写字。）

（3）表示"只有"的意义。例如：

Одни́ пусты́е слова́ де́лу не помо́гут. （只讲空话无济于事。）

2. два (две), три, четы́ре 的变化和用法

	2	3	4
第一格	два, две	три	четы́ре
第二格	двух	трёх	четырёх
第三格	двум	трём	четырём
第四格	同一或二格	同一格或二格	同一或二格
第五格	двумя́	тремя́	четырьмя́
第六格	(о) двух	(о) трёх	(о) четырёх

1）два 与阳性、中性名词连用，две 与阴性名词连用。例如：

два студе́нта（两个大学生），два слова́（两个单词），две студе́нтки（两名女大学生），три, четы́ре 没有性的区别。例如：

три ученика́（三个学生），три слова́（三个词），три учени́цы（三个女学生）；четы́ре ученика́（四个学生），четы́ре слова́（四个词），четы́ре учени́цы（四个女学生）。

2）当 два (две), три, четы́ре 与非动物名词连用时，第四格同于第一格，名词用单数第二格；当名词为动物名词时，数词和名词同格，都与第二格相同，名词改用复数。试比较：

Здесь **два стола́**.   Здесь **два ученика́**.

（这里有两张桌子。）   （这里有两个学生。）

Я ви́жу **два стола́**.   Я ви́жу **двух ученико́в**.

（我看见两张桌子。）   （我看见两个学生。）

至于形容词，当数词 два, три, четы́ре 为第一格（以及同于第一格的第四格）与阳性或中性名词连用时，形容词用复数二格；与阴性名词连用时，形容词常用复数一格，但也可用复数二格。例如：

Вчера́ я повтори́л **два ста́рых уро́ка** и запо́мнил **два́дцать три но́вых сло́ва**. Пото́м прочита́л **четы́ре интере́сные** (或 интере́сных) ска́зки.（昨天我复习了两课学过的课文，背会了二十三个生词，然后又读了四篇有趣的童话。）

数词二、三、四与形容词、名词连用表

数词два（две），три，четыре的格	形容词	名词
第一格以及与第一格相同的第四格	复数第二格	阳性，中性单数第二格
	复数第一格（或复数第二格）	阴性单数第二格
第二、三、五、六格以及与第二格相同的第四格	复数，同格	复数，同格

3）当 два (две), три, четыре 是合成数词的末位数时，不论连用的名词是动物名词还是非动物名词，第四格都同于第一格，名词用单数第二格。例如：

Я ви́жу два́дцать два́ стола́.（我看见二十二张桌子。）

Я ви́жу два́дцать два́ ученика́.（我看见二十二个学生。）

4）当 два (две), три, четыре 以及带有这三个简单数词的合成数词为其他各格时，名词要用复数，数名同格，说明名词的形容词也与名词同数同格。例如：

В э́тих двух ву́зах занима́ется о́коло трёх ты́сяч молоды́х люде́й.（在这两所高校里约有三千名年轻人在学习。）

Не хвата́ет двадцати́ трёх книг.（尚缺二十三本书。）

3. пять 及 пять 以上数词的变化和用法

1）除 оди́н, два (две), три, четы́ре 以及带有这些数词的合成数词外，пять 及пять以上数词的变化和用法分述如下：

	5—20, 30	50, 60, 70, 80	500, 600, 700, 800, 900
第一格	пять	пятьдеся́т	пятьсо́т
第二格	пяти́	пяти́десяти	пятисо́т
第三格	пяти́	пяти́десяти	пятиста́м
第四格	同一格	同一格	同一格
第五格	пятью́	пятью́десятью	пятьюста́ми
第六格	(о) пяти́	(о) пяти́десяти	(о) пятиста́х

注：

① 与 пять 变格相同的数词有6—19以及20和30；

② 与 пятьдеся́т 变格相同的有60, 70, 80；

③ 与 пятьсо́т 变格相同的有600, 700, 800, 900。

	40	90	100
第一格	со́рок	девяно́сто	сто
第二格	сорока́	девяно́ста	ста
第三格	сорока́	девяно́ста	ста
第四格	同一格		
第五格	сорока́	девяно́ста	ста
第六格	(о) сорока́	(о) девяно́ста	(о) ста

注：

① 这类数词除第一、第四格外，其他各格词尾都是-а；

② со́рок 一词变格时重音移到词尾。

	200	300	400
第一格	две́сти	три́ста	четы́реста
第二格	двухсо́т	трёхсо́т	четырёхсо́т
第三格	двумста́м	трёмста́м	четырёмста́м
第四格	同一格		
第五格	двумяста́ми	тремяста́ми	четырьмяста́ми
第六格	(о) двухста́х	(о) трёхста́х	(о) четырёхста́х

2) ты́сяча（一千），миллио́н（百万），миллиа́рд（十亿）这些词是带有数词意义的名词，**其变化与名词相同。**

3) 合成数词变化时，各组成部分的数词同时变。例如：

	642		
第一格	шестьсо́т	со́рок	два
第二格	шестисо́т	сорока́	двух
第三格	шестиста́м	сорока́	двум
第四格	同一格		

（续表）

	642		
第五格	шестьюста́ми	сорока́	двумя́
第六格	(о) шестиста́х	сорока́	двух

пять 及 пять 以上的数词（除去带 оди́н，два，три，четы́ре 的合成数词）为第一格或第四格时，与其连用的名词、形容词均用复数第二格；为其他格时，与其连用的名词、形容词和数词的格一致，都用同格复数。例如：

пять карандаше́й（五支铅笔）

ты́сяча пямьсо́т со́рок де́вять студе́нтов（一千五百四十九名大学生）

де́сять молоды́х ижене́ров（十位年轻的工程师）

шестьдеся́т семь интере́сных кннг（六十七本有趣的书）

Я верну́сь домо́й **к восьми́ часа́м**.（我八点前回家。）

Вчера́ он провёл пра́здник **с девятью́ боевы́ми друзья́ми**.（昨天他和九位战友一起度过了节日。）

С э́тим не согласи́тся **миллиа́рд четы́реста миллио́нов** кита́йцев!（十四亿中国人不会同意这个!）

пять 及 пять 以上数词与名词、形容词连用表

（除了带有 оди́н，два，три，четы́ре 的合成数词外，所有 пять 及 пять 以上的）数词	形容词	名词
第一格以及第四格	复数第二格	复数第二格
第二、三、五、六格	复数同格	复数同格

4. 补充说明

俄语中"万"以上的数词的表示法：

1)"万"本身没有具体的名词，它要借助于 ты́сяча（千）表示，如：

一万 = 十个"千"（де́сять ты́сяч）

二万 = 二十个"千"（два́дцать ты́сяч）

十万 = 一百个"千"（сто ты́сяч）

八十万 = 八百个"千"（восомьсо́т ты́сяч）

2）"百万"有专用名词 миллио́н（百万），如：

一百万 миллио́н

三百万 три миллио́на

五百万 пять миллио́нов

3）"千万"等于十个一百万，如：

一千万 де́сять миллио́нов

六千万 шестьдеся́т миллио́нов

4）"亿"等于一百个一百万，如：

一亿 сто миллио́нов

五亿 пятьсо́т миллио́нов

5）"十亿"有专用名词 миллиа́рд，该词表示"十万万"，即十亿，如：

три миллиа́рда ю́аней　　　　　（三十亿元［人民币］）

пять миллиа́рдов рубле́й　　　　（五十亿卢布）

де́сять миллиа́рдов до́лларов　　（一百亿美元）

На строи́тельство мо́ста затра́чено 14 миллиа́рдов（о́коло 2 млрд. до́лларов США）.（建造此桥共耗资140亿人民币［约合20亿美元］。）

三　不定量数词的变化和用法

不定量数词表示大约的、不肯定的、不确定和不具体的数量。常用的不定量数词有 не́сколько（几个），сто́лько（这样多），ско́лько（多少），мно́го（许多），немно́го（不多），ма́ло（少），нема́ло（不少）等。

1. не́сколько, сто́лько, ско́лько 的变格与形容词软变化复数词尾相同

第一格	не́сколько	сто́лько	ско́лько
第二格	не́скольких	сто́льких	ско́льких
第三格	не́скольким	сто́льким	ско́льким
第四格	同一或同二	同一或同二	同一或同二
第五格	не́сколькими	сто́лькими	ско́лькими
第六格	(о) не́скольких	(о) сто́льких	(о) ско́льких

2. мно́го, немно́го 的变格与形容词 мно́гие（很多的）相同

第一格	мно́гие	мно́го	немно́го
第二格	мно́гих	мно́гих	немно́гих
第三格	мно́гим	мно́гим	немно́гим
第四格	同一或同二	同一或同二	同一或同二
第五格	мно́гими	мно́гими	немно́гими
第六格	(о) мно́гих	(о) мно́гих	(о) немно́гих

3. ма́ло, нема́ло 没有格的变化

4. 不定量数词为第一格或同第一格的第四格时，与其连用的名词、形容词都用复数第二格（只用单数的名词则用单数第二格，形容词与名词一致）；其他格时，与其连用的名词、形容词均用复数且同格。例如：

У нас в чита́льне **мно́го но́вых журна́лов и книг**.（我们的阅览室里有许多新的杂志和书。）

В э́том го́роде постро́или **нема́ло высо́тных домо́в**.（在这个城市里建造了不少高层建筑。）

Го́рький со́здал **сто́лько замеча́тельных о́бразов** в свои́х кни́гах!（高尔基在自己的作品中塑造了那么多光辉形象！）

Он лю́бит гуля́ть в па́рке **с не́сколькими хоро́шими друзья́ми**.（他爱和几个好朋友一起在公园里散步。）

Для разви́тия промы́шленности ну́жно **мно́го чугуна́ и ста́ли**.（发展工业需要大量的铁和钢。）

不定量数词与形容词、名词连用表

不定量数词	形容词	名词
第一格以及与第一格相同的第四格	复数第二格	复数第二格
第二、三、五、六格以及与第二格相同的第四格	复数同格	复数同格

四 集合数词的变化和用法

俄语数量数词中有一种特殊数词，叫做**集合数词**（собира́тельные числи́тельные）。集合数词与定量数词意义相似，但集合数词强调一定数量的人和事物是共同从事某种行为或共同具有某一特征的整体，并具有自身的语法特点。例如：

Во дворе́ игра́ло **тро́е** дете́й.（院子里曾有三个孩子在［一起］玩。）

О́ба э́ти элеме́нта име́ются в табли́це Менделе́ева.（这两种元素都列在门捷列夫周期表上。）

俄语中集合数词有：дво́е（二个），тро́е（三个），че́тверо（四个），пя́теро（五个），ше́стеро（六个），се́меро（七个）等；о́ба, о́бе（两个，双方，俩）也属于集合数词。

1. 集合数词的变化

集合数词没有性和数的区别，但有格的变化。

集合数词的变格与形容词复数变格相同。

集合数词变格表

第一格	дво́е	че́тверо	о́ба	о́бе
第二格	двои́х	четверы́х	обо́их	обе́их
第三格	двои́м	четверы́м	обо́им	обе́им
第四格	同一或二			
第五格	двои́ми	четверы́ми	обо́ими	обе́ими
第六格	(о) двои́х	(о) четверы́х	(об) обо́их	(об) обе́их

> 注：
> ① тро́е 的变格同 дво́е。
> ② пя́теро, ше́стеро, се́меро 等的变格同 че́тверо。

2. 集合数词的用法

1）дво́е — се́меро 与名词或形容词（人称代词除外）连用时的规则同数词 пять 相同，即在第一格或与第一格相同的第四格时，要求连用的词为复数第二格；在其他各格时，则要求连用的词为复数且同格。例如：

Они́ купи́ли **тро́е ручны́х часо́в**.（他们买了三块手表。）

Она́ мать **двои́х дете́й**.（她是两个孩子的母亲。）

2）дво́е — се́меро 使用范围是有限的，常用于以下场合：

（1）与只用复数形式的名词连用。例如：

Мы не спа́ли **че́тверо су́ток**.（我们四昼夜没睡觉了。）

У нас то́лько **тро́е но́жниц**.（我们只有三把剪刀。）

（2）与表示男人的名词或共性名词连用。例如：

Вошли́ **дво́е студе́нтов (дво́е сиро́т)**.（两个大学生（两个孤儿）走了进来。）

（3）与表示人的且常用复数形式的名词 де́ти, ребя́та, лю́ди 等连用。例如：

В семье́ бы́ло **че́тверо дете́й**.（家里曾有四个孩子。）

В маши́не сиде́ло **тро́е люде́й**.（汽车里曾坐着三个人。）

（4）与人称代词 мы, вы, они́ 的第一格形式或第二格形式连用。例如：

Прие́хали **они́ пя́теро**.（他们五个人都来了。）

Нас оста́лось то́лько **дво́е**.（只有我们两个留下了。）

（5）单独使用时，表示"若干人"的意义。例如：

Се́меро одного́ не ждут.（七个人不等一个人 [少数服从多数]。）

3）о́ба 和 о́бе 带有浓厚的代词特征，表示两个已知的或前面提及过的人和事物都干什么："两个……都"。集合数词 о́ба 为阳性和中性，о́бе 为阴性。它们与名词、形容词连用时的规则同数量数词 два 和 две，即在第一格或与第一格相同的第四格时，要求连用名词为单数第二格，形容词为复数第一格或第二格；在其他各格时，则要求连用的名词和形容词为复数同格。例如：

У него́ два ста́рших бра́та, **о́ба ста́рших бра́та** студе́нты.（他有两个哥哥，两个哥哥都是大学生。）

По **обе́им сторона́м** у́лицы стоя́т высо́кие зда́ния.（在街道的两旁矗立着高楼大厦。）

о́ба和о́бе与人称代词的第一格形式连用，共同作为句中的主语。例如：

Оба они́ у́чатся в Пеки́нском университе́те.（他俩都在北京大学学习。）

Вы о́бе врачи́?（你们两位都是医生吗？）

4）集合数词加名词组合在句中作主语时，谓语既可用复数，也可用单数。谓语为复数时一般强调主语发出的动作行为，为单数时一般强调主语的数量意义。但谓语在前，则多用单数形式。о́ба和о́бе加名词组合成主语时，谓语必须用复数。例如：

Тро́е в шине́лях **иду́т** по у́лице.（穿军大衣的三个人在街上走着。）

Среди́ э́тих тури́стов **бы́ло че́тверо ру́сских**.（在这批旅游者中有四位俄罗斯人。）

Оба сы́на нашли́сь.（两个儿子都被找到了。）

五　顺序数词的变化和用法

1. 顺序数词的构成

顺序数词一般是由相应的定量数词的词干加形容词词尾构成的。像定量数词一样，按其构成顺序数词也有三类：

1）简单顺序数词，由一个词根构成。在俄语中这类顺序数词共有以下十五个：

　　пе́рвый（第一）　　　　　　второ́й（第二）

тре́тий（第三）　　четвёртый（第四）

пя́тый（第五）　　шесто́й（第六）

седьмо́й（第七）　　восьмо́й（第八）

девя́тый（第九）　　деся́тый（第十）

сороково́й（第四十）　　со́тый（第一百）

ты́сячный（第一千）　　миллио́нный（第一百万）

миллиа́рдный（第十亿）

2）复合顺序数词，由几个词根组成。例如：

оди́ннадцатый（第十一）　　двадца́тый（第二十）

трёхсо́тый（第三百）　　девятисо́тый（第九百）

десятиты́сячный（第一万）

3）合成顺序数词，由一个或几个定量数词加上一个顺序数词（简单顺序数词或复合顺序数词）组成。例如：

два́дцать пе́рвый дом　　（第21栋房子）

сто пятьдеся́тая кни́га　　（第150本书）

две ты́сячи два́дцать тре́тий год　　（第2023年）

2. 顺序数词的变化

顺序数词有性、数、格的变化，其变化与形容词相同。合成顺序数词中的定量数词部分固定不变，只变其最后组成部分（即顺序数词部分）。

顺序数词的变格和形容词硬变化相同，只有 тре́тий 变化特殊，与代词чей 变化一样。

1）顺序数词пе́рвый的变化表（其他顺序数词同）

	单数			复数
	阳性	中性	阴性	
第一格	пе́рвый	пе́рвое	пе́рвая	пе́рвые
第二格	пе́рвого		пе́рвой	пе́рвых

（续表）

	单数			复数
	阳性	中性	阴性	
第三格	пе́рвому		пе́рвой	пе́рвым
第四格	同一或同二	同一	пе́рвую	同一或同二
第五格	пе́рвым		пе́рвой	пе́рвыми
第六格	(о) пе́рвом		(о) пе́рвой	(о) пе́рвых

2）序数词тре́тий的变化表

	单数			复数
	阳性	中性	阴性	
第一格	тре́тий	тре́тье	тре́тья	тре́тьи
第二格	тре́тьего		тре́тьей	тре́тьих
第三格	тре́тьему		тре́тьей	тре́тьим
第四格	同一或同二	同一	тре́тью	同一或同二
第五格	тре́тьим		тре́тьей	тре́тьими
第六格	(о) тре́тьем		(о) тре́тьей	(о) тре́тьих

3. 顺序数词的用法

1）顺序数词在句中主要用作定语，用来说明名词，表示事物的次序、号数。这时顺序数词和用作定语的形容词一样，要与被说明的名词在性、数、格上保持一致。例如：

Я учу́сь в **пя́той** гру́ппе **тре́тьего** кла́сса.（我在三年级五班学习。）

Сейча́с ты де́лаешь **второ́е** упражне́ние **оди́ннадцатого** уро́ка?（现在你在做第十一课的第二道练习题吗？）

Он уже́ вы́полнил **пе́рвые** зада́ния по матема́тике.（他已经完成了头一批数学作业。）

2）某些顺序数词有时用来表示事物的性质、特征，转化为性质形容词，用法与形容词一样。例如：

  пе́рвая скри́пка   （首席小提琴手，一把手）

  пе́рвые впечатле́ния   （最初印象）

  това́р второ́го со́рта   （二等货，次等品）

  на вторы́х роля́х   （当次要角色，当配角）

  че́рез деся́тые ру́ки   （几经转手，间接地）

六 钟点表示法

1. 用数量数词来表示

1）用定量数词第一格形式加上 час, мину́та 构成的词组表示"几点几分"，回答 Кото́рый час?（几点钟？）或 Ско́лько вре́мени?（多少时间？）的问题。例如：

Сейча́с **час**.（现在是一点钟。）

Сейча́с **два часа́**.（现在是两点钟。）

Сейча́с **пять часо́в**.（现在是五点钟。）

Сейча́с **три часа́ две мину́ты**.（现在是三点零二分。）

在日常生活中 час 和 мину́та 可以省略。例如：

Сейча́с **шесть три́дцать**.（现在是六点三十分。）

Сейча́с **семь два́дцать одна́**.（现在是七点二十一分。）

2）用带前置词 в 的定量数词第四格形式加上 час, мину́та 等构成的词组表示"在几点几分"，回答 В кото́ром часу́?（在几点钟？）或 Когда́?（在什么时候？）的问题。例如：

Утром я встаю́ **в шесть часо́в**.（早上［在］六点我起床。）

Фильм начина́ется **в во́семь часо́в де́сять мину́т**.（电影［在］八点十分开映。）

По́езд из Пеки́на прибыва́ет **в пятна́дцать часо́в**. （北京开来的列车［在］十五点到达。）

2. 用顺序数词来表示

按照俄语表示时间的特点，十二点至一点为 пе́рвый час；一点至二点为 второ́й час；依次类推。因此，用顺序数词 час 可表示"第几点钟（是几点钟）"；如与前置词 в 连用，顺序数词加 час 的词组为第六格形式，表示"在第几点钟（在几点钟）"；顺序数词加 час 的词组还可以用第二格形式说明"多少分钟"等（此时"分"的数量仍由定量数词来表示）。例如：

Сейча́с уже́ **девя́тый час**. （现在已经是八点多了。）

Докла́д ко́нчился **во второ́м часу́**. （报告是在一点多结束的。）

Сейча́с **пятна́дцать мину́т тре́тьего ча́са**. （现在是二点十五分［第三点钟的十五分］。）

3. 用名词 полови́на, че́тверть 来表示

除了 час（点钟）、мину́та（分钟）外，полови́на（半点钟）、че́тверть（一刻钟）等名词也用于表示钟点。полови́на 常与顺序数词二格连用。例如：

Сейча́с **два́ с полови́ной**. （现在是两点半。）

Сейча́с **полови́на тре́тьего**. （现在是两点半。）

Приди́ ко мне **в полови́не восьмо́го**. （［在］七点半来我这儿。）

Уже́ **шесть с че́твертью**. Ма́ма ско́ро вернётся домо́й. （已经六点一刻了，妈妈很快就要回家了。）

Авто́бус отхо́дит **в че́тверть восьмо́го**. （汽车［在］七点一刻开。）

Сейча́с **без че́тверти де́сять**. （现在是九点三刻［十点差一刻］。）

Четвёртый уро́к конча́ется **без че́тверти двена́дцать**. （第四节课十一点四十五分结束。）

4. 补充说明

1）表示一天中某一段时间的钟点时，在表示钟点的词组后加上 у́тро（早上，上午5:00 — 12:00），день（白天，12:00 — 17:00），ве́чер（晚上，17:00 — 24:00）以及ночь（夜里，0:00 — 5:00）的第二格。例如：

шесть часо́в утра́（早上六点）

час дня（白天一点［下午一点］）

полови́на девя́того ве́чера（晚上八点半）

без пяти́ четы́ре но́чи（夜里四点差五分［三点五十五分］）

0:15 读成：ноль часо́в пятна́дцать мину́т

2）机场、铁路、广播、电视等部门采用二十四小时说法。例如：

13:10 读成 трина́дцать часо́в де́сять мину́т

22:40 读成 два́дцать два часа́ со́рок мину́т

七 年、月、日表示法

1. 用顺序数词加 год 的第一格形式表示"（是）某年"，回答 Како́й год? 的问题。例如：

Тепе́рь 2022 (две ты́сячи два́дцать второ́й) год.（现在是2022年。）

2. 俄语中的月份由名词来表示，如"二月"，不说 второ́й ме́сяц，而是用名词 февра́ль，用带前置词 в 的表示月份的名词第六格形式表示"在某月"，回答 в како́м ме́сяце? 的问题。如要表示"某年的某月"，则年份要用第二格形式。例如：

Она́ око́нчила институ́т в ию́ле 1980 (ты́сяча девятьсо́т восьмидеся́того) го́да, и в а́вгусте того́ же го́да поступи́ла на заво́д.（她在1980年的七月大学毕业，同年八月进厂。）

3. 用顺序数词的中性第一格形式表示"（是）某日、某号"，回答 Како́е

число? 的问题。如要表示"某月的某日",则月份要用第二格形式。例如：

Сего́дня 20 (двадца́тое) декабря́. （今天是12月20日。）

За́втра бу́дет 1 (Пе́рвое) ма́я. （明天是五一。）

Вчера́ бы́ло 3 (тре́тье) ма́я. （昨天是5月3日。）

用顺序数词的中性第二格形式表示"在某日、某号",回答Како́го числа? 的问题。如要表示"在某月的某日",月份仍用第二格形式。例如：

Пе́рвого сентября́ начина́ется но́вый уче́бный год. （新学年从9月1日开始。）

4. 按照俄语的习惯,表示年、月、日的次序是日、月、年。要表示"在某年某月某日"时,年、月、日（俄语是日、月、年）全部用第二格形式。例如：

А.М. Го́рький роди́лся 28 (два́дцать восьмо́го) ма́рта 1868 (ты́сяча восемьсо́т шестьдеся́т восьмо́го) го́да, и у́мер 18 (восемна́дцатого) ию́ля 1936 (ты́сяча девятьсо́т три́дцать шесто́го) го́да. （阿·马·高尔基生于1868年3月28日,卒于1936年7月18日。）

5. 年份和日期在书面上可以用阿拉伯数字来表示,它们的格按句中具体情况来确定,有时在阿拉伯数词后面加上词尾,以注明何格。例如：

22-го ию́ня 1941-го го́да неме́цкие фаши́сты напа́ли на Сове́тский Сою́з. （1941年6月22日德国法西斯向苏联发动了进攻。）

八 分数

1. 构成：分子用数量数词表示,分母用顺序序词表示,如：

1/2 — одна́ втора́я

当分子是2,3,4时,分子用阴性,分母用复数二格形式,如：

1/20 — одна́ двадца́тая

1/100 — однá сóтая

2/3 — две трéтьих

2/30 — две тридцáтых

3/100 — три сóтых；

4/1000 — четы́ре ты́сячных

分子为5以上时，分母一律用复数二格形式，如：

5/7 — пять седьмы́х

5/10 — пять деся́тых

5/100 — пять сóтых

俄语中"二分之一""三分之一""四分之一"常用以下三个词表示，如：

1/2 — половúна

1/3 — треть

1/4 — чéтверть

2. 变格与用法

分数在变格时，分子分母都要变化：

格	1/2	3/100
第一格	однá вторáя	три сóтых
第二格	однóй вторóй	трёх сóтых
第三格	однóй вторóй	трём сóтым
第四格	однý вторýю	три сóтых
第五格	однóй вторóй	тремя́ сóтыми
第六格	(об) однóй вторóй	(о) трёх сóтых

分子、分母后有名词时，名词永远用第二格，如：

Я тóлько прочитáла **однý трéтью ромáна**.（我刚读完长篇小说的三分之一。）

Мы прошли́ почти́ **три пяты́х киломе́тра**. (我们走了几乎600米［五分之三公里］。)

九　小数

小数构成、变格与分数相同，但在书写与读法上不同。如：

0.1 — ноль це́лых и одна́ деся́тая

0.01 — ноль це́лых и одна́ со́тая

0.001 — ноль це́лых и одна́ ты́сячная

1.5 — одна́ це́лая и пять деся́тых

2.6 — две це́лых и шесть деся́тых

3.01 — три це́лых и одна́ со́тая

小数点之前的整数后要加 це́лых 一词，但整数为1时，其后应用 це́лая 一格阴性形式；2及之后均为 це́лых；小数点前为0时，用 ноль（零），ноль 后为 це́лых，如上前各例；小数与名词连用时，名词用二格形式，如：

Семёнов пробежа́л 40 ме́тров за **пять це́лых и четы́ре со́тых секу́нды**.（谢苗诺夫用5.04秒跑完了40米。）

Температу́ра у больно́го **три́дцать во́семь це́лых и шесть деся́тых гра́дуса**.（病人体温是38.6℃。）

第五章
代 词

一 概述

代词 (местоимéние)是一种替代或指代名词、形容词和数词的词类，用以指示或代替人或事物及其特征、数量等。代词有格的变化，某些代词还有性、数的区别。例如：

Это мой брат. **Он** рабо́тает на но́вом заво́де.（这是我弟弟，他在新工厂工作。）（替代名词）

Кита́йский наро́д — вели́кий наро́д. **Тако́й** наро́д непобеди́м.（中国人民是伟大的人民，这样的人民是不可战胜的。）（替代形容词）

Мне 82 го́да. Вот **ско́лько** лет я прожи́л на све́те!（我今年八十二岁了。瞧，我在世界上活了多少年。）（替代数词）

代词的意义抽象和概括。代词意义的特点在于：只有在具体情况下代词才有其确定意义。例如：

И я́дра а́томов то́же мо́жно раздели́ть! **Они́** состоя́т из прото́нов и нейтро́нов.（原子核也是可以再分的！它是由质子和中子所组成的。）（они́ "它们"的意义是抽象的，在上文的限定情况下，具有替代"原子核"的意义）

Это наш го́род. **Он** о́чень краси́вый.（这是我们的城市。它非常美丽。）

Маркси́зм явля́ется нау́чной и́стиной, и **он** не бои́тся кри́тики.（马克思主

义是一种科学真理，它是不怕批评的。）

以上两个例句中的代词都用он，可见代词 он 具有广泛的概括性，它可以用来替代表示任何意义的阳性名词。

代词按意义和功能可分为九类：

种类	例词
1.人称代词	1. я, ты, мы, вы, он, она́, оно́, они́
2.反身代词	2. себя́
3.物主代词	3. мой, твой, наш, ваш, свой, его́, её, их
4.指示代词	4. э́тот, тот, тако́й, тако́в, сто́лько
5.疑问代词	5. кто, что, како́й, како́в, кото́рый, чей, ско́лько
6.关系代词	6. кто, что, како́й, како́в, кото́рый, чей, ско́лько
7.限定代词	7. весь, сам, са́мый, ка́ждый, вся́кий
8.不定代词	8. кто́-нибудь (-либо), что́-нибудь (-либо), како́й-нибудь (-либо), что́-то, кто́-то, како́й-то, кое-кто́, кое-что́; не́кто, не́что
9.否定代词	9. никто́, ничто́, никако́й, ниче́й; не́кого, не́чего

二　人称代词

人称代词（ли́чные местоиме́ния）用来指出人或事物在言谈、叙述中的地位。人称代词分为：

第一人称代词（я（我），мы（我们））表示说话者本人以及包括说话者在内的一方；

第二人称代词（ты（你），вы（你们））表示说话的对方（单个或一些）；

第三人称代词（он, она́, оно́, они́（他，她，它，他们，她们，它们））表示交谈双方以外的其他人或物（单个或一些）。

1. 人称代词的变化

1）人称代词有性和数的区别，有格的变化。

人称代词变化表

	第一人称		第二人称		第三人称			
					单数			复数
	单数	复数	单数	复数	阳性	中性	阴性	
第一格	я	мы	ты	вы	он	оно	она	они
第二格	меня́	нас	тебя́	вас	его́		её	их
第三格	мне	нам	тебе́	вам	ему́		ей	им
第四格	同第二格							
第五格	мной (мно́ю)	на́ми	тобо́й (тобо́ю)	ва́ми	им		ей (е́ю)	и́ми
第六格	(обо) мне́	(о) нас	(о) тебе́	(о) вас	(о) нём		(о) ней	(о) них

注：

① 人称代词只有在第三人称单数时才有性的区分，阳性为он；中性为оно́；阴性为она́。

② 人称代词第四格形式总是与其第二格相同。

③ 第三人称代词与大部分（简单）前置词连用时，在代词的开头要加上-н。例如：

У него́ два бра́та.（他有两个哥哥。）

Ма́ма се́ла ря́дом с ней.（妈妈在她身边坐下了。）

但是，第三人称代词用在前置词 вне（在……之外），благодаря́（多亏），всле́дствие（因为），вопреки́（与……相反），согла́сно（依照），навстре́чу（迎面）等后面时，不加-н，如：

Была́ прекра́сная пого́да, благодаря́ ей экску́рсия прошла́ хорошо́.（天气非常好，因此游览进行顺利。）

④ 人称代词 я 的第六格 мне 与前置词 о 连用时，前置词 о 写成 обо 的形式。例如：Друзья́ о́чень забо́тятся обо мне́.（朋友们很关心我。）

⑤ 第五格 мной, тобо́й 和 ей 在书面语或诗歌中，可分别以 мно́ю, тобо́ю 和 е́ю 的形式来代用。

2. 人称代词的用法

1) 由于人称代词的第一、二人称单数 **я**, **ты** 没有性的区别，因此当它们作句子主语时，谓语的性要按照实际性别来应用。例如：

Я уже́ **чита́л** сего́дняшнюю газе́ту.（我（实指男人）已经读过今天的报纸。）

Я уже́ **чита́ла** сего́дняшнюю газе́ту.（我（实指女人）已经读过今天的报纸。）

2) 人称代词 **вы** 除了表示复数第二人称"你们"外，还可以作为单数第二人称的尊称形式，表示"您"。例如：

Как вы ду́маете, това́рищ Ван?（王同志，您看怎样？）

学校里教师对学生一般称作 **ты**，表亲近的意味；学生对教师一般称作 **вы**，表尊敬的意味。例如：

Наде́жда Серге́евна подошла́ к Ната́ше.

— Почему́ **ты** пла́чешь?

— Я забы́ла **вам** пригото́вить пода́рок....

（娜杰日达·谢尔盖耶芙娜走到娜塔莎身旁。

"你为什么哭呀？"

"我忘了给您预备礼物了……"）

一般来说，自己家人和亲近人之间互称 **ты**；在正式场合、公文往来以及对不太熟悉的人称 **вы**，相当于汉语中的"您"。如：

Без **тебя́** я не пое́ду.（没有你我不去。）

Эта обя́занность возло́жена на **вас**.（这个责任落在了您的身上。）

3) **мы** 可以和带前置词 **с** 的第五格人称代词或表示人的名词连用，这时的 **мы** 往往表示 **я** 的意思，即"我和某某人"。同样的道理，**вы**, **они́** 也可以这样连用，表示"你和某某人"和"他（她）和某某人"。例如：

Мы с сестро́й пойдём в кино́.（我和妹妹要去看电影。）

Они́ с де́душкой живу́т в дере́вне.（他和祖父住在乡下。）

4) 俄语中的第三人称代词不仅可以替代表人名词，而且能替代任何表示事物的名词，它们的用法比汉语中的第三人称代词要广泛得多。但要与被替代的词在性、数上保持一致。例如：

Где учени́к?	Он в кла́ссе.
（男学生在哪儿？）	（他在教室里。）
Где кни́га?	Она́ на столе́.
（书在哪儿？）	（书在桌上。）
Где пальто́?	Оно́ в шкафу́.
（大衣在哪儿？）	（大衣在橱里。）
Где боти́нки?	Они́ под крова́тью.
（皮鞋在哪儿？）	（皮鞋在床底下。）

三　反身代词

俄语中只有一个反身代词：себя́。

反身代词（возвра́тное местоиме́ние）表示行为返回到发出行为的主体本身，在句中通常作补语。

1. 反身代词的变化

反身代词 себя́ 没有性和数的变化；由于 себя́ 永远是作为行为或动作的客体，因此它没有第一格形式。

格	第一格	第二格	第三格	第四格	第五格	第六格
变化	无	себя́	себе́	себя́	собо́й (собо́ю)	(о) себе́

2. 反身代词的用法

1）反身代词可以表示任何性和数的人。例如：

Он ви́дит **себя́** в зе́ркале.（他在镜子里看见自己。）

Она́ ви́дит **себя́** в зе́ркале.（她在镜子里看见自己。）

Они́ ви́дят **себя́** в зе́ркале.（他们在镜子里看见自己。）

2）个别与前置词连用的反身代词可以表示方向、处所等，有"在自己那儿""去自己那儿"等意义。例如：

Я нашёл **у себя́** на столе́ поте́рянную кни́гу.（我在自己桌子上找到了丢失的书。）

По́сле ве́чера все пошли́ **к себе́** домо́й.（晚会结束后大家各自回家了。）

3）за собо́й 表示"在……后面""随手……"之意，如：

Я услы́шал **за собо́й** шаги́.（我听到了身后有脚步声。）

Закро́йте дверь за собо́й.（随手带门。）

4）с собо́й 表示"随身……"

Возьми́те **с собо́й** ключ.（随身带上钥匙。）

Не забу́дьте взять **с собо́й** портфе́ль.（别忘了随身带上公文包。）

四 物主代词

物主代词 (притяжа́тельные местоиме́ния) 表示事物的所属关系。物主代词有：

人称物主代词：мой, наш, твой, ваш, его́, ей, их

反身物主代词：свой

1. 物主代词的变化

物主代词有性、数、格的变化。（第三人称物主代词除外）

物主代词变化表

	单数						复数
	阳性	中性	阴性	阳性	中性	阴性	
第一格	мой	моё	моя́	наш	на́ше	на́ша	мои́ / на́ши
第二格	моего́	моей	на́шего	на́шей	мои́х	на́ших	
第三格	моему́	моей	на́шему	на́шей	мои́м	на́шим	
第四格	同一或二	моё	мою́	同一或二	на́ше	на́шу	同一或二
第五格	мои́м	моей	на́шим	на́шей	мои́ми	на́шими	
第六格	(о) моём	(о) моей	(о) на́шем	(о) на́шей	(о) мои́х	(о) на́ших	

注：

① твой, свой 的变化与 мой 相同；ваш 的变化与 наш 相同。

② его́, её, их 由人称代词第二格变来，永不变化。

2. 物主代词的用法

1）物主代词的用法和形容词的用法一样，在句中一般用作定语或谓语，除第三人称物主代词外，物主代词和形容词一样，必须与被说明的名词保持性、数、格的一致。例如：

Эта кни́га не **твоя́**, а **моя́**. （这本书不是你的，是我的。）

Мы лю́бим **свою́** Ро́дину и горди́мся **свои́м** наро́дом. （我们热爱自己的祖国，为自己的人民感到自豪。）

Переда́й **твои́м** роди́телям **мой** приве́т. （请转达我对你父母的问候。）

2）第三人称物主代词 его́, её, их 没有性、数、格的区别，可以与任何性、数、格形式的名词连用。例如：

Чей э́то журна́л? （这是谁的杂志？）

Это **его́ (её, их)** журна́л. （这是他（她，他们）的杂志。）

Чья э́то кни́га? （这是谁的书？）

Это **его́ (её, их)** кни́га. （这是他（她，他们）的书。）

Все забо́тятся о **его́ (её, их)** рабо́те и жи́зни. （大家都关心他（她，他们）的工作和生活。）

> 注：第三人称物主代词 его, её, их 与前置词连用时不加 н，这与第三人称人称代词与前置词连用不同。例如：
>
> Вчера́ мы бы́ли у **его́** роди́телей.（物主代词）（昨天我们去了他的父母家。）
>
> Вчера́ мы бы́ли у **него́**.（人称代词）（昨天我们在他那儿。）

3）如果句中的主语是第一、第二人称代词，那么 свой 有时可换成相应的物主代词，在意义上相同。试比较：

Мы лю́бим свою́ слу́жбу.（我们热爱自己的工作。）

Мы лю́бим на́шу слу́жбу.（我们热爱我们的工作。）

4）如果句中的主语是名词或第三人称代词，свой 就不能和 его, её, их 互相换用，这时 свой 表示该事物属于行为主体（主语）所有，而 его（её, их）则表示该事物属于另一个（一些）人所有，试比较：

Ивано́в напо́мнил Петро́ву **свои́** слова́.（伊万诺夫对彼得洛夫提到自己讲过的话。）

Ивано́в напо́мнил Петро́ву **его́** слова́.（伊万诺夫对彼得洛夫提到他讲过的话。）（可能是彼得洛夫的话，也可能是第三者的话，要依据上下文来判断。）

5）свой (своё, свои) 常用作名词，表示"自己人""自己的事""自己的意见"，例如：

Скажи́ пря́мо, здесь **свои́**.（你就直说吧，这里都是自己人。）

Он всегда́ стои́т **на своём**.（他总是坚持自己的意见。）

五　指示代词

指示代词 (указа́тельные местоиме́ния) 是用来指示事物、事物特征和数量的代词。常见的指示代词有：

э́тот（这个），тот(那个)，тако́й（那样的），сто́лько（那么多），тако́в（是那样）等。

1. 指示代词的变化

指示代词的变化相对特殊，在性、数、格的变化上并不一致。

指示代词 сто́лько 变化表

格	第一格	第二格	第三格	第四格	第五格	第六格
变化	сто́лько	сто́льких	сто́льким	同一或二	сто́лькими	(о) сто́льких

注：сто́лько 只有格的变化。

指示代词 э́тот, тот 变化表

	单数						复数	
	阳性	中性	阴性	阳性	中性	阴性		
第一格	э́тот	э́то	э́та	тот	то	та	э́ти	те
第二格	э́того	э́той		того́		той	э́тих	тех
第三格	э́тому	э́той		тому́		той	э́тим	тем
第四格	同一或二	э́то	э́ту	同一或二	то	ту	同一或二	
第五格	э́тим	э́той		тем		той	э́тими	те́ми
第六格	(об) э́том	(об) э́той		(о) том		(о) той	(об) э́тих	(о) тех

指示代词 тако́й 变化表

	单数			复数
	阳性	中性	阴性	
第一格	тако́й	тако́е	така́я	таки́е
第二格	тако́го		тако́й	таки́х
第三格	тако́му		тако́й	таки́м
第四格	同一或二	тако́е	таку́ю	同一或二
第五格	таки́м		тако́й	таки́ми
第六格	(о) тако́м		(о) тако́й	(о) таки́х

指示代词 таков 变化表

单数			复数
阳性	中性	阴性	
таков	таково́	такова́	таковы́

> 注：таков与短尾形容词对应，只有性和数的区别，没有格的变化。

2. 指示代词的用法

1）指示代词э́тот，тот，тако́й的用法和形容词相同，要与被说明的名词保持性、数、格上的一致。例如：

Э́тот учени́к хорошо́ поёт.（这位男学生歌唱得好。）

Она́ **така́я** краси́вая, **така́я** у́мная.（她是那样的美丽，那样的聪明。）

В **э́тих** газе́тах пи́шут об успе́хах в о́бласти спо́рта.（这些报纸报道了体育方面的成就。）

> 注：指示代词э́тот 和 тот的中性形式 э́то 和 то 经常用来表示"这是"和"那是"等意义，可在句中作主语或补语，指代人或事物。例如：
>
> **Э́то** ка́рта, **то** ла́мпа.（这是地图，那是灯。）
>
> **Э́то** мо́й па́па, **то** моя́ ма́ма.（这是我的爸爸，那是我的妈妈。）
>
> Я **об э́том** уже́ зна́ю.（关于这一点我已经知道了。）

2）当 это, то 做主语时，其合成谓语中系词的性、数应与表语保持一致。如：

Это **был** наш дека́н факульте́та.（这是我们的系主任。）

То **была́** тётя Ван.（那是王阿姨。）

это常在句中做语气词用，往往兼有指示意义。如：

О чём **э́то** ты болта́ешь!（你这是叨咕些什么呀！）

Куда́ **э́то** ты идёшь?（你这是上哪儿去（呀）？）

3）指示代词сто́лько用来指代已知的数量，又叫代数词。它和不定量数词一样，在第一格和与之相同的第四格时，要求连用的名词变成复数第二格形式（无复数的名词用单数第二格）；在其他各格时，与名词的格一致。例如：

Пришло́ пятна́дцать госте́й. В э́той ко́мнате не помести́тся **сто́лько люде́й**.（来了十五位客人。这个房间容纳不了这么多人。）

Па́па учи́лся трём **иностра́нным языка́м**, и у́чится **сто́льким** же сын.（父亲学了三门外语，儿子也学习三门。）

4）指示代词 тако́в 用来指代事物的特征，在句中只能作谓语，性和数要与句中主语一致。例如：

Тако́в результа́т де́ла.（事情的结果就是这样。）

У нас судьба́ **такова́**.（我们的命运就是这样。）

六　疑问代词

疑问代词（вопроси́тельные местоиме́ния）表示对人和事物及其特征、所属、数量、次序等的询问，一般放在句子的开头。常用的疑问代词有：кто（谁），что（什么），како́й（怎样的），чей（谁的），ско́лько（多少），кото́рый（第几个）等。

1. 疑问代词的变化

疑问代词也有性、数、格的变化。

疑问代词 кто，что 变化表

格	变化	
第一格	кто	что
第二格	кого́	чего́
第三格	кому́	чему́
第四格	同二	同一
第五格	кем	чем
第六格	(о) ком	(о) чём

注：кто，что 只有格的变化，没有性和数的变化。

疑问代词 какой 变化表

	单数			复数
	阳性	中性	阴性	
第一格	какой	какое	какая	какие
第二格	какого		какой	каких
第三格	какому		какой	каким
第四格	同一或二	какое	какую	同一或二
第五格	каким		какой	какими
第六格	(о) каком		(о) какой	(о) каких

疑问代词 чей 变化表

	单数			复数
	阳性	中性	阴性	
第一格	чей	чьё	чья	чьи
第二格	чьего		чьей	чьих
第三格	чьему		чьей	чьим
第四格	同一或二	чьё	чью	同一或二
第五格	чьим		чьей	чьими
第六格	(о) чьём		(о) чьей	(о) чьих

疑问代词 сколько 变化表

格	第一格	第二格	第三格	第四格	第五格	第六格
变化	сколько	скольких	скольким	同一或二	сколькими	(о) скольких

注：сколько 只有格的变化。

疑问代词 который 变化表

	单数			复数
	阳性	中性	阴性	
第一格	который	которое	которая	которые
第二格	которого		которой	которых
第三格	которому		которой	которым

（续表）

	单数			复数
	阳性	中性	阴性	
第四格	同一或二	кото́рое	кото́рую	同一或二
第五格	кото́рым		кото́рой	кото́рыми
第六格	(о) кото́ром		(о) кото́рой	(о) кото́рых

2. 疑问代词的用法

1）кто, что 的用法：

кто 用来替代人或动物，что 用来替代事物。 кто 指动物时，译成汉语时不能用"谁"，还得用"什么"。

кто 和 что 没有性、数的区别，只有格的变化，用法与一般名词相同，在句中常作主语、补语和谓语。кто 算阳性，что 归中性。例如：

Кто э́тот челове́к? Он мой дя́дя.（这个人是谁？他是我舅舅。）

Кого́ ты ви́дишь? Я ви́жу лошаде́й.（你看见什么（动物）啦？我看见几匹马。）

Что лежи́т на столе́?（桌子上放着什么？）

Что вы де́лаете ка́ждый день ве́чером?（每天晚上你们做什么事情？）

кто 作主语时，谓语要用阳性、单数第三人称，即使指阴性名词时，也要这样；что 作主语时，谓语用中性单数第三人称。例如：

Кто вчера́ **заболе́л**?（昨天谁病了？）

Что с тобо́й **случи́лось**?（你怎么啦？（你发生什么事啦？））

注：
① 昆虫鸟类和食用动物习惯上用 что 表示。例如：

Что лети́т? Му́ха.（什么东西在飞？是一只苍蝇。）

Что мать купи́ла? У́тку.（母亲买了什么？买了一只鸭子。）

② кто 常与 тако́й (така́я, таки́е) 连用，что 常与 тако́е 连用，在句中作谓语，用来说明主语。例如：

> **Кто** он (она́, они́) тако́й (така́я, таки́е)?（他（她，他们）是何许人？）
>
> **Что** тако́е раке́та?（火箭是什么玩意儿啊？）
>
> ③ что 或 чего́ 转义用作疑问副词，表示 почему́, отчего́ 之意，常用于口语中。如：
>
> Ва́ня, ты **чего́** не на заня́тия?（万尼亚，你为啥没去上课？）
>
> **Что** он молчи́т?（他为什么不吱声？）
>
> **Что** же ты стои́шь?（你干嘛站着呀？）

2）како́й, чей, кото́рый 的用法：

这些疑问代词的用法和形容词相同，要与连用的名词保持性、数、格的一致，在句中一般用作定语。例如：

Како́й день бу́дет за́втра?（明天是星期几？）

Чью кни́гу ты чита́ешь?（你在读谁的书？）

В **кото́ром** часу́ он бу́дет до́ма?（他几点钟将在家里？）

Каки́е города́ вы посети́ли в Кита́е?（你们在中国访问了哪些城市？）

> 注：како́й 有时用在感叹句中，这时其失去疑问意义。例如：

Кака́я краси́вая ю́бка!（多么漂亮的裙子啊！）

3）ско́лько 的用法：

ско́лько 的用法和数词 не́сколько 相同：在第一格及同于第一格的第四格时，连用名词为复数第二格（无复数者用单数二格）；在其他各格时，则与名词复数同格。例如：

Ско́лько тебе́ лет?（你多大年纪？）

Ско́лько знако́мых (或ско́льких знако́мых) вы встре́тили в па́рке?（在公园里你们遇见了几位熟人？）

Ско́льким но́вым друзья́м ты позвони́л?（你给几位新朋友打了电话？）

七　关系代词

关系代词 (относи́тельные местоиме́ния) 是由疑问代词转化而来，两者在形态上（包括变化）完全一样。但意义、功能和用法不同。关系代词不表示疑问，而是用作**关联词** (сою́зное сло́во)，用来连接主从复合句的分句，同时又充当从句的成分。详见本书"主从复合句"部分。例如：

Я не зна́ю, **кто** он. (我不知道他是什么人。)

Я уже́ прочита́л кни́гу, **кото́рую** ты мне дал. (我已经把你给我的那本书读完了。)

八　限定代词

限定代词 (определи́тельные местоиме́ния) 表示对所指代的人和事物的限定、分立或概括。常用的限定代词有：

весь（全体，全部），сам（自己，亲自），са́мый（正是，就是，最），ка́ждый（每，每一个），вся́кий（任何的）等。

1. 限定代词的变化

限定代词都有性、数、格的变化。

限定代词 весь 变化表

	单数			复数
	阳性	中性	阴性	
第一格	весь	всё	вся	все
第二格	всего́		всей	всех

（续表）

	单数			复数
	阳性	中性	阴性	
第三格	всему́		всей	всем
第四格	同一或二	всё	всю	同一或二
第五格	всем		всей	все́ми
第六格	(о) всём		(о) всей	(о) всех

限定代词 сам 变化表

	单数			复数
	阳性	中性	阴性	
第一格	сам	само́	сама́	са́ми
第二格	самого́		самой	самих
第三格	самому́		самой	самим
第四格	同一或二	само́	саму́ 或 самоё	同一或二
第五格	сами́м		самой	сами́ми
第六格	(о) само́м		(о) самой	(о) сами́х

限定代词 са́мый, ка́ждый, вся́кий 的变化和形容词相同。

2. 限定代词的用法

1）весь 的用法：

（1）весь（全部、全体、整个、所有）与名词连用时，必须与被说明名词保持性、数、格的一致，在句中一般用作定语。例如：

Лу Си́ня зна́ет **весь** мир.（全世界都知道鲁迅。）

Всю ночь мне не спало́сь.（我一夜都没睡好。）

Ильи́ч говори́л молодёжи о том, что ну́жно отдава́ть **всю** свою́ рабо́ту, **все** свои́ си́лы на о́бщее де́ло.（伊里奇对青年们说：要把自己全部的工作和全部力量贡献给共同的事业。）

（2）весь 的中性形式 всё 和复数 все 形式可单独使用，表示"一切东西""所有的人"等意义。在句中可作主语或补语。例如：

Всё в окружа́ющей нас приро́де меня́ется.（我们周围大自然中的一切都在变化。）

Дека́н зна́ет **всех**.（系主任认识所有的人。）

（3）весь 的中性形式 всё 可用作副词或语气词，表示"始终""至今""仍然"等意义。例如：

Снег **всё** идёт.（雪仍然在下。）

Мы давно́ уже́ верну́лись домо́й. А он **всё** не пришёл.（我们早就回家了，而他始终还没到。）

всё 还可与比较级连用，表示"越来越……"。例如：

Ту́чи опуска́ются **всё** ни́же.（（乌）云层越来越低。）

Пого́да стано́вится **всё** холодне́е и холодне́е.（天气变得越来越冷了。）

2）сам 的用法：

（1）常与动物名词或人称代词连用，这时与被说明词保持性、数、格的一致。它放在名词之前表示"自己""本人""本身""亲自"等意义。例如：

Сам ре́ктор университе́та сде́лал докла́д.（大学校长亲自作了报告。）

Об э́том он говори́л с **сами́м** дире́ктором.（关于这件事他和经理本人谈过。）

（2）сам 放在作主语的名词之后表示句中的主语独立地进行某行为或动作。例如：

Ученики́ **са́ми** испра́вили оши́бки в зада́ниях.（学生们自己改正作业中的错误。）

Побе́да **сама́** не придёт, на́до её завоёвывать.（胜利不会自己到来，必须去争取。）

（3）сам 与反身代词 себя́ 一起连用，起到加强语气的作用。例如：

Она́ дово́льна **сама́ собо́й**.（她对自己本身感到满意。）

Учи́тель Ван никогда́ не забо́тился о **само́м себе́**.（王老师从未想到过自

己。)

3) са́мый 的用法:

(1) са́мый 常与非动物名词连用,并且与连用的名词在性、数、格上保持一致,表示"正是""本身"等意义。例如:

Они́ пришли́ в са́мое вре́мя. (他们来得正是时候。)

Вот са́мые его́ слова́. (这些就是他的原话。)

(2) са́мый 与指示代词 э́тот, тот 连用,起加强语气作用,表示"就是这个""就是那个"的意义。例如:

Это та са́мая кни́га, о кото́рой мать нам говори́ла. (这就是母亲对我们讲过的那本书。)

В про́шлом году́ с э́тим са́мым дру́гом он провёл свой день рожде́ния. (去年他就是同这位朋友一起度过自己生日的。)

(3) са́мый 与表示地点、时间的名词连用,可强调地点、时间的极限。例如:

Ста́рый рыба́к жил у са́мого мо́ря. (老渔夫住在紧靠海边的地方。)

Чита́йте, пожа́луйста, текст с са́мого нача́ла! (请从头读课文!)

4) ка́ждый 的用法:

(1) ка́ждый 和形容词用法一样,要与被说明的名词保持性、数、格的一致,它表示一个整体中的"每一个""各个"的意义。

Ка́ждый из нас до́лжен хорошо́ учи́ться. (我们每一个人都应该好好学习。)

В ка́ждом ме́сте на́шей страны́ идёт социалисти́ческое строи́тельство. (在我们国家的每一个地方都在进行着社会主义建设。)

(2) ка́ждый 一般只用单数形式,只有在与没有单数的名词以及"数量数词+名词"的词组连用时才用复数形式。例如:

Я до́лжен отчи́тываться о своём местонахожде́нии ка́ждые су́тки. (每一昼夜我都得报告我的所在地。)

Больно́й принима́ет лека́рство че́рез ка́ждые шесть часо́в. (病人每六个

小时服一次药。)

（3）ка́ждый 与一些表示时间的名词连用，表示"每个……"，做时间状语，不带前置词 в 。例如：

Ка́ждое у́тро я закаля́юсь на площа́дке.（每天早上我在操场上进行锻炼。）

Ка́ждую сре́ду у нас быва́ет фильм.（每个星期三我们这儿都放映电影。）

（4）词组"с ка́ждым днём"表示"随着每一天""日益地"。例如：
Больно́му ста́ло ле́гче **с ка́ждым днём**.（病人情况一天天好起来了。）

Жизнь наро́да стано́вится бога́че **с ка́ждым днём**.（人民生活一天比一天富裕。）

（5）вся́кий 的用法：

вся́кий 的用法和功能基本上和 ка́ждый 相似，但它强调"各种各样""多种多样""任何的"等意义。例如：

В э́той реке́ во́дится **вся́кая** ры́ба.（在这条河里有各种鱼。）

Э́та руба́шка есть во **вся́ком** универма́ге.（这种衬衫在任何一家百货商店里都有卖。）

九　不定代词

不定代词（неопределённые местоиме́ния）表示所指代的人、事物以及特征、数量、状况等是不明确、不确切的。

不定代词由疑问代词加上 кое-, -то, -либо, -нибу́дь, не-等构成。例如：
ко́е-кто（某些人）， ко́е-что（某些东西）， ко́е-како́й（某种）；кто́-то（某人），что́-то（某事），че́й-то（某人的），како́й-то（某种的）；кто́-либо（无论谁），что́-либо（无论什么），како́й-либо（无论什么样

的）；кто́-нибудь（无论谁），что́-нибудь（无论什么），че́й-нибудь（无论谁的）；не́кто（某人），не́что（某物），не́кий（某个），не́который（某些），не́сколько（一些）等。

1. 不定代词的变化

不定代词的变化和其相应的疑问代词一样，语气词部分不变化。

не́кто 只有第一格形式；не́что 只有第一格和不带前置词的与第一格相同的第四格形式。

带 кое- 的不定代词在与前置词连用时，前置词要放在 кое 及疑问代词中间。同样，кое 不变，疑问代词根据前置词的要求变成需要的形式。如：

Разгова́ривал **кое с кем**.（和某些人谈过话。）

2. 不定代词的用法

1）带 кое- 的不定代词用法：

这类不定代词表示说话人知道，但没有明确指明的人和事物或其特征。例如：

Мне **кое-куда́** ну́жно сего́дня сходи́ть.（今天我要去个地方。）

Я хочу́ рассказа́ть тебе́ **кое о чём**.（我想对你说点儿事。）

Разреши́те обрати́ться к вам **кое с каки́ми** вопро́сами.（请允许我向您请教几个问题。）

2）带 -то 的不定代词用法：

这类不定代词表示说话人确知有其人、其物或有某种特征，但不知究竟是谁、是什么或是何特征。例如：

Чья́-то ру́чка лежи́т в столе́.（不知是谁的钢笔放在桌子里。）

Кто́-то вас спра́шивал.（有个人（不知其人）打听过您。）

3）带 -либо 和 -нибудь 的不定代词用法：

这类不定代词"不定"程度较高，带有"随便……""不拘……"的含义，有时表示说话人自己也不知道是否存在某人、某物或有某种特征。带 -либо 的不定代词常用于书面语体，并且更强调性质特征；而带 -нибудь 的不定代词应用较为广泛。例如：

Позови́ **кого́-нибудь**.（叫个人来。）（叫谁都行）

Расскажи́те нам **что́-нибудь** о себе́!（请您给我们讲讲关于您自己吧！）（讲什么都行）

Он гото́в взя́ться за **каку́ю-либо** рабо́ту.（他准备任何工作都干。）

Кто́-нибудь приходи́л ко мне?（有谁来找过我吗？）

4）带 не- 的不定代词用法：

（1）не́кто 的意义与 кто́-то 相似，但只用第一格，在句中作主语。它经常和表示人的姓、名的词连用，男女都可以。例如：

Пришёл **не́кто Ивано́в**.（来了一位姓伊万诺夫的人。）

Пришла́ **не́кто Ивано́ва**.（来了一位姓伊万诺娃的女人。）

（2）не́что 的意义与 что́-то 相似，但只用第一格或不带前置词的、与第一格形式相同的第四格，而且是和中性形容词一起连用，在句中可作主语或补语。例如：

Случи́лось **не́что неожи́данное**.（发生了一件意外的事情。）

Я ви́дел **не́что неопределённое**.（我见到了某种不可名状的东西。）

（3）не́кий 和 не́который 的用法和形容词相同，在句中作定语。не́кий 的意义与 како́й-то 相似，但多用于书面语体，并且很少用间接格；не́который 的意义与 кое-кто, кое-како́й 相似，可用间接格。例如：

На собра́нии выступа́л **не́кий студе́нт**.（在会上某一位大学生发了言。）

Я говори́л с **не́которыми студе́нтами**.（我和一些大学生谈过话。）

十　否定代词

否定代词 (отрицáтельные местоимéния) 表示否定的意义，一般用在否定句中。

否定代词由疑问代词加上否定语气词 ни-，не- 构成。例如：

никто́（谁也（不）），ничто́（什么也（不）），никако́й（什么样的也（不）），ниче́й（无论谁的也（不））；не́кого（没人（可以）），не́чего（没什么（可以））等。

1. 否定代词的变化

否定代词的变化和其相应的疑问代词一样。

не́кого 和 не́чего 没有第一格形式。

否定代词在与前置词连用时，前置词要放在语气词及疑问代词之间，疑问代词的变格按前置词的要求进行相应变化。

2. 否定代词的用法

1）никто́, ничто́ 的用法：

никто́ 和 ничто́ 必须用在否定句中，与句中的 не, нет 一起表示"谁也不（没有）……""什么也不（没有）……"等的意思。

никто́ 和 ничто́ 在句中通常用作主语和补语。例如：

Никто́ не мо́жет жить без во́здуха.（没有空气谁也活不成。）

Ничто́ не помо́жет.（什么也帮不了。）

В ко́мнате **никого́** нет.（房间里一个人也没有。）

Полице́йские иска́ли в посте́ли, но **ничего́** не нашли́.（警察搜查了床铺，但什么也没有找到。）

Она́ **ни с кем** не разгова́ривала.（她同谁也不说话。）

Он меня́ **ни о чём** не спра́шивал.（他什么也没有问我。）

2）никако́й, ниче́й 的用法：

никако́й 和 ничей 也用于否定句中，而且要与被说明的名词保持性、数、格的一致；在句中一般用作定语。与 не 一起表示"什么样也不（没有）……""无论谁的也不（没有）……"等意义。例如：

Этот челове́к не бои́тся **никаки́х** тру́дностей.（这个人对什么样的困难都不怕。）

Мне **ничьего́** сочу́вствия не ну́жно.（我不需要任何人的同情。）

Оте́ц **ни на чьи́** вопро́сы не отвеча́л.（父亲谁的问题都没有回答。）

3）не́кого, не́чего 的用法：

这类否定代词只用于无人称句中，表示"没人（可以）……""没什么（可以）……"等的意义，与动词不定式一起连用。例如：

Почти́ уже́ всё ска́зано, мне **не́чего** доба́вить.（差不多都说过了，我没什么可以补充的了。）

第六章
动　词

一　概述

动词在整个词类中占据相当重要的位置，动词用来表示行为、动作或状态；它的形式变化多端，在句中主要充当谓语。一个名词，如：уче́бник（教科书），包括单、复数六个格，共十二个词形，而动词要比名词复杂得多。动词有体、态的区别，式、时、人称等变化。

1）体的区别：完成体和未完成体。如：

未完成体	完成体
чита́ть（读）	прочита́ть（读完）
писа́ть（写）	написа́ть（写完）
де́лать（做）	сде́лать（做完）
стро́ить（建设）	постро́ить（建设）

2）态的区分：分主动态与被动态，如：де́лать（做）主动态，而де́латься（被做）被动态。

3）时间变化：分现在时、过去时、将来时三种形式体系。

未完成体动词有三种时间，试以чита́ть为例：

现在时	过去时	将来时
я чита́ю мы чита́ем ты чита́ешь вы чита́ете он (она́) чита́ет они́ чита́ют	я ты } чита́л(а) он оно́ чита́ло мы вы } чита́ли они́	я бу́ду чита́ть ты бу́дешь чита́ть он бу́дет чита́ть мы бу́дем чита́ть вы бу́дете чита́ть они́ бу́дут чита́ть

　　一个俄语动词分陈述式、命令式、假定式，上表是陈述式，包括现在、过去、将来三个时，共16种形式。陈述式的现在时和将来时体现动词的人称变化。假定式、命令式又都各有其形式体系。此外，形动词、副动词都属于动词的形式之列，各自拥有繁复的形式体系。还以чита́ть为例，形动词第一格就有12种，而其中8种又各有6个格的变化，这样形动词总共就有52个形式，如果把各种形式加起来，一个动词至少有百八十个变化。因此，动词是掌握俄语的重中之重！许多动词使用时要求补语连用要变成一定的格，试比较стоя́ть（站立）不要求补语，而чита́ть（读）则至少要求第四格补语：чита́ть **кни́гу**，而руководи́ть（领导）要求第五格补语：руководи́ть **кружко́м**（领导小组），помога́ть（帮忙）要求三格补语：помога́ть **дру́гу**（帮助朋友）。再如：забо́титься（关心）о ком/чём（第六格），достига́ть（达到）кого-чего（第二格）。

　　动词主要是做句子的谓语，表示主语的行为，动词不定式也可做主语、目的状语、定语和补语。如：

Я **стою́** на берегу́ Хуанхэ́. （我站在黄河岸上。）（谓语）

Учи́ться — на́ша зада́ча. （学习是我们的任务。）（主语）

Я прие́хал сюда́ **учи́ться** ру́сскому языку́. （我来这里为了学习俄语。）（目的状语）

У меня́ привы́чка ра́но **встава́ть**. （我有早起的习惯。）（定语）

二 动词不定式

1. 概述

　　动词**不定式**(инфинитив)即动词的原形,是动词的代表形式。由于动词不定式所表示的动作与时间、人称的关系是不确定的,因此叫做不定式。

　　不定式没有时间、式、人称等语法意义,但有体的区别。例如писа́ть是未完成体,而написа́ть是完成体,чита́ть(未完成体)— прочита́ть(完成体)。

　　不定式一般以后缀-ть结尾,少数以-ти或-чь结尾,如:чита́ть(读),идти́(走),бере́чь(保护)。有些动词不定式以后缀-ти结尾,如:везти́(运),вести́(引导),мести́(扫),нести́(带),расти́(成长),цвести́(开花),идти́(走)以及由它们加前缀构成的动词。极少数动词以后缀-чь结尾,如:бере́чь(保护),течь(流),мочь(能)等以及由它们加前缀构成的动词。

2. 动词不定式的句法功能

　　动词不定式和只做谓语的动词变位形式不同,它在句中可做多种成分:主语、谓语、补语、定语和状语等。

　　1)不定式做主语。例如:

Кури́ть — вре́дно.(吸烟有害。)

Сказа́ть — зна́чит сде́лать.(说到就得做到。)

　　2)不定式做谓语。例如:

Гла́вное де́ло ю́ных — **учи́ться**.(青少年的主要事情是学习。)

Са́мое интере́сное — **лета́ть** в не́бе.(最有趣的事是在空中飞行。)

　　3)不定式可和下列短尾形容词连用,构成合成谓语:до́лжен (-на́, -но́, -ны́,下同)(应该),гото́в(准备),рад(高兴),счастли́в(幸福)等。例如:

Молодёжь **должна овладе́ть** нау́кой.（青年应该掌握科学。）

Я о́чень **рад познако́миться** с ва́ми.（我很高兴和您认识。）

Мы **счастли́вы жить** в 21-ом ве́ке.（我们为生活在21世纪感到幸福。）

4）不定式可以和助动词连用，构成动词性合成谓语。与不定式连用的助动词常用的有：

（1）表示行为开始、继续、终结的动词，例如：начина́ть/нача́ть（开始），стать（开始），продолжа́ть（继续），перестава́ть/переста́ть（停止），конча́ть/ко́нчить（结束）等。这类助动词要求不定式用未完成体。例如：

Десяти́ лет Алёша **на́чал рабо́тать**.（十岁时阿廖沙就开始干活了。）

Мы **продолжа́ем/ переста́ли занима́ться**.（我们继续/停止学习。）

（2）表示意愿、决心、能力等的动词，常用的有：ду́мать（想），люби́ть（爱），избега́ть（回避），мочь/смочь（能），мечта́ть（幻想），наде́яться（希望），нра́виться（喜欢）/понра́виться（喜欢），пыта́ться/попыта́ться（企图），реша́ть/реши́ть（决定），стара́ться/постара́ться（努力），соглаша́ться/согласи́ться（同意），уме́ть（会），удава́ться/уда́ться（（某事）得手），успе́ть（来得及），устава́ть/уста́ть（倦于），хоте́ть/захоте́ть（想要、愿意）等。例如：

Нам зада́чу зада́ли, я ника́к не **могу́ реши́ть**.（（老师）给我们出了一道题，我怎么也算不出来。）

Я **хочу́ быть** лётчиком.（我想当飞行员。）

Снача́ла я **ду́мал сде́лать** са́мые тру́дные уро́ки, а пото́м **взя́ться** за то, что поле́гче.（我想先做最难的功课，然后再做比较容易的。）

5）不定式做补语。例如：Сове́тую вам **купи́ть** э́ту кни́гу.（建议你买这本书。）在不定式做补语的句子中，往往有两个主体，不定式的主体（行为发出者）又同时是前一个动词的客体（补语）；要求不定式的动词通常具有要求、促使、禁止别人干什么一类的语义。这类动词常用的有：проси́ть/попроси́ть（要求），прика́зывать/приказа́ть（命令），веле́ть（吩咐），предлага́ть/

предложи́ть（建议）, разреша́ть/разреши́ть（允许）, запреща́ть/запрети́ть（禁止）, заставля́ть/заста́вить（强迫）等。例如：

Вы **разреши́те** мне **поигра́ть** для вас?（允许我为你们演奏吗？）

Па́влу каза́лось, что он **заста́вил** мать **поня́ть** свою́ пра́вду.（巴维尔觉得他已经使母亲理解了自己的真理。）

6）不定式可接运动动词，作目的状语。例如：

Мы получи́ли студе́нческий биле́т и сра́зу **пошёл посети́ть** ру́сский музе́й.（我们拿到了学生证之后马上就去参观了俄罗斯博物馆。）

Я сейча́с **пойду́ покупа́ть** биле́т.（我现在就去买票。）

7）不定式还可以做名词的非一致定语。常用不定式做定语的名词有：уме́ние（能力，能），разреше́ние（解决，允许），слу́чай（情况，机会），спосо́бность（才能，能力），возмо́жность（可能，机会），зада́ча（任务，使命），зада́ние（使命，任务），вре́мя（时间，时候），си́ла（精力，力量），мечта́（希望，理想），мысль（思想，想法）等。例如：

Свобо́да — это **спосо́бность** челове́ка соверша́ть посту́пки в соотве́тствии со свои́ми интере́сами, потре́бностями, це́лями.（自由就是一个人按照自己的利益、需要和目标行事的能力。）

Мне в го́лову пришла́ **мысль** самому́ **поговори́ть** с ним об учёбе.（我有了一个亲自和他谈谈学习的念头。）

У него́ давно́ зароди́лась **мечта́** побыва́ть в Пеки́не.（他早就有到北京去一趟的梦想。）

8）不定式可和谓语副词连用或独立使用，构成无人称句的主要成分（谓语）。常用的谓语副词有：на́до（应该），мо́жно（可以），нельзя́（不许），ну́жно（需要），необходи́мо（必须）等。例如：

Это как **на́до понима́ть**?（这应该作何理解？）

Что́бы приро́да могла́ служи́ть челове́ку, ее **ну́жно изуча́ть**.（为了使大自然为人类服务，就需要研究它。）

Быть дождю́.（非下雨不可。）

三 动词的变位

动词现在时和完成体将来时按人称和数的变化叫**变位**（спряже́ние）。未完成体动词现在时和完成体动将来时，人称和数的词尾相同。根据（未完成体）现在时和（完成体）将来时人称（单、复数三个人称）词尾的不同，动词分为第一变位法和第二变位法。

1. 第一变位法(первое спряже́ние)

第一变位法

数	人称	例词		人称词尾
		де́лать（做）	сказа́ть（说）	
单数	第一人称	я	де́лаю	скажу́	-ю(-у)
	第二人称	ты	де́лаешь	ска́жешь	-ешь
	第三人称	он она́	де́лает	ска́жет	-ет
复数	第一人称	мы	де́лаем	ска́жем	-ем
	第二人称	вы	де́лаете	ска́жете	-ете
	第三人称	они	де́лают	ска́жут	-ют(-ут)

说明：①变位时，去掉不定式结尾-ть，然后加人称词尾。

②去-ть后结尾如果是元音字母，单数第一人称词尾为-ю，复数第三人称词尾为-ют；如果结尾是辅音字母，个别单数第一人称词尾为-у。复数第三人称词尾为-ут。

③重音不在词尾时，人称词尾-ешь, -ет, -ем, -ете；重音在词尾时，是-ёшь, -ёт, -ём, -ёте。例如: петь（唱）— пою́, поёшь, поёт, поём, поёте, пою́т；идти́（走）— иду́, идёшь, идёт, идём, идёте, иду́т。

下面把属于第一变位法动词类型及其变位时重音、音变等特点，列表归纳如下：

类型	例词		说明
以 -ать结尾的动词	встреча́ть（遇见），де́лать（做），жела́ть（希望），отдыха́ть（休息），рабо́тать（工作）……		重音不变
	доказа́ть（证明），писа́ть（写），маха́ть（挥动）		变位时- а -消失；- а -前的辅音发生音变；з→ж，с或х→ш，除单数第一人称之外，其他重音前移一音节，如：досказа́ть→докажу́, дока́жешь...
以 -ять结尾的动词	выполня́ть（完成），гуля́ть（散步），догоня́ть（追赶），управля́ть（管理）		重音不变
绝大多数以 -еть结尾的动词	зелене́ть（发绿），име́ть（有），красне́ть（变红），уме́ть（会）		重音不变
以-овать, -евать结尾的动词	арестова́ть（逮捕）рисова́ть（绘画）завоева́ть（征服）танцева́ть（跳舞）	重音由不定式-овать. -евать上移到后缀-у́, -ю́。	变位时：-овать变成-у, -евать变成-ю, 再加词尾，如：рис**ова́ть** — рису́ю, рису́ешь, рису́ют；завоева́ть — завою́ю, завою́ешь, завою́ют
	де́йствовать（行动）испо́льзовать（利用）спосо́бствовать（促进）уча́ствовать（参加）	重音不在- овать,-евать上，变位时重音不变	
大多数 -нуть结尾的动词	верну́ться（返回），засну́ть（入睡），улыбну́ться（微笑一下）...		完成体动词不定式重音在-ну-上，变位时重音一般在词尾上，如верну́ться—верну́сь, -ёшься.-у́тся
	тяну́ть（拽）		未完成体不定式重音在-ну-上时。单数第一人称重音在词尾上，其他人称的重音前移一个音节，如тяну́ть — тяну́, тя́нешь, тя́нут

（续表）

类型	例词		说明
	кри́кнуть（喊一声），па́хнуть（散发……气息）		重音不在-ну-上，变位时重音不变。
	дости́гнуть（达到），поги́бнуть（死亡），опрове́ргнуть（推翻）……		重音位置不变，变过去时后缀-ну-消失，同时阳性单数不加-л，如дости́гнуть — дости́г, дости́гла, дости́гли
以-сти, -сть, -зти, -зть结尾的动词	нести́（拿，持）везти́（运）	过去时阳性不带-л: нёс, вёз	以-ти结尾的动词，人称词尾均带重音。
	вести́（引领）цвести́（开花）	过去时阳性带-л: вёл, цвёл	
	класть（放），укра́сть（偷），лезть（爬），сесть（坐下）		以-сть, -зть结尾的动词，除лезть, сесть外，人称词尾均带重音。
以-чь结尾的动词	бере́чь（保护），жечь（燃烧），течь（流）		重音均在词尾上。但мочь, лечь 例外：могу́, мо́жешь, ... мо́гут；лечь变位时词形有所变化：ля́гу, ля́жешь, ля́гут
	мочь（可以），помо́чь（帮助），лечь（躺下）		
以-оро-, -ере-结尾的动词	боро́ться（斗争）		第一人称重音在词尾，其他人称重音前移一个音节，如：боро́ться — борю́сь, бо́решься, бо́рются
	умере́ть（死亡）тере́ть（擦）		变位时，重音均在人称词尾上。构成将来时-р- 前的元音 е 脱落，如：умере́ть — умру́, умрёшь, умру́т；构成过去时元音 е 保留：у́мер, умерла́ ...

（续表）

类型	例词	说明
крыть, мыть 以及由它们加前缀构成的动词	откры́ть（开）, закры́ть（闭）, покры́ть（盖）, скры́ться（隐藏）…… мыть（洗）, умы́ться（洗脸）……	变位时重音在人称词尾前的元音-o-上，如：откры́ть — откро́ю, откро́ешь, откро́ют
бить, пить, шить以及由它们加前缀构成的动词	бить（打）, уби́ть（打死；杀死；制止）, доби́ться（达到）, пить（喝）, вы́пить（喝完）…… шить, сшить（缝制）	变位时重音均在人称词尾上，如：пить — пью, пьёшь, пьют
жить, плыть以及由它们加前缀构成的动词	прожи́ть（渡过） проплы́ть（游过）	变位时，元音и, ы后出现-в-，如：жить — живу́, жтвёшь, живу́т；плыть（游）— плыву́, плывёшь, плыву́т
давать及 -дава́ть, -знава́ть, -става́ть以及由它们加前缀构成的动词	выдава́ть（发给） передава́ть（递给） узнава́ть（打听） встава́ть（起来）	变位时-ва-脱落，重音均在词尾上，如：дава́ть（给）— даю́, даёшь, даю́т
деть, стать以及由它们加前缀构成的动词	оде́ть（给……穿）, наде́ть（穿戴）…… встать（起来）, уста́ть（累）, оста́ться（留下）……	变位时，词尾前增加-н-，重音均在词尾前一个音节上，如：стать — ста́ну, ста́нешь, ста́нут

2. 第二变位法（второ́е спряже́ние）

第二变位法

数	人称	例词		人称词尾
		постро́ить（建成）	молча́ть（沉默）	
单数	第一人称	я	постро́ю	молчу́	-ю (-у)
	第二人称	ты	постро́ишь	молчи́шь	-ишь
	第三人称	он она	постро́ит	молчи́т	-ит

（续表）

数	人称		例词		人称词尾
			постро́ить（建成）	молча́ть（沉默）	
复数	第一人称	мы	постро́им	молчи́м	-им
	第二人称	вы	постро́ите	молчи́те	-ите
	第三人称	они	постро́ят	молча́т	-ят（-ат）

说明：① 变位时，去掉不定式结尾-ть 及前面的后缀-и-，-а-，即去掉-ить，-ать，然后加人称词尾。

② -ить，-ать 前如果是元音字母或一般辅音字母，人称词尾是-ю，-ишь，-ят；如果-ить，-ать 前是 ж，ч，ш，щ，人称词尾则为-у，-ишь，-ат。再举二例：лежа́ть（躺着）— лежу́, лежи́шь, лежи́т, лежи́м, лежи́те, лежа́т；разреши́ть（允许）— разрешу́, разреши́шь, ... разреша́т。以-ить 结尾的动词，除 брить（剃，刮），стели́ть（铺（床））及由它们加前缀构成的完成体动词（побри́ть，постели́ть…）外，均属于第二变位法。属于第二变位法的，还有为数不多的以-ать，-ять，-еть结尾的动词：

类型	例词	附注
以 -еть 结尾的动词	ви́деть（看见），оби́деть（欺侮），смотре́ть（看），ненави́деть（仇视），зави́сеть（依靠），терпе́ть（忍耐），верте́ть（使转动），лете́ть（飞），веле́ть（吩咐）	由这几个动词加前缀构成的动词，也属于第二变位法，如уви́деть, вы́лететь, вы́терпеть 等。
以 -ать 结尾的动词	гнать（驱赶），дыша́ть（呼吸），держа́ть（拿、握），слы́шать（听见），спать（睡觉）……	由这几个动词加前缀派生的动词，也属于第二变位法，如услы́шать, догна́ть, вы́держать, подыша́ть 等。
以 -ять（ся）结尾的动词	стоя́ть（站），боя́ться（害怕），состоя́ться（由……构成）	由这些动词加前缀派生的动词，变化与之相同，如отстоя́ться（坚持住）等。

3. 两种变位法人称词尾的对比

	第一变位法	第二变位法
词尾	-ю（-у） -ешь -ет -ем -ете -ют（-ут）	-ю（-у） -ишь -ит -им -ите -ят（-ат）
说明	去掉 -ть，加人称词尾	去掉 -ть 和它前面的元音，加人称词尾

带-ся 动词的变位与不带-ся 动词相同，只是-ся 在元音字母后变为-сь，在辅音后仍为-ся。例如：

встреча́ть（遇见）— встреча́ться（相遇）

встреча́ю   встреча́ю**сь**
встреча́ешь встреча́ешь**ся**
встреча́ет   встреча́ет**ся**
встреча́ем   встреча́ем**ся**
встреча́ете встреча́ете**сь**
встреча́ют   встреча́ют**ся**

4. 动词变位时的音变

有些动词在变位时人称词尾前的辅音发生音变，即语音交替。

音变	例词	
	第一变位法	第二变位法
с — ш	писа́ть（写）：пишу́, пи́шешь; пи́шут	проси́ть（请求）：прошу́, про́сишь; про́сят
з — ж	сказа́ть（说）：скажу́, ска́жешь; ска́жут	вози́ть（运）：вожу́, во́зишь; во́зят
т — щ	клевета́ть（中伤）：клевещу́, клеве́щешь; клеве́щут	защити́ть（保卫）：защищу́, защити́шь; защитя́т

（续表）

音变	例 词	
	第一变位法	第二变位法
т — ч	прятать（藏）：прячу, прячешь; прячут	светить（照）：свечу, светишь; светят
ст — щ	свистеть（吹口哨）：свищу, свищешь; свищут	пустить（放）：пущу, пустишь; пустят
д — ж		ходить（行走）：хожу, ходишь; ходят
к — ч	плакать（哭）：плачу, плачешь; плачут	
х — ш	пахать（耕）：пашу, пашешь; пашут	
ск — щ	искать（找）：ищу, ищешь; ищут	
б — бл	колебать（动摇）：колеблю, колеблешь; колеблют	любить（爱）：люблю, любишь; любят
в — вл		готовить（准备）：готовлю, готовишь; готовят
п — пл	сыпать（倒入）：сыплю, сыплешь; сыплют	спать（睡）：сплю, спишь; спят
м — мл	дремать（打盹）：дремлю, дремлешь; дремлют	кормить（喂）：кормлю, кормишь; кормят

说明：第一变位法动词，所有人称都发生音变；第二变位法动词，只有单数第一人称发生音变

5. 特殊变位的动词

俄语中，有少部分动词变位特殊或者比较特殊，应特别记住。现列表如下：

第六章 动　词

例词	变化相同的词
брать（拿）— беру́, берёшь；беру́т	вы́браться（驶出），собра́ть（收集），собра́ться（集合），убра́ть（收拾），пробра́ться（钻过去）
боро́ться（斗争）— борю́сь, бо́решься；бо́рются	
бежа́ть（跑）— бегу́, бежи́шь；бегу́т	побежа́ть（跑起来），подбежа́ть（跑近），прибежа́ть（跑到），вы́бежать（跑出）
быть（是，有，在，到）— бу́ду, бу́дешь；бу́дут	забы́ть（忘记），добы́ть（获得），прибы́ть（到达）
взять（拿）— возьму́, возьмёшь；возьму́т	взя́ться（出现）
дать（给）— дам, дашь, даст, дади́м, дади́те, даду́т	зада́ть（提出），отда́ть（送给），пода́ть（递给），переда́ть（转交），созда́ть（创造），разда́ться（传来），сдать（交），уда́ться（成功）
есть（吃）— ем, ешь, ест, еди́м, еди́те, едя́т	съесть（吃（掉））
е́хать（乘）— е́ду, е́дешь；е́дут	прие́хать（驶到），перее́хать（迁往）
ждать（等待）— жду, ждёшь；ждут	подожда́ть（等一等），дожда́ться（等到）
жить（生活）— живу́, живёшь；живу́т	пожи́ть（生活），прожи́ть（居住（若干时间））
плыть（游）— плыву́, плывёшь；плыву́т	поплы́ть（游起来），подплы́ть（游近）
жать（握，挤）— жму, жмёшь；жмут	сжать（紧握），пожа́ть（握一握）
жечь（烧毁）— жгу, жжёшь；жгут	сжечь（烧），заже́чь（燃起）
звать（号召）— зову́, зовёшь；зову́т	назва́ть（把……叫做……），назва́ться（叫做），вы́звать（叫出来）
заня́ть（占领）— займу́, займёшь；займу́т	заня́ться（从事），поня́ть（明白）
подня́ть（举起）— подниму́, подни́мешь；подни́мут	отня́ть（夺去），подня́ться（升起），снять（取下）
мочь（能）— могу́, мо́жешь；мо́гут	смочь（能），бере́чь（爱护），помо́чь（帮助），лечь（躺下）
наде́ть（穿）— наде́ну, наде́нешь；наде́нут	оде́ть（给……穿），оде́ться（（给自己）穿上衣服），заде́ть（触及），разде́ть（脱）
нача́ть（开始）— начну́, начнёшь；начну́т	нача́ться（开始）
петь（唱）— пою́, поёшь；пою́т	спеть（唱），пропе́ть（唱）

133

(续表)

例词	变化相同的词
пить（喝）— пью, пьёшь; пьют	вы́пить（喝）, бить（打）, би́ться（跳动；打架）, уби́ть（打死）, доби́ться（达到）, шить（缝）, сшить（缝成）
сесть（坐下）— ся́ду, ся́дешь; ся́дут	насе́сть（坐下；积满）, усе́сться（坐下）
стать（成为）— ста́ну, ста́нешь; ста́нут	встать（起立）, оде́ться（给……穿衣）, оста́ться（留下）, доста́ть（弄到）, уста́ть（疲倦）
уче́сть（统计）— учту́, учтёшь; учту́т	счесть（认为，数数）
откры́ть（打开）— откро́ю, откро́ешь; откро́ют	закры́ть（盖上）, откры́ться（打开）, раскры́ться（张开）, покры́ться（布满）, скры́ться（隐藏起来）, мыть（洗）, помы́ть（洗）
дава́ть（给）— даю́, даёшь; даю́т	остава́ться（留下）, задава́ть（提出）, отстава́ть（落后）, создава́ть（创造）, встава́ть（起立）, узнава́ть（了解）, издава́ть（出版）
рисова́ть（画）— рису́ю, рису́ешь; рису́ют	чу́вствовать（感觉）, путеше́ствовать（旅行）, жа́ловаться（抱怨）, тренирова́ться（锻炼）, основа́ть（以……为基础）
танцева́ть（跳舞）— танцу́ю, танцу́ешь; танцу́ют	станцева́ть（跳一曲）
пасть（陷落）— паду́, падёшь; паду́т	впасть（塌陷）, напа́сть（侵犯）, попа́сть（陷入）, пропа́сть（失踪）……
вести́（带领）— веду́, ведёшь; веду́т	привести́（领到）, провести́（度过）
мести́（扫）— мету́, метёшь; мету́т	цвести́（开花）, подмести́（打扫干净）

四　未完成体将来时的构成

完成体动词将来时的构成与未完成体现在时相同，而未完成体动词将来时是由助动词 **быть** 的将来时人称形式加动词不定式构成，因此叫做**复合将**

来时。

动词 быть 在构成复合将来时时，只用来表示时间、人称和数，它本身并不表示行为，因此叫助动词。复合将来时的词汇意义由动词不定式表示。例如，未完成体 читáть（读）的将来时如下表：

数	人称		未完成体将来时	
单数	第一人称	я	бу́ду	
	第二人称	ты	бу́дешь	
	第三人称	он, онá	бу́дет	+ читáть
复数	第一人称	мы	бу́дем	
	第二人称	вы	бу́дете	
	第三人称	они́	бу́дут	

五　动词 быть

1. быть 的变化

	быть			
现在时	есть（一般不用）			
将来时	я　бу́ду		мы　бу́дем	
	ты　бу́дешь		вы　бу́дете	
	он, онá　бу́дет		они́　бу́дут	
过去时	был（阳）		былá（阴）	
	бы́ло（中）		бы́ли（复）	

> 注意：быть 过去时形式带 не 时，重音位置发生变化应特别予以注意：
> (он) не́ был, (онá) не былá, (оно́) не́ было, (они́) не́ были

2. быть 的用法

1）作为独立的动词，表示"有""在""到""发生"等意义，在句中做谓语。例如：

У меня́ **есть** слова́рь ру́сского языка́.（我有一本俄语字典。）

Алёша сейча́с до́ма.（当"在""去"等讲时，есть 不出现。）（阿廖沙现在在家里。）

Вчера́ он **был** в гостя́х у дру́га.（昨天他在朋友那里做客。）

2) 作系词，与名词、形容词等一起作谓语，表示"是""当""成为"等意义。系词 есть (быть 的现在时) 一般不出现，与汉、英语不同。例如：

Она́ учи́тельница.（她是教师。）

Его́ оте́ц всю жизнь **был** крестья́нин.（他父亲当了一辈子农民。）

Тогда́ она́ **была́** изве́стной певи́цей.（当时她曾是一位著名歌唱家。）

Мой де́душка **был** почётным секретарём.（我祖父曾是名誉会长。）

Он **был** кре́пкий и си́льный.（他身强力壮。）

Ната́шенька **была́** симпати́чная.（小娜塔莎非常讨人喜欢。）

быть 用于将来时，与其连用的词一般用第五格；быть 用于过去时，与其连用的词经常用第五格，也可用第一格，前者表示过去一定时间出现、非经久性的特征，后者则表示过去经久性特征。例如：

С са́мого де́тства он **был здоро́вый**.（他从小就身体健康。）

Он тогда́ **был здоро́вым**.（他当时身体健康。）

быть 现在时形式 есть, 有时出现：①在科学著作的定义中；②强调"就是""毕竟是"，用在主语和谓语为同一名词的句子中。如：

Фи́зика **есть** нау́ка о строе́нии мате́рии.（物理学是一门研究物质结构的科学。）

Де́ти **есть** де́ти, они́ лю́бят озорнича́ть.（孩子就是孩子，他们总爱淘气。）

Прика́з **есть** прика́з, тебе́ необходи́мо подчиня́ться.（命令就是命令，你必须服从。）

3) 在谓语副词构成的无人称句中，用 быть 的无人称形式（单数、中性）表示时间，充当无人称句的主要成分——谓语系词。例如：

На дворе́ **бы́ло** о́чень хо́лодно.（外面很冷。）（过去时）

Завтра бу́дет тепло́.（明天会暖和。）（将来时）

六　动词过去时的构成

动词**过去时**（проше́дшее вре́мя）表示说话以前发生过的行为或状态。动词过去时有性和数的变化，没有人称的变化。

1. 不定式以 -ть 结尾的动词

不定式以 -ть 结尾的动词，构成过去时形式时，去掉 -ть 后，阳性加 -л，阴性加 -ла，中性加 -ло，复数加 -ли。

带 -ся 动词过去时的构成法和不带 -ся 的动词相同，但在元音后 -ся 变成 -сь。

动词的过去时

数	性		говори́ть（说）	учи́ться（学习）
单数	阳性	я, ты, он	говори́-л	учи́-лся
	阴性	я, ты, она́	говори́-ла	учи́-лась
	中性	оно́	говори́-ло	учи́-лось
复数		мы вы они́	говори́-ли	учи́-лись

说明：过去时形式中的 -л 是个后缀，是过去时的标志，-а, -о, -и 才是词尾，过去时阳性只有后缀 -л 没有词尾，属于零词尾。-ся 是尾后后缀。动词过去时的性、数要和主格保持一致，主语是 кто 时，动词用单数阳性形式；主语是 что 时，动词用单数中性形式。例如：

① Он повторя́л　　　　　　　｜
　 Она́ повторя́ла　　　　уро́ки（他（她、他们）复习了功课。）
　 Они́ повторя́ли　　　　　 ｜

② **Кто** сде́лал пе́рвый в ми́ре парово́й дви́гатель？（谁制成了世界上第一台蒸汽发动机？）

③ **Что** стоя́ло на кни́жной по́лке？（书架上曾经摆着什么？）

2.过去时形式特殊的动词

有些动词过去时形式比较特殊。

1）某些以 -нуть 结尾的动词，变过去时形式时 -ну- 脱落，阳性形式又不带 -л。例如：

поги́бнуть（死亡）— поги́б, поги́бла, поги́бло, поги́бли
дости́гнуть（达到）— дости́г, дости́гла, дости́гло, дости́гли
исче́знуть（消失）— исче́з, исче́зла, исче́зло, исче́зли
возни́кнуть（产生）— возни́к, возни́кла, возни́кло, возни́кли
привы́кнуть（习惯（于））— привы́к, привы́кла, привы́кло, привы́кли
опрове́ргнуть（推翻）— опрове́рг, опрове́ргла, опрове́ргло, опрове́ргли

2）部分以 -сти, -зти 结尾的动词，阳性单数不带 -л，其他形式带 -л-（重音全在词尾上）。例如：

нести́（拿）— нёс, несла́, несло́, несли́	加前缀构成的动词 отнести́, принести́, унести́ 等变化形式相同。
везти́（运送）— вёз, везла́, везло́, везли́	加前缀构成的动词 вы́везти, привезти́, увезти́ 等变化形式相同。
расти́（生长）— рос, росла́, росло́, росли́	由 расти́ 加前缀构成的动词，如 вы́расти，变化形式相同。注意 рас- 变 рос-。

3）以 -чь 结尾的动词，去不定式结尾 -чь 后加 -г 或 -к，阳性无 -л，其他性和复数有 -ла, -ло, -ли。例如：

бере́чь（保护）— берёг, берегла́, берегло́, берегли́
мочь（能）— мог, могла́, могло́, могли́
лечь（躺下（完成体））— лёг, легла́, легло́, легли́
течь（流）— тёк, текла́, текло́, текли́
жечь（烧毁）— жёг, жгла́, жгло́, жгли́

由上述动词加前缀构成的动词，过去时的构成与之相同，如 сбере́чь（保管好），поте́чь（流起来），сжечь（烧尽），заже́чь（燃起）等。

4）其他

例词	过去时构成与例词相同的动词
вести́（引导）— вёл, вела́, вело́, вели́	由 вести́ 加前缀构成的动词：привести́（引到），провести́（引过；度过），вы́вести（引出），произвести́（引起；生产）等
идти́（走）— шёл, шла, шло, шли	由 идти́ 加前缀构成的动词：пойти́（开始走），войти́（走入；走进），дойти́（走到），уйти́（走开；离开），пройти́（走过；通过），найти́（找到），произойти́（发生），прийти́（来到）等
пасть（陷落）— пал, па́ла, па́ло, па́ли	由 пасть 加前缀构成的动词：впасть（陷入），напа́сть（进攻），попа́сть（进入；来到），пропа́сть（消失）等
уче́сть（统计）— учёл, учла́, учло́, учли́	счесть（数数）
ошиби́ться（犯错误）— оши́бся, оши́блась, оши́блось, оши́блись	
тере́ть（擦）— тёр, тёрла, тёрло, тёрли	由 тере́ть 加前缀构成的动词：потере́ть（擦一擦；擦伤），стере́ть（擦掉；磨破），вы́тереть（擦干；磨损）等
умере́ть（死）— у́мер, умерла́, у́мерло, у́мерли	замере́ть（（屏息）不动；呆住）

七　动词的体

1. 概述

俄语动词有**完成体**（соверше́нный вид）和**未完成体**（несоверше́нный вид）的区分。每个动词都属于一定的体。未完成体和完成体一般都有外部形式上的区别，一些动词体通过有无前缀表现出来，例如 писа́ть（写）（未完成体）— написа́ть（完成体），还有一些动词体则通过后缀的改变来表现，如 встреча́ть（迎接）（未完成体）— встре́тить（完成体），像писа́ть—написа́ть和встреча́ть — встре́тить这样的动词叫做**对应体动词**。有的不同体动词构词上有联系，但词义不同，不构成体的对应，例如писа́ть和переписа́ть［重写］（完成体），ва́писамь［摘抄］（完成体），词义不同，是非对应体动词，他们的未完成体分别是перепи́сывать和выпи́сывать。另，有的完成体与未完成体动词虽在体的语法意义与外形上有所不同，但词汇意义相同，如（拿、取、买、借、领、带）（未完成体）— взять（完成体）。

2. 体的形式标志（如何确定动词的体）

完成体与未完成体动词各有其形式上的标志，一般根据这些标志就可以确认它们是什么体的。

体的对应形式标志主要有以下几种：

1）未完成体动词不带前缀，而对应的完成体动词带前缀。例如：

писа́ть（写）— **на**писа́ть；де́лать（做）— **с**де́лать；стро́ить（建设）— **по**стро́ить；ви́деть（看见）— **у**ви́деть；обе́дать（吃午饭）— **по**обе́дать 等。

> 注：这些动词的未完成体还可以加上其他前缀，但不构成对应的完成体，而成为具有另外意义的动词。例如：писа́ть（写）— переписа́ть（重写），записа́ть（记录）等。

2）完成体以-и-ть 结尾，而相对应的未完成体以-а-ть, -я-ть结尾。例如：изучи́ть（学习）— изуча́ть；повтори́ть（复习）— повторя́ть；реши́ть（决定）— реша́ть；заме́тить（发觉）— замеча́ть；простуди́ться（感冒）— простужа́ться 等。

> 注：这类动词的词根中有时发生辅音交替。例如：отве́тить（回答）— отвеча́ть（**т-ч**），пригласи́ть（邀请）— приглаша́ть（**с-ш**），защити́ть（保卫）— защища́ть（**т-щ**），появи́ться（出现）— появля́ться（**в-вл**）等。

3）未完成体动词带后缀-ва-, -ыва-, (-ива-)，对应的完成体则不带这些后缀。例如：

дать（给予）— дава́ть；встать（起来）— встава́ть；узна́ть（得知）— узнава́ть；забы́ть（忘记）— забыва́ть；откры́ть（打开）— откры́вать；показа́ть（显示）— пока́зывать；договори́ться（约定）— догова́риваться；установи́ть（安装）— устана́вливать 等。

> 注：在这类动词的词根中发生元音或辅音的交替。例如：спроси́ть（问）— спра́шивать **(о-а, с-ш)**。

4）有些完成体动词带后缀-ну-，而对应的未完成体带后缀-а-。例如：

махну́ть（挥动）— маха́ть；а́хнуть（发哎哟声）— аха́ть；тро́нуть（触动）— тро́гать；отдохну́ть（休息）— отдыха́ть；дви́нуться（移动；运动）— дви́гаться；пры́гнуть（跳）— пры́гать等。

5）有些动词的完成体和未完成体词根不同。例如：

сказа́ть（说）（完）— говори́ть（未完）；взять（拿）（完）— брать（未完）；пойма́ть（捉）（完）— лови́ть（未完）；положи́ть（放）（完）— класть（未完）等。

6）定向运动动词加前缀构成完成体，不定向运动动词加前缀一般属于未完成体。例如：

прийти́（来到）（完）— приходи́ть（未完）；вы́лететь（飞出）（完）— вылета́ть（未完）；унести́（带走）（完）— уноси́ть（未完）；провести́（带过）（完）— проводи́ть（未完）等。

> 注：定向动词éхать（乘（车……）去、到）加前缀构成完成体动词，对应的未完成体为前缀+езжа́ть；而定向动词плы́ть（游、渡）加前缀构成完成体动词，其对应的未完成体为前缀+плыва́ть。例如：прие́хать（乘（车……）来到）— приезжа́ть；приплы́ть（游到）— приплыва́ть；уплы́ть（游去；漂走）— уплыва́ть。不定向动词бе́гать（跑）加前缀构成未完成体时，重音向后移动一个音节，例如：прибега́ть（跑到），выбега́ть（跑开）。这两个未完成体动词相对应的完成体动词则是由定向动词бежа́ть加前缀构成，分别为прибежа́ть，вы́бежать。

7）有些动词完成体与未完成体外形相同，区别在于重音位置与变位方法不同。由 ре́зать（割），сы́пать（撒）加前缀构成的动词，体的区别仅在重音的位置：重音在前者为完成体动词，重音在后者为未完成体动词。例如：

отре́зать（割下）（完）— отреза́ть（未完成体），разре́зать（切开）（完）— разреза́ть（未完成体），рассы́пать（撒）（完）— рассыпа́ть（未完成体），вы́сыпать（撒出）（完）— высыпа́ть（未完成体）

注：两种体不仅重音位置不同，变位的方法也不同，例如：отре́зать（完）— отре́жу，отре́жешь，отре́жут，命令式 отре́жь(-те)；отреза́ть（未完）— отреза́ю，отреза́ешь，отреза́ют.

3. 单体动词与兼体动词

在俄语中不是所有的动词都有对应的完成体或未完成体，这样的动词叫单体动词。

有些完成体动词没有对应的未完成体，如：пое́хать（（驶）往），пона́добиться（需要），поговори́ть（说一会儿），состоя́ться（举行）等；

而有些未完成体动词没有对应的完成体，如：име́ть（有），облада́ть（具有），означа́ть（意味着……），состоя́ть（由……组成），разгова́ривать（谈话），руководи́ть（领导），уча́ствовать（参加），прису́тствовать（出席），боя́ться（害怕），боро́ться（斗争）等。

有些动词，其完成体和未完成体是同一种形式，如：веле́ть（吩咐），обеща́ть（保证），ра́нить（使……受伤），образова́ть（形成），арестова́ть（逮捕），организова́ть（组织）等。从形式上看它们既是完成体，也是未完成体。这样兼具两种体的动词叫兼体动词。究竟是哪一种，则由具体的上下文来判定。例如：

① Перед уе́здом он **обеща́л**, что вернётся за́втра.（完成体）（临行前他答应明天就回来。）

② Оте́ц всегда́ **обеща́л** брать дете́й на прогу́лку, но ни ра́зу не соверши́л своё обеща́ние.（未完成体）（父亲总是答应带孩子们去游玩，但他一次也没

实现自己的诺言。）

③ Ка́ждый год мы **организу́ем** лы́жные соревнова́ния。（未完成体，多次行为）（我们年年组织滑雪比赛。）

④ Когда́ ко́нчатся экза́мены, мы **огранзу́ем** лы́жные соревнова́ния.（完成体，将来一次完成行为）（考试结束后我们组织一次滑雪比赛。）

但上述兼体动词中以-овать 结尾动词大有构成以 -о́вывать 结尾的未完成体之势，如：организо́вывать（组织），аресто́вывать（逮捕），образо́вывать（组成）等。

4. 未完成体动词的基本意义和用法

1）表示行为的进行，强调行为发生的过程，不指明其是否完成。例如：

Ма́льчик и де́вочка **собира́ли** в лесу́ грибы́.（一个男孩和一个女孩在林中采蘑菇了。）

Этот дом **стро́или** два го́да.（这栋楼房盖了两年。）

2）表示经常、反复进行的行为或状态。例如：

Ра́ньше я ча́сто **занима́лся** спо́ртом.（过去我经常运动。）

Он всегда́ **просыпа́ется** в пять часо́в утра́.（他总是在早晨五点钟醒来。）

3）在否定句中，表示未曾发生的行为。例如：

Оте́ц Та́ни **не клал** рафина́д в чай с молоко́м.（丹娘的父亲没把方糖放到奶茶里。）

Вчера́ она́ **не реша́ла** зада́чи по а́лгебре.（昨天她没解代数题。）

4）与表示开始、继续、结束等意义的动词连用。例如：

Ира уже́ днём **начала́ чита́ть** э́ту но́вую кни́гу.（伊拉白天就已经开始读这本新书了。）

Продолжа́ем лете́ть да́льше от земли́.（我们继续飞，离地球越来越远。）

Ма́льчик **переста́л петь** пе́сню.（小男孩停止了唱歌。）

5）与表示"习惯于""学会""喜欢"干什么一类的助动词连用。这类助动词有：учи́ться — научи́ться, привыка́ть — привы́кнуть, люби́ть, устава́ть — уста́ть, нра́виться — понра́виться 等。例如：

Ира о́чень **люби́ла чита́ть** Го́рького.（伊拉很喜欢读高尔基的作品。）

Па́па уже́ **привы́к** ра́но **встава́ть**.（爸爸已经习惯于早起了。）

6）与 не на́до, не до́лжен (-а́ ,-ы), нельзя́, не́чего, не хо́чет(ся) 等连用，表示"不可""不该""没必要""不想"做什么。例如：

Нельзя́ разгова́ривать на уро́ке.（课堂上不可谈话。）

Та́не **не хоте́лось писа́ть** письмо́ с оши́бками.（丹娘不想写一封有笔误的信。）

7）在否定句中，表示"不许""不应""不要"干什么，命令式通常用未完成体。例如：

① **Не открыва́й** окно́!（别开窗！）（试比较肯定句，用完成体：Откро́й окно́!（请开一下窗户！））

② **Не пой,** па́па спит.（不要唱了，爸爸在睡觉。）（试比较肯定句，用完成体：Спой нам ру́сскую пе́сню.（给我们唱首俄文歌吧！））

8）动词体的选用往往和句中的状语有关。当句中有表示行为延续的词：до́лго（长时间地），всё вре́мя（一直），весь день（整天），два часа́（两小时）等状语；有表示重复行为的ча́сто（经常），обы́чно（通常），всегда́（总是），постоя́нно（经常地），ка́ждый час（день, ме́сяц, год 等）（每时（每天、每月、每年）），иногда́（有时），ре́дко（不常），по суббо́там（每周六）等状语时，被说明的动词一般用未完成体。例如：

И ле́том, и зимо́й я **ка́ждый день трениру́юсь**.（无论夏天，还是冬天，我每天都锻炼。）

В воскресе́нье мы не занима́лись. Мы **весь день отдыха́ли**.（星期天我们没有学习。我们休息了一整天。）

Она́ **одева́лась недо́лго**, че́рез пять мину́т мы вы́шли из до́ма.（她穿衣服没有花多少时间，五分钟后我们就出门了。）

Ра́ньше мы **ви́делись** о́чень **ре́дко**.（以前我们很少见面。）

5. 完成体动词的基本意义和用法

1）表示已经完成或将要完成的行为，强调行为达到一定的结果。例如：

Они **собра́ли** всего́ 120 штук (оре́хов). (他们总共采了一百二十个（核桃）。)

Учи́тель говори́т, что в го́роде **постро́ят** но́вые дома́. (老师说市内将要建成一些新楼房。)

2）有些带前缀 по-, за- 的完成体动词，表示行为开始这一阶段的完成，这类动词有：пойти́（开始走），пое́хать（（乘……）去），полете́ть（飞起来），полюби́ть（爱上），понра́виться（喜欢上），засмея́ться（笑起来），запла́кать（哭起来），заболе́ть（得病），замолча́ть（沉默起来），закрича́ть（喊起来）等。例如：

И, мо́жет быть, тогда́ Ни́на **полюби́ла** рабо́ту врача́. (也许，就在那时候妮娜爱上了医生的工作。)

Дире́ктор шко́лы вошёл в класс, все сра́зу **замолча́ли**. (校长走进了教室，大家立刻都默不出声了。)

3）有些带 -ну- 的完成体动词，表示一次、短暂的行为，这类动词有：пры́гнуть（（一）跳），махну́ть（一挥），кри́кнуть（喊了一声），улыбну́ться（微笑一下）等。例如：

Пры́гнула она́ (Лиса́) на спи́ну Козла́, со спины́ на го́лову, а с головы́ — вон из коло́дца. (它（狐狸）跳上山羊的脊背，从脊背跳上头顶，从头顶一下子跳出了井口。)

Ба́бушка подошла́ к окну́ и **кри́кнула**: «Де́ти, у́жинать!» (奶奶走到窗前喊了一声："孩子们，该吃晚饭了！")

4）带前缀 по- 的完成体动词，表示行为持续一段时间，这类动词有：погуля́ть（散一会儿步），полежа́ть（躺一会儿），посиде́ть（坐一会儿），почита́ть（读一会儿），порабо́тать（工作一会儿），постоя́ть（站一会儿），поговори́ть（谈一谈），поду́мать（想一想）等。

这类完成体动词可以与 немно́го, не́сколько мину́т, немно́го дней 一类说明行为短时间持续的词或词组连用。例如：

Мы **посиде́ли немно́го**, вста́ли и пошли́ да́льше.（我们坐了一会儿，便起身往前走了。）

Мы **погуля́ли мину́т два́дцать**.（我们大约散了二十分钟步。）

当行为持续的时间较长时，则用带 про- 的完成体动词，例如：

Она́ **пролежа́ла** в больни́це **о́коло двух ме́сяцев**.（她大约住了两个月的院。）

5）注意：забы́ть, успе́ть, уда́ться 等动词与完成体不定式连用，例如：

Я **забы́ла** вам **пригото́вить** пода́рок.（我忘记为您准备礼物了。）

Мой дя́дя, капита́н, когда́ на парохо́де произошёл пожа́р, за 20 мину́т **успе́л спасти́** же́нщин и дете́й.（我叔叔是船长，有一回船上起了火，他在二十分钟内救出了许多妇女和儿童。）

Ему́ **удало́сь реши́ть** тру́дную зада́чу.（他成功破解了一道难题。）

6）当句中有 вдруг, сра́зу, неожи́данно, ско́ро, вско́ре, наконе́ц 等词，用来说明一次行为或状态的转折和结果时，动词用完成体。例如：

Вдруг вспы́хнул я́ркий свет, разда́лся уда́р гро́ма, похо́жий на вы́стрел.（突然，一道耀眼的光闪过，轰地响起一声雷鸣，简直像开炮似的。）

Он **уе́хал вско́ре** по́сле меня́.（我走后不久，他也走了。）

Днём Ми́ша набе́гался, и ве́чером он **сра́зу засну́л**.（米沙白天跑累了，所以晚上一下子就睡着了。）

7）当句中有 обяза́тельное（必定）, непреме́нное（一定）, во что бы то ни ста́ло（无论如何）等词或词组，表示行为必将完成，强调行为定要达到一定结果时，动词一般用完成体。例如：

Эту кре́пость мы должны́ **взять во что бы то ни ста́ло**.（我们无论如何都必须攻下这座堡垒。）

Зада́ние тру́дно и сло́жно, но мы **непреме́нно вы́полним** его́.（任务艰巨而又复杂，但我们一定能完成它。）

6. 完成体与未完成体用法的比较

综上所述，完成体与未完成体的区别在于：完成体指出行为的完成；而未完成体则不指出行为是否完成。人们常常用下面两个例句来说明完成体与未完成体的区别：

Эту кни́гу вчера́ я **чита́л**, но не **прочита́л**.（这本书昨天我读了，但没读完。）

Вчера́ я **писа́л** письмо́, но не **написа́л**.（昨天我写了信，但没写完。）

诚然，这里未完成体表示的行为没有完成，一个未完成的动作确实应用未完成体来表示。然而却不能认为未完成体动词就是表示未完成的行为，它也可能表示实际已经完成的行为，只是强调该行为是否发生而不强调动作的结果。例如：

① Он ча́сто **пи́шет** письмо́ друзья́м.（他经常给朋友写信。）

② — Но бо́льше всего́ мне понра́вилось э́то письмо́. Кто **писа́л** его́? — спроси́ла учи́тельница.

— Я **писа́ла**... — сказа́ла ти́хо Та́ня.

（"我最喜欢的是这封信。这封信是谁写的？"女教师问道。

"是我写的……"丹娘低声说）

很显然，这里的 пи́шет 和 писа́ла 都是表示完成的行为，例①只是因为行为是经常反复的，才使用未完成体；例②关心的是行为者是谁，不强调行为是否完成（信在手边，显然已完成了）才用了未完成体。所以，不能片面地把未完成体动词理解为是表示未完成的行为。

7. 连续动作时体的用法

动词的体除上述的基本意义外，还有另外一个较为常见的用法，即指明连续动作的相互关系。

1）完成体动词说明动作的先后顺序。例如：

Наде́жда Серге́евна **подошла́** к столу́ и **уви́дела** пода́рки.（娜杰日达·谢

尔盖耶芙娜走到桌旁，看见了一些礼物。）

Ванька **добежа́л** до пе́рвого почто́вого я́щика и опусти́л в него́ то драгоце́нное письмо́.（万卡跑到第一个邮筒跟前，便把那封珍贵的信投了进去。）

在这几个句子里，完成体动词不仅表示动作的完成，而且还表示动作是按先后顺序发生的。而未完成体动词则不指明动作的先后顺序，而是强调不同动作的完全同时关系或者部分同时关系。例如：

Молоды́е лю́ди **гуля́ют** в па́рке, ве́село **разгова́ривают**.（年轻人在公园里散步，愉快地交谈。）

2）如果连续动作中，第一个动作结束产生第二个动作，第二动作结束产生第三个动作，并且这些动作是一次的，而不是经常的，那么动词要用完成体。例如：

Ва́нька **доста́л** из шка́фа ру́чку, **положи́л** пе́ред собо́й лист бума́ги и **стал писа́ть**.（万卡从柜子里取出了一支钢笔，把纸放到了面前，就动手写了起来。）

Матро́сы **спусти́ли** ло́дку, **бро́сились** в неё и **понесли́сь** изо всех сил к ма́льчику.（水手们放下了小船，再跳到了上面，然后铆足劲儿飞快地向孩子处划了过去。）

如果连续动作是经常反复发出的，则用未完成体动词。例如：

Обы́чно я **просыпа́юсь** у́тром в шесть часо́в, пото́м **встаю́** и **де́лаю** гимна́стику.（我通常是早晨六点钟醒来，然后起床、做早操。）

3）如果连续动作中，第一个动作已经完成，第二个动作（或状态）正在延续，或强调过程、量度，那么，前一个动作用完成体，后一个动作用未完成体，如：

Он **заболе́л** и **лежи́т** в больни́це.（他生病了，目前正在住院。）

Я **получи́л** лека́рство и **принима́л** его́ три ра́за в день.（我取了药，每天服三次。）

4）在连续动作中，如果后一个动作是紧接前一个动作立刻发生的，那么，后一个动作应该用表示开始意义的助动词加未完成体不定式，或带有"开始"意义前缀（по-, за-）的完成体动词，例如：

Без пяти́ час Юра пообе́дал и пошёл в шко́лу.（差五分一点钟，尤拉吃完饭就上学去了。）

Учи́тельница взяла́ письмо́ и ста́ла чита́ть.（女教师拿起信就读了起来。）

八　动词的时

1. 概述

俄语动词有时（вре́мя）的语法形式，用来表示行为与时间的关系。俄语动词分三种时：现在时、过去时和将来时。未完成体动词有现在时、过去时和将来时；而完成体动词只有过去时和将来时，没有现在时。

俄语动词的"时"通常以说话时间为标准。说话当时发生的行为，动词用现在时。例如：Дед чита́ет газе́ту.（爷爷在看报。）这里指说话的当时，爷爷正在看报。如果说话以前发生的行为，则为过去时：Дед чита́л газе́ту.（爷爷看过报了。）如果行为发生在说话以后，则为将来时：Дед будет читать газету после ужина.（爷爷晚饭后将看报。）

2. 现在时的意义和用法

1）表示说话时正在进行的行为。例如：

— Надя, ты **пи́шешь** письмо?

—Да.

（"娜佳，你在写信吗？"

"是的。"）

Рабо́чие стро́ят водохрани́лище.（工人们正在修建水库。）

2）表示现阶段进行的行为，或经常、重复发生的行为。这种行为在说话时可能正在进行，也可能没进行。例如：

— Чем вы **занима́етесь** в свобо́дное вре́мя?

—У нас мно́го интере́сных дел. Мы **де́лаем** моде́ли ра́зных маши́н и да́же настоя́щие аппара́ты.

（"课余时间你们都干些什么？"

"我们有许多有趣的事儿。我们做各种机器的模型，甚至还制造一些真的装置。"）

—Как вы **у́читесь** в шко́ле?

—Мы **у́чимся** приле́жно.

（"你们在学校里学习得怎样？"

"我们学习得很刻苦。"）

3）表示不依时间为转移的客观规律、永恒真理、事物的特征等。例如：

Со́лнце **всхо́дит** с восто́ка, а **захо́дит** на за́пад.（太阳东升西落。）

Я́дра а́томов **состоя́т** из прото́нов и нейтро́нов.（原子核是由质子和中子组成的。）

—Чем ру́сские **едя́т** мя́со?

—Они́ **едя́т** мя́со ви́лкой, а **ре́жут** его ножо́м.

（"俄罗斯人用什么餐具吃肉？"

"他们用叉子吃肉，用刀子切肉。"）

3. 未完成体现在时的特殊用法

除上述基本意义外，现在时有以下**特殊用法**：

1）代替过去时，表示过去发生的行为。这种用法主要是为了增加表现力，使所叙述的过去的事情显得生动、形象。这种现在时经常和过去时同时使用，或用于描述"过去"情景的文句里，因此也常被叫做"情景现在时"。例如：

Наступи́ло пе́рвое сентября́. Собрали́сь ребя́та в шко́ле. Все **расска́зывают**

про ле́то. <...>

（到了9月1日，孩子们在学校里聚在了一起。大家都在讲述夏天所经历的事情。<……>）

Из далёкой сиби́рской дере́вни е́хал в Петрогра́д стари́к крестья́нин.

До́лго стари́к был в пути́. Наконе́ц прие́хал в Петрогра́д.

Смо́трит, на у́лицах **стоя́т** рабо́чие с винто́вками.

...Он вошёл в зал, где Ле́нин бу́дет выступа́ть. Наро́д в э́том за́ле всё бо́льше просто́й. И все **крича́т**:

— Ле́нин! Ле́ни-и-ин! Ле́нин!

（一位老农从遥远的西伯利亚农村乘车去了彼得格勒。

老头在路上走了很久。终于来到了彼得格勒。

他看到：各条街上都站着持枪的工人。

……他走进了列宁将要发表演讲的大厅。这个大厅里的人大都是普通老百姓。大家在呼喊：

"列宁！列——宁！列宁！"）

2）现在时也可用来表示将来时意义，表示说话之后要进行的行为。定向的运动动词经常这样用。例如：

Ра́но у́тром, в пять с полови́ной, Алёша встал, потому́ что его́ класс сего́дня **е́дет** в Санкт-Петербу́рг на экску́рсию.（大清早，五点半钟，阿廖沙就起床了，因为他们班今天要到圣彼得堡去参观。）

За́втра мы **лети́м** в Пеки́н в командиро́вку.（明天我们要飞往北京出差。）

В конце́ ме́сяца мы с жено́й **уезжа́ем** на о́стров Тайва́нь.（月底我和妻子要去台湾。）

> 注：不定向运动动词ходи́ть, лета́ть等的现在时不能表示将来时的行为。不能说за́втра я лета́ю в Пеки́н.

3）现在时还用来说明剧本中人物动作和场景，称做"舞台现在时"，表示说话当时正在进行的行为。例如：

Де́йствие происхо́дит в Росси́и до револю́ции. Кварти́ра рабо́чего. Две комнаты: в пе́рвой — крова́ть и стол, во второ́й — де́тская крова́ть. На ней лежи́т больна́я де́вочка. Мать **сиди́т** и **шьёт.**

（事情发生在革命前的俄国。在一个工人的住宅里有两个房间：第一个房间有一张床和一张桌子。第二个房间放着一张儿童床，床上躺着生病的小女孩，母亲坐在床边缝着衣服。）

4. 未完成体过去时的意义和用法

1）表示说话以前发生的行为，不强调结果。例如：

— Ты **бе́гал** ра́но у́тром?

— Да, **бе́гал**.

（"清晨你跑步了吗？"

"是的，跑步了。"）

2）表示过去经常、多次发生的行为。这时句中常有表示次数和经常性的状语（ка́ждый день, обы́чно, ча́сто, всегда́, по воскресе́ньям等）。

Ра́ньше я ча́сто **де́лал** заря́дку.（过去我经常做操。）

До поступле́ния в университе́т ста́ршая сестра́ всегда́ помога́ла ма́ме по хозя́йству.（上大学之前，姐姐总是帮助妈妈做家务。）

3）表示过去持续的行为。这时句中往往带有表示时间度量的状语（весь день, всю ночь, всю жизнь, три го́да, мно́го лет等）。

Мать це́лый день **уха́живала** за больны́м сы́ном.（母亲照看了生病的儿子一整天。）

По́сле револю́ции здесь Ле́нин **рабо́тал** мно́го лет.（革命后列宁在这里工作了多年。）

5. 未完成体将来时的意义和用法

1）表示在说话以后发生的行为。例如：

Рабо́чие е́дут на стро́йку. Они́ **бу́дут стро́ить** но́вый заво́д.（工人们正在前

往工地。他们将要建新的工厂。）

— Что вы **бу́дете де́лать** сего́дня ве́чером?

— Мы **бу́дем смотре́ть** телеви́зор.

（"今天晚间你们（将要）做什么？"

"我们（将要）看电视。"）

2）表示将来经常反复的行为。例如：

Я **бу́ду пла́вать** ле́том.（夏天我要经常游泳。）

Мы **бу́дем** свои́ми рука́ми **стро́ить** дома́, **сажа́ть** дере́вья, **создава́ть** счастли́вую жизнь.（我们要用自己的双手盖楼房、种植树木、创造幸福的生活。）

6. 完成体将来时的意义和用法

1）表示说话以后完成的行为，强调行为的结果。例如：

— Вы уже́ соста́вили план рабо́ты?

— Нет ещё, я **соста́влю** его́ за́втра.

（"工作计划您拟好了吗？"

"还没有，明天我一定拟好。"）

Мы непреме́нно **преврати́м** на́шу страну́ в вели́кую социалисти́ческую респу́блику.（我们一定要把我们的祖国变成一个伟大的社会主义国家。）

表示行为一定要完成、达到目的、取得结果，这是完成体将来时的主要意义。完成体将来时和未完成体将来时的区别在于：前者强调行为一定要取得结果，而后者不强调，仅仅指出行为将发生。试比较：

Я **бу́ду писа́ть** сочине́ние.（我要写篇作文。）

Я **напишу́** сочине́ние че́рез час.（一小时之后我将把作文写完。）

2）完成体将来时还可以表示与具体的时间无关的行为，带有定理、规律等意义，常用于成语性句子中。例如：

Не **скро́ют** ту́чи со́лнце.（乌云是遮不住太阳的。）

Что **посе́ешь**, то и **пожнёшь**.（种瓜得瓜，种豆得豆。）

153

Слово — не воробей: **вылетит** — не **поймаешь**. （一言既出，驷马难追。）

3）完成体将来时与 всегда, обычно, иногда 等连用，则一般表示所描写人物的习性。

Он всегда **молчит, иногда скажет**. （相当于 говорит）（他总是沉默不语，偶尔说上一两句。）（这里强调他沉默寡言的性格特征。）

Она **всегда** охотно **поможет** соседке-старухе в трудную минуту. （邻居家老太太有困难时，她总是乐意去帮助。）（这里强调她乐于助人的性格特征。）

4）完成体将来时与连接词 то..., то...连用时，也表示多次重复的现在时意义，如：

Он то **войдёт**（= входит）, то **выйдет**(= выходит) , такой уж непоседа. （他一会儿进来，一会儿出去，就是坐不住。）

7. 完成体过去时的意义和用法

1）表示行为在说话时之前已经完成，强调行为的结果。这是完成体过去时最基本的意义。例如：

Я самостоятельно **решил** задачу. （我自己解出了这道题。）

Раздался выстрел. Артиллерист **упал** около пушки и **закрыл** лицо руками. （炮声一响，炮手就倒在了炮筒旁，用双手捂着脸。）

2）表示行为在说话时已经完成，但行为的结果在说话时还存在。

К нам в деревню **приехали** рабочие и инженеры. （一些工人和工程师到我们村里来了。）（一些工人和工程师到我们村里来了，这在说话时就已完成，但没有走——行为的结果还存在。）

Братья **открыли** дверь и **вошли** в свою маленькую комнату. （兄弟几个打开了门，走进了他们自己的小房间。）（门还开着，兄弟几个还没出来。）

Мама с сыном **пошла** на вокзал. （妈妈带着儿子到车站去了。）

这种意义并不是所有的完成体过去时具有。常见的表达结果存在意义的动词有：

（1）带前缀的运动动词，例如：прийти́, прие́хать, войти́, вы́йти, уе́хать等；

（2）表示开始意义的动词：побежа́ть, пойти́, заговори́ть, засмея́ться, заболе́ть等；

（3）某些表示具体动作的动词：откры́ть（开）— закры́ть（关），включи́ть（打开）— вы́ключить（关闭），наде́ть（穿）— снять（脱），встать（起来）— лечь（躺下），взять（借、拿）— дать（给）等。

3）在口语中 пойти́, пое́хать, побежа́ть, полете́ть 的过去时第一人称可用作将来时，表示说话之后立刻就进行的行为。例如：

Ну, я **пошёл**.（喂，我走了。）（这里表示我立刻就走。）

Мы **пое́хали**. Вернёмся че́рез час.（我们走了哈，一小时后回来。）

九 动词的命令式

1. 概述

动词**命令式**（повели́тельное наклоне́ние）表示说话者请求、命令、劝告、邀请别人进行某种行为。命令式没有时间范畴，但有体的区别，命令式与体密切相关。命令式包括第一人称命令式、第二人称命令式和第三人称命令式，但主要形式是第二人称命令式。例如：

① Ни́на, **принеси́** со́товый телефо́н.（第二人称命令式）（尼娜，把手机拿来。）

② **Пойдём** на площа́дку!（第一人称命令式）（咱们到操场去吧！）

③ Не меша́йте, **пусть** он споко́йно отвеча́ет.（第三人称命令式）（别打搅他，让他安静地回答。）

2. 第二人称命令式的构成和用法

1）第二人称命令式的构成

第二人称命令式分单数和复数形式。复数的形式标志是-те，加在单数第二人称命令式之后。

单数第二人称命令式是由未完成体现在时或完成体将来时复数第三人称形式去掉词尾（-ят）-ат，-ют（-ут）后，加上**-й，-и，-ь**构成。

构成规则如下表：

不定式	复数 第三人称	单数 第一人称	命令式单数 （复数）	说明
чита́ть гуля́ть	чита́-ют гуля́-ют		чита́й(-те) гуля́й(-те)	词尾前是元音，加 -й (-те)
говори́ть смотре́ть	говор-я́т смо́тр-ят	говорю́ смотрю́	говори́(-те) смотри́(-те)	词尾前是辅音，单数第一人称带重音，加 -и (-те)
ко́нчить вспо́мнить	ко́нч-ат вспо́мн-ят	ко́нчу вспо́мню	ко́нчи(-те) вспо́мни(-те)	单数第一人称虽不带重音，但词尾前有两个辅音，加 -и (-те)
гото́вить отве́тить	гото́в-ят отве́т-ят	гото́влю отвечу́	гото́вь(-те) отве́ть(-те)	词尾前是辅音，单数第一人称不带重音，加 -ь (-те)

> 注：
>
> ① 带前缀 вы- 的完成体动词，命令式重音全在 вы́- 上，但构成命令式时，和无вы-方法一样。例如：вы́йти（走出）— вы́йди, вы́писать（抄录；摘录）— вы́пиши；
>
> ② 带-ся 动词在构成命令式时与不带-ся 的动词相同，但-ся 在元音之后变成-сь。例如：занима́ться（从事）— занима́йся(-тесь), боро́ться（斗争）— бори́сь(-тесь)。

有些动词的命令式的构成比较特殊，如：

（1）дава́ть（给），узнава́ть（打听），встава́ть（起来）等动词构成命令式时，保留-ва-。例如：встава́ть — встаю́т — встава́й(-те)；узнава́ть — узнаю́т — узнава́й(-те)；

（2）дать（给）以及由它加前缀构成的动词的命令式是 дай (-те)；отдай

(-те); передай (-те) 等；

（3）пить（喝），бить（打），лить（倒），шить（缝）以及由它们加前缀构成的动词的命令式是：пить — пей(-те); выпить（喝完）— выпей(-те); бить — бей(-те), убить（杀死）— убей(-те); лить — лей(-те); налить（注满）— налей(-те); шить — шей(-те), сшить（缝上）— сшей(-те)；

（4）ехать（乘行）的命令式为 поезжай(-те)或 езжай(-те)。由 ехать 加前缀构成的完成体动词构成命令式时，ехать 部分变为-езжай(-те)。例如：приехать — приезжай(-те):

（5）лечь（躺下），есть（吃），быть（是），открыть（开），петь（唱）的命令式分别为 ляг(-те)，ешь(-те)，будь(-те)，открой(-те)，пой(-те)；

（6）有的动词不能构成命令式。例如：хотеть（想），болеть（病），мочь（能），видеть（看见），слышать（听见）等。

2）第二人称命令式的用法

（1）当"要求、希望、命令"针对一个人时，用单数第二人称命令式；针对两个人以上时，则用复数。例如：

Наташа, читай громко.（娜塔莎，大点儿声读。）

Ребята, слушайте внимательно.（同学们，要注意听讲。）

如表示尊敬，对一个人讲话也要用复数形式。例如：

Иван Петрович, **извините** за опоздание.（伊万·彼得洛维奇，对不起，我迟了。）

Скажите, как пройти к вокзалу?（请问，到车站去怎么走？）

（2）使用第二人称命令式时，一般不加人称代词。例如，一般不说"Ты слушай внимательно!"而是说"Слушай внимательно!"（你注意听！）但在表达一些"不得已"意思或命令口气缓和时，可用人称代词。例如：

Я сейчас очень занят, у меня своих уроков много. **Ты погуляй** часика два или три……（我现在非常忙，我要做的功课很多。你去玩两三个小时吧……）

Ты иди, а я останусь.（你走吧，我要留下。）

（3）在口语中有时在命令式后附语气词-ка，使命令口气缓和，带有亲切的色彩。例如：

Вася протянул бабушке два провода и сказал:

— **Подержи-ка**!

（瓦夏把两根电线递给外婆说："你拿住喽！"）

Вася **подойди-ка** сюда!（瓦夏，到跟前来呗！）

（4）用动词不定式表示严格、断然的命令。例如：

Молчать!（住口！）

Сидеть смирно!（坐好！）

3）与第二人称命令式相关的体的用法

（1）一般地说，在构成第二人称命令式以后，完成体动词和未完成体动词还保持其各自的基本含义，前者着眼于行为的完成、结果；后者着眼于行为本身或经常反复的行为。例如：

Прочитайте предложения, **укажите** на функцию инфинитива.（请读句子，指出动词不定式的作用。）

Читайте за мной.（请跟我读。）

Доброго пути! **Пиши** почаще.（祝你一路平安！常来信。）

（2）当请求、命令对方完成某一具体的、简而易行的事情时，通常用完成体。例如：

Закройте учебники!（大家合上书！）

Включите телевизор!（请把电视机打开！）

（3）邀请对方做什么时，通常用未完成体。例如：

— Иван Иванович дома?

— Да，**проходите**.

（"伊万·伊万诺维奇在家吗？"

"在家，请进。"）

Приходите вечером.（请晚间来吧。）

（4）当强调行为的方式、方法时用未完成体。例如：

Говори́те по-ру́сски.（请说俄语。）

Друзья́, **по́йте** гро́мче!（朋友们，请大声唱！）

（5）当不让对方做某事时（命令式前加 не），要用未完成体。例如：

Сто́й здесь и **не уходи́**.（站在这儿，别走开。）

Не рису́й в кни́ге.（不要在书上乱画。）

但当提醒、警告对方注意，以免发生不幸时，用"не＋完成体命令式"，这时句中常有смотри́(те)。例如：

Не потеря́й биле́т!（别把票弄丢！）

Смотри́, **не забу́дь** принести́ с собо́й ключ от кварти́ры.（记着，别忘随身带好家门钥匙。）

3. 第一人称命令式的构成和用法

第一人称命令式是说话者要求对方和自己共同进行某事，它只有复数形式。例如：

Начнём уро́к.（咱们开始上课。）

Дава́йте посмо́трим на до́ску.（咱们来看黑板。）

1）第一人称命令式的构成和用法：

（1）第一人称命令式一般常用完成体将来时复数第一人称形式。例如：

Юра, **пойдём** в кино́.（尤拉，咱们一起看电影去。）

Поговори́м об учёбе.（咱们谈谈学习吧。）

日常生活中为了表示尊敬，可在第一人称之后加 -те。例如：

Споёмте, друзья́!（朋友们，我们唱首歌吧！）

Бу́демте друзья́ми!（我们交个朋友吧！）

作为命令式的пойдём 和陈述式的пойдём 不同：命令式用祈使语调，而且不能与人称代词 мы 连用。例如"我们走吧！"这句话，不能说成 "Мы пойдём"，而应说成 "Пойдём!"

（2）由 дава́й, дава́йте（后者表示尊敬，或对两个人以上说话时使用）

加完成体将来时复数第一人称形式或未完成体不定式构成。例如：

Давайте купаться!（咱们游泳吧！）

Давай телевизор **посмотрим!**（咱们看电视吧！）

（3）表示"我们不（别）……"意义时，用"не будем+未完成体动词不定式"形式。例如：

Достаточно, **не будем** больше **обсуждать**.（够了，我们别讨论了吧。）

Продолжим нашу работу, **не будем отдыхать**.（咱们继续干吧，别歇了。）

（4）某些表示开始意义的动词过去时复数形式也可以表示第一人称命令式意义。例如：

Поехали, ребята!（同学们，我们走吧！）

Ну, **пошли**!（喂，我们走啦！）

这类动词有 пошли, поехали, поплыли, побежали, начали等，这种过去时形式相当于 пойдём, поедем...

4. 第三人称命令式的构成和用法

第三人称命令式由语气词 пусть（пускай）（让、请、叫）加动词第三人称构成。第三人称命令式表示对第三者提出的某种建议、希望、劝告等。句子的主语位于 пусть 和动词第三人称之间，动词可以是完成体，也可以是未完成体，根据句子的意义选定。例如：

Пусть он **придёт** завтра.（让他明天来吧。）

Пусть дети **живут** счастливо!（让孩子们生活得幸福些吧！）

在标语、口号和庄严的祝词中，表示祝愿时，常用 да 代替 пусть（пускай）以 да здравствует(-ют)（万岁）的组合形式出现。例如：

Да здравствует Китайская Народная Республика!（中华人民共和国万岁！）

第三人称命令式有时还用来表示对某种现象的期望和愿望。例如：

Пусть сильнее **грянет** буря!（让暴风雨来得更猛烈些吧！）

十 动词的假定式

1. 假定式的构成

假定式 (сослага́тельное наклоне́ние) 是用动词的过去时形式加语气 бы 构成的一种动词形式。它和动词的过去时一样，只有性、数的区别，没有时间、人称的变化。完成体和未完成体的假定式构成方法相同。例如：

	单数		复数	
	未完成体	完成体	未完成体	完成体
阳性	писа́л бы	написа́л бы	писа́ли бы	написа́ли бы
阴性	писа́ла бы	написа́ла бы		
中性	писа́ло бы	написа́ло бы		

假定式的形式标志 бы 可位于动词之前或动词之后，也可被其他词隔开。在条件句中，常见的形式是"если + бы + 主语 + 过去时……"。例如：

Если **бы** мы у́ехали вчера́ ве́чером, то сего́дня ве́чером бы́ли бы до́ма.（假如昨天晚上我们动身的话，那么今天晚上已经到家了。）

2. 假定式的用法

1）常用在条件从属句中，表示假设的、虚拟的、实际上不存在的行为。例如：

Если **бы** я **был** свобо́ден вчера́, я **бы ходи́л** к вам.（我昨天要是有空，就到您那儿去了。）（实际上没空，因而没去。）

Если **бы** воды́ **бы́ло** бо́льше, то пар **был бы** ещё сильне́е.（假如水再多些，那么蒸汽的动力就会更强。）（实际上水不多，蒸汽的动力也并不强）

2）假定式也可用于表示将来时意义，主要表示某种希望或愿望等。例如：

Я **стал бы** врачо́м.（我希望当一名大夫。）

Я хоте́л бы пла́вать в откры́том мо́ре.（我很想在辽阔的大海里游泳。）

在表达愿望时，бы 可以和不定式连用（但不属假定式），这时愿望往往显得更强烈。例如：

Пое́хать бы в Москву́!（能去趟莫斯科该多好啊！）

3）表示建议、劝告等，语气比较委婉。例如：

Спе́ли бы вы что́-нибудь!（您随便唱几句吧！）

Вы **бы** ле́сом **шли**, ле́сом идти́ прохла́дно.（您最好从树林里走，在树林里走凉快。）

十一 及物动词与不及物动词

1. 及物动词（перехо́дный глаго́л）

俄语动词可分为及物动词和不及物动词两大类。及物动词表示直接及于客体（即直接补语）的行为，其客体用不带前置词的第四格表示。例如：люби́ть нау́ку（爱科学），подмета́ть пол（扫地），убира́ть аудито́рию（收拾教室）。这些词组中的动词**люби́ть, подмета́ть, убира́ть** 是及物动词，其客体用第四格表示。

当及物动词前加 не，否定行为的进行或完成时，客体可用第二格表示（参见本书第一章"名词"部分第六节"名词二格的意义和用法"）。例如：

Этого **упражне́ния** я ещё **не де́лал**.（这个练习我还没做。）

有些及物动词在一定情况下可以不带直接补语，表示能力或通常行为。例如：

Ма́льчик уже́ чита́ет.（男孩已经会念书了。）

Он со мной не говори́т.（他和我不说话。）

此外，及物动词还有如下特点：

1）加-ся 构成各种反身动词，例如：стро́ить（建设）— стро́иться（（给

自己）建筑房屋），поднять（扶起；抬起）— подняться（站起来；升起），продолжать（继续做（什么））— продолжаться（持续；继续）等。

2）可以构成被动形动词，例如：читать（读）— читаемый（被读的），прочитать（读完）— прочитанный（读完的），изучать（研习）— изучаемый（正研习的），изучить（研习完）— изученный（研习完的）等。

2. 不及物动词（непереходный глагол）

不及物动词有两类：

1）不要求客体。例如：работать（工作），лежать（躺），сидеть（坐），бежать（跑），идти（走），стоять（站）等。

2）要求客体，但不是直接补语的第四格，而是用其他间接格（带前置词或不带前置词）表示的客体。例如：служить человеку（服务于人类），добиться больших успехов（取得巨大成就），заботиться о родителях（关心父母）等。

不及物动词一般不能构成被动形动词。

凡是及物动词都不带-ся，带-ся 的动词均不是及物动词。

及物动词和不及物动词的界限不是绝对的。有些及物动词用于这种意义时是及物的，用于另一种意义时则是不及物的。例如：

① Он **смотрит** телевизор.（他在看电视。）（及物）

　Он **смотрит на** доску.（他在往黑板上看。）（不及物）

② Эта девочка всегда **говорит** правду.（这个小女孩总说实话。）（及物）

　Эта девочка всегда **говорит** очень тихо.（这个小女孩说话声音总是非常小。）（不及物）

十二 带 -ся 动词

1. 概述

俄语中有些动词带-ся，通常也叫"反身动词"。**反身动词 (возвра́тный глаго́л)** 是个约定俗成的叫法。尾缀-ся 源于过去的 себя́，如 одева́ться 相当于 одева́ть себя́（给自己穿衣），умыва́ться 相当于 умыва́ть себя́（给自己洗脸）等。但在很多情况下-ся 并不表示"动作返回自身"，如 ви́деться（见面）不等于 ви́деть себя，получа́ться（（被）得到）不等于 получа́ть себя，所以现在人们已不大用"反身动词"一语，而用"带-ся动词"予以称谓。凡是带 -ся 的动词都是不及物动词。试比较：ви́деть кого́，但 ви́деться 不可以接 кого́，而是с кем-чем。

尾缀-ся赋予动词以各种意义，如"纯反身意义""相互反身意义""一般反身意义""被动意义"以及"无人称意义"等。

2. 纯反身（意义）动词

这种动词的-ся 相当于 себя́，表示主体发出的行为及于（返回）主体本身。试比较：

① Я одева́юсь.（我在穿衣服。）（相当于 Я одева́ю себя́.）

Я одева́ю ма́ленького сы́на.（我在给小儿子穿衣服。）

② Мать умыва́ется.（母亲在洗脸。）（相当于 Мать умыва́ет себя́.）

Мать умыва́ет до́чку.（母亲在给女儿洗脸。）

这类动词有一部分表示行为及于人体的某一部分。例如：умыва́ться（洗脸、手），одева́ться（穿衣），причёсываться（梳头），раздева́ться（脱衣），обува́ться（穿鞋）等。

此外，корми́ться（养活自己），называ́ться（自称是；自命为），защища́ться（自卫），пря́таться（隐藏），скрыва́ться（躲藏），закаля́ться（锻炼）等动词，也属于纯反身动词。

3. 相互反身动词

尾缀 -ся 可以使动词具有相互反身意义，表示两个或两个以上的人或物互为主、客体。这时的 -ся，在意义上接近 друг друга。例如：

Мы ча́сто **встреча́емся** на у́лице.（我们经常在街上相遇。）（相当于 Мы ча́сто встреча́ем друг дру́га на у́лице.）

Они́ **обняли́сь**.（他们相拥在一起。）（相当于 Они́ обня́ли друг дру́га.）

具有相互反身意义的动词，主语常用复数。如果主语是单数，相互反身动词之后要用 с кем 的形式。例如：

Сего́дня у́тром я **встре́тился с ним** на у́лице.（今天早晨我在街上与他相遇了。）

Я ча́сто **ви́делся с ним**.（过去我常与他见面。）

这类反身动词常用的还有：здоро́ваться（问候），сове́товатсья（商量），дружи́ться（同……交朋友），ссо́риться（同……吵架），договори́ться（商量好），соединя́ться（联合），мири́ться（和好），проща́ться（同……告别）等。

有些动词不能构成相互反身动词，此时若想表达"相互如何"时，要通过"动词 + друг дру́га"的方式。例如，бере́чь друг дру́га（互相爱护），люби́ть друг дру́га（相爱），уважа́ть друг дру́га（互相尊重），знать друг дру́га（相互了解），ждать друг дру́га（互相等待）等。在这种结构中，друг дру́га 的格因动词而定，如 помога́ть друг дру́гу（互相帮助），бесе́довать друг с дру́гом（互相谈话），забо́титься друг о дру́ге（互相关心）等。

4. 一般反身动词

一般反身动词表示行为仅局限于主体自身，不及于其他事物。这类动词可以表示：

1）事物的变化或空间位置的改变。例如：возвраща́ться（回来），измени́ться（改变），поднима́ться（站起来；登上），спуска́ться（下降），

собра́ться（集合）等。试比较：

（1）Около до́ма Алёши **останови́лся** грузови́к.（有一辆卡车停在阿廖沙家的旁边。）

比较：Шофёр **останови́л** грузови́к.（司机把卡车停下了。）

（2）Из-за высо́ких гор ме́дленно **поднима́лось** со́лнце.（高山后面一轮红日冉冉升起。）

比较：Пионе́ры ме́дленно **поднима́ют** кра́сный флаг.（少先队员徐徐升起鲜艳的红旗。）

2）表示开始、继续、中断、完结。例如：нача́ться（开始），продолжа́ться（继续），прерва́ться（中断），ко́нчиться（结束）等。比如：

Уро́к уже́ **нача́лся**.（课已经开始了。）

比较：Учи́тель вошёл в класс и **на́чал** уро́к.（老师走进教室就开始上课了。）

3. 表示人的心理状态。例如：весели́ться（愉快），волнова́ться（激动），торопи́ться（匆忙）等。如：

Докла́дчик немно́жко **волнова́лся** пе́ред нача́лом выступле́ния.（报告人在发言之前有些紧张。）

这类动词可要求间接格补语：

（1）要求第二格补语 чего：страши́ться（恐惧），пуга́ться（害怕），слу́шаться（听从）等，例如：

Ребёнок **пуга́ется незнако́мого челове́ка**.（小孩子怕生人。）

（2）要求第三格补语 — чему：диви́ться（惊讶），нра́витсья（喜欢），ра́доваться（高兴），удиви́ться（惊讶）等，例如：

Все **удиви́лись** но́вому **взгля́ду** Копе́рника.（大家都对哥白尼的新观点表示惊讶。）

（3）要求带前置词的第四格补语 — на кого́ что：жа́ловаться（抱怨），серди́ться（生气）等，例如：

На кого вы **се́рдитесь**, мама?（妈妈，您在生谁的气？）

（4）要求第五格补语 — чем: восхища́ться（赞叹），горди́ться（以……自豪），интересова́ться（对……感兴趣）等，例如：

Он **ниче́м** не интересу́ется.（他对什么也不感兴趣。）

（5）要求第六格补语 — о чём: беспоко́иться（不安），трево́житься（惊慌）等，例如：

Почти́ все роди́тели **беспоко́ятся о бу́дущем** свои́х дете́й.（几乎所有的家长都在为自己孩子的前途担心。）

一般反身动词的-ся与纯反身动词的-ся不同，并不相当于 себя́，如 пуга́ться 不等于 пуга́ть себя́.

5. 被动反身动词

俄语中大部分及物动词加尾缀-ся可构成被动反身动词（глаго́лы со страда́тельным значе́нием），形成被动态（страда́тельный зало́г）和被动句（страда́тельный оборо́т），表示主语是承受动作的，而不是发出动作的。例如：

Заво́д **стро́ится** рабо́чими.（工厂由（被）工人建造。）（被动句）

比较：Рабо́чие стро́ят заво́д.（工人们建造工厂。）（主动句）

这两个句子中，第一个是被动句，第二个是主动句。句中有主体第五格是被动句的重要标志。

主动句和被动句在表达的现实内容上是相同的，不同的仅仅是表达的方式。在后一个句子中（主动句），主语 рабо́чие 是行为的发出者，并作用于客体 заво́д；而在前一个句中（被动句），заво́д 以主语的形式出现，但不是行为的发出者，而是行为的承受者，这句中行为主体为名词复数第五格形式的 рабо́чими。

使用被动反身动词要注意：

1）带有主体第五格的被动句只用于书面语，口语中一般不用。如口语中说 "Рабо́чие стро́ят заво́д." 而不说 "Заво́д стро́ится рабо́чими."。

不带主体第五格的被动句在口语中是较常见的。例如：

План выполня́ется успе́шно.（计划执行得很顺利。）

Здесь продаю́тся конфе́ты.（这儿出售糖果。）

2) 被动反身动词多用未完成体。如可以说 "План составля́ется инжене́ром.（计划正由工程师拟定）" 而不说 "План соста́вился инжене́ром."。如需用完成体，则使用相应的完成体被动形动词形式，如 План **соста́влен** инжене́ром.

在描写自然现象时，可用完成体被动反身动词+主体第五格，例如：

По́ле покры́лось сне́гом.（田野被雪覆盖了。）

Ко́мната освети́лась со́лнцем.（房间被阳光照亮了。）

3) 在被动句中，主语大多是表物的名词。当主语是表人名词或代词时，动词使用上受一定限制，大多是一些表示被任免、选举、派遣、邀请等意义的被动反身动词，如посыла́ться（被派往），назнача́ться（被任命），переводи́ться（被调往），избира́ться（被选为），воспи́тываться（受……教育），приглаша́ться（被邀请），аресто́вываться（被逮捕），допра́шиваться（被审问）等。例如：

Профе́ссор **приглаша́ется** на ве́чер.（教授受邀出席晚会。）

Тепе́рь мно́гие молоды́е лю́ди **выдвига́ются** на отве́тственную рабо́ту.（现在有许多年轻人被提拔到重要岗位上去。）

4) 被动反身动词也可用于无人称句，但只限于书面语中。例如：

Сейча́с об ЭВМ мно́го **пи́шется** в газе́тах и журна́лах.（当今在报刊上关于电子计算机谈得很多。）

Об их успе́хах нема́ло **говори́лось**.（有关他们的成绩已经谈得不少了。）

十三　无人称动词

1. 概述

俄语中有一种动词，表示自然界中自发的或是来源不明的动作或状态，由这种动词构成句子时，句中不能有主语。这种动词叫**无人称动词**（безли́чный глаго́л），由它构成的句子传统上叫无人称句。如：

Света́ет.（天已破晓。）

Вечере́ет. В окно́ смо́трит глубо́кая о́сень.（Пришви́н）（暮色沉沉，窗外已是深秋。）（普里什文）

Больно́го **зноби́т**, **тошни́т**.（病人发冷、恶心。）

无人称动词只能用单数第三人称（过去时为中性），不能构成命令式，但可以构成假定式，如：Е́сли **бы** его́ не **лихора́дило**, он бы пое́хал на экску́рсию.（如果他不是发疟疾，他就会去旅行了。）无人称动词没有人称、性、数意义，света́ет、зноби́т等形式实际上只是与单数第三人称同音同形，它们是无人称形式。

无人称动词有不定式形式，如：Ста́ло **света́ть**（天开始亮了）。 句中的助动词стать和无人称动词света́ть连用做合成谓语，而助动词стать用无人称形式中性过去时ста́ло表示时态。无人称动词有体的属性，甚至也可能有体的对应形式，如：смерка́ться（天色入暮）（未完）— сме́ркнуться（完）。

2. 无人称动词类别

从意义上来看，无人称动词可分以下几类：

1）表示自然现象的，如света́ет（天亮），мороси́т（下毛毛雨），па́рит（闷热），холода́ет（冷起来），подморо́зило（上冻）等；

2）表示人的生理状态或心理状态的，如：лихора́дит（发疟疾），зноби́т（发冷），нездоро́вится（不舒服）等。如果这类动词不带尾缀-ся时，也可要求第四格补语，如：**Больно́го** рвёт.（病人呕吐。）

带 -ся 的无人称动词，可以有第三格表示的主体，如：

Ма́льчику нездоро́вится.（小孩不舒服。）

Мне ка́к-то не **спи́тся**.（我不知怎的睡不着。）

这种带 -ся 的无人称动词往往是由人称动词加尾缀 -ся 构成的，表示不以人的主观意愿为转移的心理或生理状态。这种动词可以由不及物动词构成（如上例中的 спи́тся、нездоро́вится），也可以由及物动词加尾缀 -ся 构成（如чита́ется、пи́шется 等）。

这种无人称动词用于肯定形式时表示动作进行得轻松、得心应手，表示进行某种动作的兴致很高，而带 не 用于否定形式时，意思则相反。如：

Ему́ ка́к-то **говори́тся**.（他不知怎的说话的兴致有点儿高。）

Игра́й, пока́ **игра́ется**!（有兴致玩，那就玩吧！）

Мне **не е́лось, не пи́лось**.（我吃不下东西，喝不进水。）

Шалуну́ **не сиди́тся**.（淘气孩子坐不住。）

Мне ка́к-то **не пи́шется**.（我不知怎么的，写不下去。）

3）表示情态意义的助动词，如 сле́дует（应该），сто́ит（值得……，该），придётся（不得不；需要）等。主体用第三格。

Раз так, **мне придётся** прийти́ за́втра.（既然这样，那我只好明天来了。）

Э́ту кни́гу **сто́ит** почита́ть.（这本书值得一读。）

3. 人称动词的无人称用法

除了专门的无人称动词外，人称动词也可能用做无人称动词。试比较：

Лес **шуми́т**.（森林在喧响。）

У меня́ **шуми́т** в голове́.（我的头嗡嗡直响。）

同一个动词 шуме́ть，在第二句中是做无人称动词用。在两种场合 шуме́ть 的词汇意义 издава́ть шум（发出响声）不变，因而是一个动词的不同用法。这种情况相当常见。人称动词如果转而表示没有主体的状态（即自然状态、人或动物的不由自主的状态），则可出现无人称用法。如：

У меня́ **звени́т** в уша́х.（我耳朵里直响。）（试比较：Колоко́льчик **звени́т**.（铃铛在响））

Здесь **ду́ет**.（这儿有风。）（试比较：Ве́тер ду́ет.（风在吹。））

在俄语中，当表示某种自然力量的动作时，往往用无人称形式。此时该自然力量用第五格表示，仿佛它是某一不可知力量的工具。如：

Гра́дом разби́ло стёкла о́кон.（冰雹把几扇窗户玻璃打碎了。）

Мо́лнией зажгло́ дом（雷电把房子给烧着了。）

除自然现象外，当叙述某种不明的主体损伤人、物时，动词一般也是用无人称形式，如战场上被子弹打死、打伤，被雷击，被炮弹、弹片或炮弹爆破的声浪所致的伤亡等等。例如：

Пу́лею с головы́ Фе́ди **сби́ло** ка́ску.（费佳的钢盔被子弹从头上击落。）

Он в а́рмии был, ру́ки **уши́бло** — да́ли ему́ о́тпуск.（他当过兵，双手也受伤了，就给了他假回家休养。）

在上述各例中都是没有明确的动作主体（汉语用被动结构），如果有明确的主体，则要用人称句。试比较：

Он уби́л его́ не пу́лей, а прикла́дом.（他不是用子弹，而是用枪托把他打死的。）

Не́мцы вели́ си́льный ого́нь. Санита́р попо́лз, его тут же **уби́ло**.（德寇猛烈开火。卫生员匍匐前进，他当即就被打死了。）

十四　运动动词

1. 概述

俄语中有一定数量的表示运动的动词，如прийти́（来到），уйти́（走开），идти́（走），отойти́（离去），возвраща́ться（返回）等。语法中的"**运动动词**"（глаго́лы движе́ния)是特指其中的十四对表示运动的不带前缀的运动动词，它们都是未完成体，成对偶关系。一种表示定向，另一种表示不定向，即"定向动词"和"不定向动词"。这十四对运动动词是：

定向动词	不定向动词	词义
идти́	ходи́ть	（（步行的）走）
е́хать	е́здить	（（乘车、船、骑马）走）
бежа́ть	бе́гать	（跑）
лете́ть	лета́ть	（飞）
плы́ть	пла́вать	（游，航行）
нести́	носи́ть	（拿，带）
вести́	води́ть	（领着，引导）
везти́	вози́ть	（运）
ползти́	по́лзать	（爬）
лезть	ла́зить	（爬、钻）
брести́	броди́ть	（慢走）
гнать	гоня́ть	（赶）
тащи́ть	таска́ть	（拖，曳）
кати́ть	ката́ть	（滚动）

其中前八对是比较常用的。定向动词加前缀后构成完成体；不定向动词加前缀后一般构成未完成体，但不定向动词和某些前缀如 по-、за-、с- 等结合时，变成完成体。如 побе́гать（跑一跑），походи́ть（走一走），заходи́ть（开始走），забе́гать（跑起来），сходи́ть（去一趟），сбе́гать（跑一趟）等等。运动动词加前缀后就失去了"定向"与"不定向"的特定性了。

2. 定向动词和不定向动词的用法

1）定向动词表示有确定方向的行为，而不定向动词则表示没有固定方向的行为。试比较：

（1）Са́ша **идёт** на по́чту.（萨沙往邮局去。）

Серёжа **хо́дит** по ко́мнате.（谢廖沙在房间里走来走去。）

（2）Аку́ла **плыла́** пря́мо на ма́льчиков.（鲨鱼朝着孩子们径直游了过去。）

Матро́сы **пла́вают** в мо́ре.（海员们在大海里游泳。）

（3）Видишь, Костя **бежит** к нам.（你看，科斯佳正向咱们跑来。）

Дети весело **бегают** во дворе.（孩子们兴高采烈地在院子里跑来跑去。）

（4）Автобус **везёт** учителей в клуб.（公共汽车载着老师们去俱乐部。）

Целый день автобусы и троллейбусы **возят** пассажиров по городу.（公共汽车和无轨电车整天在城里运送乘客。）

2）不定向动词表示往返的定向行为（一次往返或多次往返）。例如：

（1）Вчера старшая сестра **ходила** в библиотеку.（昨天姐姐到图书馆去了一趟。）

> 注：如果往返的行为进行了一次，并且已经完成，应使用不定向动词的过去时。

（2）Каждый день я **хожу** на площадку тренироваться.（我每天都到操场去锻炼。）

（3）Мать каждый день **водит** сына в детский сад.（母亲每天送儿子到幼儿园去。）

从上述例句中可以看出，不定向动词的行为也是有方向的，只是强调"行为往返"而已。

3）不定向动词表示动物的本能，人或事物的特征、能力。

Птицы **летают**, рыбы **плавают**.（鸟会飞，鱼会游。）

Больной уже **ходит**.（病人已经能走路了。）

Ракета **летает** выше самолёта.（火箭比飞机飞得高。）

— Серёжа, это Ваня к нам плывёт?

— Нет, он не так **плавает**.

（"谢廖沙，是万尼亚朝我们这边游吗？"

"不是，他的游泳姿势不这样。"）

> 注：不定向动词的现在时表示目前多次重复的运动或事物的特征，不表示在进行的有方向的运动（例见1）和2））。

4）某些运动动词用于转义时，失去"定向"或"不定向"的意义。

（1）идти：（事情等）进行、举行。例如：**Идёт** собрание (работа,

фильм, урóк, операция, экзáмен……)（会议（工作、电影、课、手术、考试……）正在进行。）

（2）носи́ть：穿着、戴着、承担等。例如：носи́ть плáтье（穿连衣裙），носи́ть очки́（戴眼镜），носи́ть дли́нные вóлосы（留长发），носи́ть обще́ственную рабóту（承担社会工作），носи́ть и́мя（叫什么名字），носи́ть харáктер（具有什么性质）。

（3）вести́：进行、领导等。例如：вести́ борьбу́ (рабóту, разговóр, бесéду……)（进行斗争（工作、谈话、交谈……）），вести́ заня́тия (урóк)（教课），вести́ собрáние（主持会议），вести́ кружóк（领导小组），вести́ себя́ му́жественно（举止勇敢）等。

3. 有关运动动词用法的几点补充

1）汉语"来""走""去"译成俄语时，可能是 идти́/ходи́ть，也可能是éхать/éздить 或 летéть/летáть，这要视具体情况而定。如果是步行，要用идти́/ходи́ть，如果乘交通工具可用 éхать/éздить或летéть/летáть。例如："我们明天到学院去。""我们明天到公园去。""我们明天到北京去。"三个句中的"去"，可根据情况分别译为：

Зáвтра мы **идём** в институ́т.（步行）

Зáвтра мы **éдем** в парк.（乘车、地铁等）

Зáвтра мы **лети́м** в Пеки́н.（乘飞机）

同样，"到这里来！""他们将从莫斯科到我们这儿来。"句中的"来"，也是如此：

Иди́те сюдá!（步行）

Они́ **éдут** из Москвы́ к нам.（乘车等）

Они́ **летя́т** из Москвы́ к нам.（乘飞机）

2）俄语中的идти́/ходи́ть在译为汉语时，可视具体情况，译为"来""走"或"去"。例如：

① Шко́льники с весёлыми пе́снями **иду́т** по у́лице.（小学生们唱着愉快的歌沿着街走着。）

② Рабо́чие **иду́т** пешко́м на рабо́ту.（工人们步行去上班。）

③ Ребёнок **идёт** ко мне.（小孩向我走来。）

4. 带前缀的运动动词的意义和用法

运动动词可以加前缀构成新词。下面列表说明它们的意义和用法：

互为反义的运动动词的意义和用法

前缀	动词		前缀	动词	
в-(во-) 由外向里的运动	войти́ входи́ть	в дом （走进房子）	вы- 由里向外的运动	вы́йти выходи́ть	из до́ма （走出房子）
	вбежа́ть вбега́ть	в ко́мнату （跑进房子）		вы́бежать выбега́ть	из ко́мнаты （跑出房间）
	въе́хать въезжа́ть	в го́род （进城（乘车））		вы́ехать выезжа́ть	из го́рода （出城（乘车））
	ввезти́ ввози́ть	това́ры в го́род （把货物运进城）		вы́везти вывози́ть	това́ры из го́рода （把货物运到城外）
	внести́ вноси́ть	чемода́н в ко́мнату （把箱子拿进房间）		вы́нести выноси́ть	чемонда́н из ко́мнаты （把箱子拿出房间）
в- (вз-, вс-, взо-) 由下向上的运动	въе́хать въезжа́ть	на го́ру （上山（乘车））	с- (со-) 由上向下的运动	съе́хать съезжа́ть	с горы́ （下山（乘车））
	взойти́ всходи́ть	на второ́й эта́ж （走上二楼）		сойти́ сходи́ть	со второ́го этажа́ （从二楼走下来）
	взбежа́ть взбега́ть	на ле́стницу （跑上楼梯）		сбежа́ть сбега́ть	с ле́стницы （跑下楼梯）

（续表）

前缀	动词		前缀	动词	
при- 来到，到达	прийти́ приходи́ть	в институ́т（来到学院） на собра́ние（来参加会议） к врачу́（来到医生这儿）	**у-** 离开	уйти́ уходи́ть	из институ́та（离开学院） с собра́ния（离开会场）
	прие́хать приезжа́ть	в Москву́（来到莫斯科） к роди́телям（来到父母那里）		уе́хать уезжа́ть	из Москвы́（离开莫斯科） от роди́телей（离开父母）
	привести́ приводи́ть	ребёнка в де́тский сад（把小孩送到幼儿园）		увести́ уводи́ть	ребёнка из де́тского са́да（把小孩领出幼儿园）
под-(подо-) 走进，走到……跟前	подойти́ подходи́ть	к доске́（走到黑板前） к учи́телю（走到教师跟前）	**от-(ото-)**	отойти́ отходи́ть	от доски́（离开黑板） от това́рища（离开同志那儿）
	подбежа́ть подбега́ть	к бе́регу мо́ря（跑到海岸边）		отбежа́ть отбега́ть	от бе́рега мо́ря（从海边上跑开）
	подъе́хать подъезжа́ть	к до́му（来到房子跟前）（乘车）		отъе́хать отъезжа́ть	от до́ма（离开房子跟前）（乘车）
	подплы́ть подплыва́ть	к бе́регу мо́ря（游到海边）		отплы́ть отплыва́ть	от бе́рега（从岸边游开）

表2　带其他前缀的运动动词的意义和用法

前缀	动词		说明
до- 到达一定的地点或物体跟前	дойти́ доходи́ть	до шко́лы（到达学校）	
	добежа́ть добега́ть	до реки́（跑到河边）	

（续表）

前缀	动词		说明
	доезжа́ть / дое́хать	до музе́я（到达博物馆（乘车））	
	довести́ / доводи́ть	до пло́щади（领到广场）	
пере- 1. 从物体的一面向另一面运动 2. 从一个地方到另一个地方	перейти́ / переходи́ть	че́рез у́лицу（穿过街道）	也可不用前置词： перейти́ у́лицу, перебежа́ть доро́гу переплы́ть ре́ку
	перебежа́ть / перебега́ть	че́рез доро́гу（跑过道路）	
	переплы́ть / переплыва́ть	че́рез ре́ку（游过河）	
	перее́хать / переезжа́ть	на но́вую кварти́ру（搬到新住宅）	
	перейти́ / переходи́ть	с пе́рвого кла́сса на второ́й（从一年级升到二年级）	
про- 1. 在某一物体旁边经过 2. 经过、穿过某一物体 3. 经过一定距离的运动	пройти́ / проходи́ть	ми́мо до́ма（在房子旁边走过）	
	прое́хать / проезжа́ть	ми́мо ста́нции（驶过车站） че́рез тунне́ль（驶过隧道）	也可不用前置词： прое́хать ста́нцию
	пройти́ / проходи́ть	киломе́тр（走一公里）	
	прое́хать / проезжа́ть	30 киломе́тров（行驶三十公里）	
о-(об-, обо-) 1. 环绕某一物体的运动 2. 绕过某一物体	обойти́ / обходи́ть	вокру́г до́ма（围绕房子走）	
	объе́хать / объезжа́ть	вокру́г о́зера（绕湖行驶）	
	обойти́ / обходи́ть	го́ру（绕过山走）	
	объе́хать / объезжа́ть	зда́ние（绕过建筑物行驶）	

（续表）

前缀	动词		说明
3. 运动及于一切物体或走遍所有的地方	обойти́ обходи́ть	все ко́мнаты зда́ния （走遍大楼的所有房间）	
за- 1. 向某一物体的那一边运动 2. 向某一空间的深处运动 3. 顺便的行为 4. 表示行为的开始	забежа́ть забега́ть	за де́рево（跑到树后）	
	зайти́ заходи́ть	далеко́ в лес（深入森林）	
	залете́ть залета́ть	на чужу́ю террито́рию （深入别国领空）	
	зайти́ заходи́ть	в магази́н по доро́ге домо́й （在回家的路上顺便去商店）	
	занести́ заноси́ть	кни́гу в библиоте́ку по доро́ге в шко́лу （在去学校的路上顺便把书带到图书馆）	
	забежа́ть забега́ть	за това́рищем, что́бы вме́сте идти́ в шко́лу （顺便跑去找同学，好一起到学校去）	
	забе́гать（跑起来） заходи́ть（走起来） запла́вать（游起来） залета́ть（飞起来）		前缀 за- 与不定向运动动词连用，构成完成体动词，没有对应的未完成体
по- 1. 表示行为开始 2. 行为进行一定时间	пойти́（走起来，开始走） побежа́ть（跑起来，开始跑） пое́хать（行驶起来，开始行驶） поплы́ть（游起来，开始游） полете́ть（飞起来，开始飞）		前缀 по- 与定向运动动词连用，构成完成体动词，没有相应的未完成体
	походи́ть（走一会儿） попла́вать（游一会儿） побе́гать（跑一会儿） полета́ть（飞一会儿） поезжа́ть（行驶一会儿）		前缀 по- 与不定向运动动词连用，构成完成体，这时没有相应的未完成体，不定向意义仍然保留

第六章 动　词

有的运动动词加前缀后形同而重音不同，应特别注意。例如：

сбежа́ть（跑下）（完）— сбега́ть（未）　｜　сбе́гать（跑一趟）（完）

забежа́ть（跑进）（完）— забега́ть（未）　｜　забе́гать（跑起来）（完）

左栏为互为对应体的运动动词，前缀 с-, за- 表示空间意义；右栏为没有对应体的完成体动词，它们是由不定向运动动词加无方向意义的前缀 с-, за- 构成的。加前缀后，二者重音不同，意义不同，试比较：

сбега́ть（跑下），сбе́гать（跑一趟）

забега́ть（（顺路）跑进），забе́гать（跑起来）

十五　形动词

1. 概述

形动词（прича́стие）是既有形容词特征，又有动词特征的一种特殊动词形式；有性、数、格的变化，有时间范畴和体的区别，但没有变位形式；在句中主要用来说明名词，一般用于书面语言。例如：

Я получи́л письмо́ от дру́га, **рабо́тающего** в Харби́не.（我收到了在哈尔滨工作的朋友的来信。）

Ве́чером мы пойдём в го́сти к худо́жнику, неда́вно **нарисова́вшему** э́ту карти́ну.（晚上我们要到一位画家那里去做客，他不久前完成了这幅画。）

在上面两个例句中，рабо́тающего 和 нарисова́вшему 就是形动词，分别说明了 дру́га 和 худо́жнику，回答 от **како́го** дру́га? к **како́му** худо́жнику? 的问题。从中可以看出：

1）由于形动词具有形容词特征，因此有性、数、格的变化，在句中说明名词，并与之保持性、数、格的一致。如上例中的 дру́га 是阳性、单数、第二格，说明它的 рабо́тающего 也是阳性、单数、第二格。

2）形动词通过动作来说明名词所表示的事物的特征，它和动词一样，有现在时、过去时，完成体、未完成体的区别，保持原来动词的支配能力，如 нарисова́ть карти́ну — нарисова́вший карти́ну；可被副词说明，如 неда́вно нарисова́ть — неда́вно нарисова́вший。

形动词分为主动形动词和被动形动词。

2. 主动形动词的构成和用法

主动形动词 (действи́тельное прича́стие) 用事物本身所发出的行为来表示该事物的特征。如：дру́г, рабо́тающий в Харби́не；худо́жник, нарисова́вший карти́ну，这里的 рабо́тающий 和 нарисова́вший 是主动形动词，"工作"和"作画"的行为分别由 дру́г 和 худо́жник 自己发出，是他们本身的特征：（在哈尔滨工作的朋友）、（作完画的画家）。

1）主动形动词的构成

主动形动词有现在时和过去时之分。

（1）**现在时主动形动词**由未完成体动词现在时复数第三人称形式去掉词尾 -ут (-ют), -ат (-ят) 后，加 -ущ- (-ющ-)（第一变位法动词）；-ащ- (-ящ-)（第二变位法动词）及词尾 -ий (-ая, -ее, -ие) 构成：

不定式	复数第三人称	形动词
чита́ть（读） писа́ть（写） боро́ться（斗争）	чита́-ют пи́ш-ут бо́р-ют-ся	чита́ющий (-ая, -ее, -ие) пи́шущий (-ая, -ее, -ие) бо́рющийся (-аяся, -ееся, -иеся)
стро́ить（建设） лежа́ть（躺着） учи́ться（学习）	стро́-ят леж-а́т у́ч-ат-ся	стро́ящий (-ая, -ее, -ие) лежа́щий (-ая, -ее, -ие) уча́щийся (-аяся, -ееся, -иеся)

注：

① 带 -ся 动词构成形动词时，-ся 仍位于词尾后，且永远不变。如：боро́ться — бо́рются — бо́рющийся (-ая**ся**, -ее**ся**, -ие**ся**)。

② 带后缀-ущ- (-ющ-)的主动形动词的重音与该动词现在时复数第三人称的重音相同，如мы́ть（洗）— мо́ют— мо́ющий；带后缀-ащ- (-ящ-)的主动形动词的重音与一般与该动词不定式的重音相同，如носи́ть（拿）— но́сят— нося́щий，находи́ться（位于）— нахо́дятся — находя́щийся.

（2）**过去时主动形动词**由动词未完成体或完成体过去时形式构成。过去时阳性以-л结尾时，去掉-л加后缀**-вш-**及词尾-ий (-ая, -ее, -ие)。

不定式	过去时阳性	形动词
де́лать（做）	де́ла-л	де́ла**вш**ий (-ая, -ее, -ие)
сиде́ть（坐）	сиде́-л	сиде́**вш**ий (-ая, -ее, -ие)
стоя́ть（站立）	стоя́-л	стоя́**вш**ий (-ая, -ее, -ие)
постро́ить（建成）	постро́и-л	постро́и**вш**ий (-ая, -ее, -ие)
прочита́ть（读完）	прочита́-л	прочита́**вш**ий (-ая, -ее, -ие)

如果动词过去时以其他辅音结尾时，则直接加后缀**-ш-**及词尾-ий(-ая, -ее, -ие)：

不定式	过去时	形动词
нести́（拿）	нёс	нёс**ш**ий (-ая, -ее, -ие)
спасти́（救）	спас	спас**ш**ий (-ая, -ее, -ие)
расти́（生长）	рос	рос**ш**ий (-ая, -ее, -ие)
умере́ть（死）	у́мер	уме́р**ш**ий (-ая, -ее, -ие)
бере́чь（保护）	берёг	берёг**ш**ий (-ая, -ее, -ие)
помо́чь（帮助）	помо́г	помо́г**ш**ий (-ая, -ее, -ие)

注：
① 过去时主动形动词的重音一般与该动词过去时形式的重音相同。
② 有几个动词的过去时主动形动词比较特殊：

идти́（走）→ ше́дший；

вести́（引导）→ ве́дший；

цвести́（开花）→ цве́тший.

由这几个动词加前缀构成的完成体动词，其形动词的构成方法相同，如прийти́（来到）→ прише́дший，привести́（引到）→ приве́дший 等。

2）主动形动词表示事物的特征（这个特征是某种动作、状态），在句中作定语，与被说明名词在性、数、格上保持一致，主动形动词如同动词，可支配间接格，也可带补语或状语。例如：

① Всё в **окружа́ющей** нас приро́де меня́ется.（我们周围大自然中的一切都在变化。）

② Вся́кие измене́ния, **происходя́щие** с физи́ческими тела́ми, называ́ются явле́ниям（物体所发生的各种变化叫现象。）

③ В э́том институ́те у́чатся студе́нты, **прие́хавшие** из Кана́ды.（在这所学院里学习的有来自加拿大的大学生。）

④ Я поблагодари́л дру́га, **купи́вшего** мне пласти́нку.（我向为我买唱片的那位朋友表示谢意。）

形动词与其支配成分、说明成分一起称为**形动词短语**（прича́стный оборо́т），如上面例句中的 окружа́ющий нас, прие́хавшеие из Кана́ды 等即是。

形动词短语经常放在被说明词之后，如上引例③、④，这时形动词短语与被说明词之间要用逗号隔开；如果形动词短语位于句子中间，如例②，它的前后都要用逗号隔开；如果形动词位于被说明词之前，如例①，一般不用逗号隔开。

单个的形动词一般位于被说明词之前：бегу́щий ма́льчик（跑着的男孩），пою́щая де́вушка（唱着歌的姑娘）。

3）主动形动词短语与限定从句的相互替换

主动形动词短语可以和带 кото́рый 的限定从句相互替换：

Мы говори́м об студе́нтах, $\frac{\text{де́лающих}}{\text{кото́рые де́лают}}$ физи́ческие о́пыты.（我们在谈论做物理实验的大学生们。）

Я хорошо́ зна́ю де́вушку, $\frac{\text{встре́тившую}}{\text{кото́рая встре́тила}}$ вас на вокза́ле.（我很熟悉在车站接你们的那位姑娘。）

从上述例句中可以看出：кото́рый 在从句中应是第一格做主语，谓语是简单谓语现在时或过去时形式。

在用形动词替换带кото́рый的限定从句时，形动词的性、数、格应和主句中被说明的名词保持一致，如主动形动词де́лающих与主句中的студе́нах性、数、格一致，都是阳性复数第六格形式；并与被其替换的谓语动词保持时、体的一致，如主动形动词встре́тившую与从句中的谓语动词встре́тила的时和体是一致的，都是完成体过去时。

3. 被动形动词的构成和用法

被动形动词 (страда́тельное прича́стие) 是从承受行为的角度来说明人或物的特征。如：журна́л, прочи́танный ста́ршим бра́том（哥哥读完的杂志）；письмо́, напи́санное отцо́м（父亲写好的信），这里的 прочи́танный 和 напи́санное 是被动形动词，"读完"和"写好"两个行为分别是由 брат 和 оте́ц 发出的，用来说明行为的承受者 журна́л 和 письмо́ 的特征：((被)哥哥读完的杂志)、((被)父亲写好的信)。

被动形动词也有现在时和过去时之分。

（1）**现在时被动形动词**由未完成体及物动词现在时复数第一人称加形容词词尾-ый (-ая, -ое, -ые)构成：

不定式	复数第一人称	形动词
изуча́ть（学习）	изуча́ем	изуча́емый(-ая, -ое, -ые)
наблюда́ть（观察）	наблюда́ем	наблюда́емый (-ая, -ое, -ые)
выполня́ть（完成）	выполня́ем	выполня́емый (-ая, -ое, -ые)
люби́ть（爱）	лю́бим	люби́мый (-ая, -ое, -ые)
ви́деть（看见）	ви́дим	ви́димый (-ая, -ое, -ые)
переводи́ть（翻译）	перево́дим	переводи́мый (-ая, -ое, -ые)

注：

① 带后缀-ем-的现在时被动形动词的重音与该动词的复数第一人称的重音相同；带后缀-им-的被动形动词的重音与该动词不定式的重音相同；

② 以-ова́ть 结尾的动词构成被动形动词时，重音在-у́емый 上，如 образу́емый。

③ 以-ава́ть 结尾的动词构成现在时被动形动词时，由动词不定式（去掉-ть）加后缀-ем-和词尾-ый (-ая, -ое, -ые)，例如：отдава́ть（给）→

отдава́емый, узнава́ть（了解）→ узнава́емый；

④ 有少数几个要求第二格和第五格补语的不及物动词也能构成现在时被动形动词，例如：достига́ть（达到，要求二格）→ достига́емый, руководи́ть（领导，要求五格）→ руководи́мый, управлять（管理，要求五格）→ управля́емый 等；

⑤ 有些动词虽能构成现在时被动形动词，但在现代俄语中并不使用，例如：стро́ить（建设），проси́ть（请求），говори́ть（说），учи́ть（教学），корми́ть（喂养）等；

⑥ 有些未完成体及物动词不能构成现在时被动形动词。例如：брать（拿），мыть（洗），бить（打），пить（喝），лить（浇），писа́ть（写），бере́чь（爱惜），ждать（等待），тере́ть（擦）等；

（2）**过去时被动形动词**通常由完成体及物动词构成：

不定式类型	不定式	被动形动词	说明
1. 以 -ать, -ять, -еть 结尾	прочита́ть（读） уви́деть（看见） потеря́ть（失去）	прочи́танный (-ая, -ое, -ые) уви́денный (-ая, -ое, -ые) поте́рянный (-ая, -ое, -ые)	去掉 -ть 后加后缀 **-нн-** 及词尾 **-ый** (-ая, -ое, -ые)。此类形动词的重音一般都在 -анн-, -енн-, -янн- 的前一个音节上
2. 以 -ить 结尾	изучи́ть（学习） постро́ить（建设） подгото́вить（准备）	изу́ченный (-ая, -ое, -ые) постро́енный (-ая, -ое, -ые) приго́то́вленный (-ая, -ое, -ые)	去掉 -ить 结尾的动词，由动词单数第一人称形式去掉词尾 -ю (-у)，加后缀 **-енн-** 及词尾 **-ый** (-ая, -ое, -ые)。如，постро́ить — постро́ю — постро́енный (-ая, -ое, -ые)
3. 以 -ти 结尾	провести́（度过） найти́（找到） пройти́（通过）	проведённый (-ая, -ое, -ые) на́йденный (-ая, -ое, -ые) про́йденный (-ая, -ое, -ые)	过去时被动行动词构词同上。如，найти́ — найду́ — на́йденный (-ая, -ое, -ые)
4. 以 -чь, -сть 结尾	обере́чь（保护） сже́чь（烧掉） укра́сть（偷走）	сбережённый (-ая, -ое, -ые) сожжённый (-ая, -ое, -ые) украдённый (-ая, -ое, -ые)	去掉单数第二人称词尾，加后缀 **-енн-** 及词尾 **-ый** (-ая, -ое, -ые)。如，сже́чь — сожжёшь — сожжённый (-ая, -ое, -ые)

（续表）

不定式类型	不定式	被动形动词	说明
5. 以 -ереть 结尾	запере́ть（锁上） стере́ть（擦去）	за́пертый(-ая, -ое, -ые) стёртый (-ая, -ое, -ые)	由过去时阳性(за́пер,стёр)加后缀 -т- 及词尾 -ый(-ая, -ое, -ые) 构成
6. 以 -нуть, -нять, -ыть 结尾以及单音节、单音节加前缀的动词	вы́дернуть（拉出） потяну́ть（拖） взять（攻占） снять（取下） подня́ть（捡起） сби́ть（打落） забы́ть（忘记） откры́ть（打开）	вы́дернутый (-ая, -ое, -ые) потя́нутый (-ая, -ое, -ые) взя́тый (-ая, -ое, -ые) сня́тый (-ая, -ое, -ые) по́днятый (-ая, -ое, -ые) сби́тый (-ая, -ое, -ые) забы́тый (-ая, -ое, -ые) откры́тый (-ая, -ое, -ые)	去掉 -ть 加后缀 -т- 及词尾 -ый(-ая, -ое, -ые) 构成

注：

① 以 -ить, -ти 结尾的动词变位时如单数第一人称形式发生辅音交替，构成被动形动词时也出现相同的辅音交替，如：купи́ть（买到）— куплю́ — ку́пленный, найти́ — найду́ — на́йденный；

有些以-ить结尾的完成体及物动词，构成过去时被动形动词时，利用未完成体词干中的辅音交替(д-дж)，如победи́ть (побежда́ть)（战胜）— побеждённый, освободи́ть (освобожда́ть)（给予自由）— освобождённый；

以 -ить, -ти 结尾的动词不定式重音不在词干结尾的元音上时，重音位置不变，如果重音在词干结尾的元音上，则要看单数第二人称形式的重音情况：

a. 动词构成第二人称单数形式时，如果重音在人称词尾上，构成被动形动词时加后缀-ённ, 如：реши́ть（解决）— реши́шь — решённый；

b. 重音不在单数第二人称词尾时，形动词重音在-енн-之前，和第二人称单数形式重音位置相同，如：получи́ть（收到）— полу́чишь — полу́ченный。

② 以-нуть, -нять结尾的动词，其过去时被动形动词的重音在-нуть, -нять 之前的一个音节上（与该动词过去时阳性单数重音相同）；以-ыть结尾的动词，过去时被动形动词的重音与不定式相同。

③ 个别未完成体也可构成过去时被动形动词。例如，слы́шать → слы́шанный（听见过的），ви́деть → ви́денный（见过的）等。

4. 短尾被动形动词

和性质形容词一样，被动形动词也有长尾和短尾两种形式。

（1）**构成**：过去时被动形动词可以构成短尾形式，其构成方法如下：

长尾	短尾（性、数）	说明
встре́ченный （被迎接的）	встре́чен（阳性），встре́чена（阴性）， встре́чено（中性），встре́чены（复数）	由长尾去掉-ный为阳性，加-a, -o, -ы 分别为阴性、中性和复数
постро́енный （被建设的）	постро́ен（阳性），постро́ена（阴性）， постро́ено（中性），постро́ены（复数）	
откры́тый （被打开的）	откры́т（阳性），откры́та（阴性）， откры́то（中性），откры́ты（复数）	由长尾去掉-ый 为阳性，加-a, -o, -ы 分别为阴性、中性和复数
за́нятый （被占领的）	за́нят（阳性），занята́（阴性）， за́нято（中性），за́няты（复数）	

（2）**用法**：短尾被动形动词在句中只作谓语，其性、数要与主语一致。句中的时间由系词 быть 表示：现在时不加系词，过去时加был（бы́ло, была́, бы́ли）。将来时加бу́дет（бу́дут）。例如：

Разви́тие фи́зики **осно́вано** на достиже́ниях в произво́дстве и ра́зных областя́х нау́ки.（物理学的发展是建立在生产和各类科学领域中的成就的基础上。）（现在时）

Все э́ти дома́ **бы́ли постро́ены** два го́да тому́ наза́д.（这些楼房是在两年前建成的。）（过去时）

Ско́ро **бу́дут постро́ены** но́вые жили́ща для пострада́вших.（很快就将为灾民盖好新住房。）（将来时）

短尾被动形动词的现在时谓语，表示行为已经完成，但行为的结果或状态在说话时仍然存在，例如：

Магази́н **закры́т**.（商店已停止营业。）（在说话时"闭店"这一状态仍然持续）

Окно́ **откры́то**.（窗户已开。）（在说话时窗户仍然开着）

短尾被动形动词的过去时和将来时谓语则没有这种意义，一般只表示动作与过去或将来完成。例如：

Паровы́е маши́ны, дви́гатели вну́треннего сгора́ния (парово́з, тра́ктор и др.) **бы́ли со́зданы** людьми́ то́лько в результа́те тща́тельного изуче́ния теплы́х явле́ний. 蒸汽机、内燃机（蒸汽机车、拖拉机等）是由于人们精心研究热力现象才被制造出来的。）

短尾和长尾形式一样，如果需要指出行为主体时，则主体用第五格形式表示，例如：

Письмо́ бы́ло напи́сано **мной** уже́ давно́, но я так и не отпра́вил его́. （信我早已写完，可是我一直没有寄出去。）

5. 形动词短语和限定从句的替换

在一定条件下二者可以相互替换，例如：

Мне нра́вится кни́га, $\frac{\text{напи́санная молоды́м писа́телем.}}{\text{кото́рую написа́л молодо́й писа́тель.}}$ （我喜欢这本年青作家写的书。）

Опы́ты, $\frac{\text{проводи́мые учёными,}}{\text{кото́рые прово́дят учёные}}$, име́ют большо́е значе́ние для разви́тия те́хники. （科学家们进行的这些实验，对发展技术具有重大意义。）

从上述例句中可以看出：被动形动词短语可代之以用 кото́рый 的限定从句，кото́рый 在从句中是直接补语，从句谓语是用及物动词表示的；原被动形动词短语中的第五格主体改为第一格；从句中谓语动词的时和体要和形动词一致。

十六 副动词

1. 概述

副动词（дееприча́стие）是动词的一种不变化形式，兼有动词与副词的特征。例如：

Слу́шая нас, преподава́тель исправля́ет на́ши оши́бки. （老师一边听我们

回答，一边纠正我们的错误。）

Подойдя́ побли́же к до́мику, мы останови́лись о́коло окна́ и ста́ли слу́шать.（我们走到小房子跟前在窗边停了下来开始听。）

上面句中的 слу́шая 和 подойдя́ 是副动词。从中可以看出，副动词保留动词的动作或状态意义，同时具有动词体的语法特征：слу́шая 是未完成体副动词，подойдя́ 是完成体副动词；副动词还保持原来动词的支配能力，如 слу́шать нас — слу́шая нас（及物），подойти́ к до́мику — подойдя́ к до́мику（不及物），等等。

副动词的副词特征在于：没有时间、人称、性、数的变化，一般用来说明句中的谓语（主要行为），做各种状语。

2. 副动词的构成

副动词有未完成体和完成体之分。

1）未完成体副动词由未完成体动词复数第三人称形式去掉词尾加 -а, -я 构成：

不定式	复数第三人称	副动词
вспомина́ть（回忆）	вспомина́ют	вспомина́я
стро́ить（建设）	стро́ят	стро́я
проходи́ть（通过）	прохо́дят	проходя́
ви́деть（看见）	ви́дят	ви́дя
вести́（引领）	веду́т	ведя́
молча́ть（沉默）	молча́т	мо́лча
иска́ть（寻找）	и́щут	ища́
слы́шать（听见）	слы́шат	слы́ша
лежа́ть（躺着）	лежа́т	лёжа

注：

① 去掉复数第三人称词尾后，以 ж, ч, ш, щ 结尾者加 -а, 余者加 -я；

② 以 -авать 结尾的词，构成副动词时只去掉 -ть 加 -я; встава́ть（起来）→ встава́я, дава́ть（给）→ дава́я;

③ 带 -ся 动词构成副动词时，-ся 变成 -сь; занима́ться（学习）→ занима́ясь, учи́ться（学习）→ уча́сь;

④ 变位时重音不移动的动词，副动词的重音一般与该动词复数第三人称的重音相同，如：слы́шать → слы́шат → слы́ша；变位时重音移动的动词，副动词的重音大多在后缀-a (-я)上，如иска́ть → и́щут → ища́；

⑤ 有些未完成体动词不能构成副动词，如a) 现在时词干没有元音动词：ждать（等待），бить（打），пить（喝）等；б) 某些以-чь结尾的动词：мочь（能），жечь（烧），бере́чь（保护）等；в) писа́ть（写），есть（吃），бежа́ть（跑），е́хать（乘车走），лезть（爬），хоте́ть（想）等。

2）完成体副动词的构成

完成体副动词由完成体动词过去时形式去掉后缀-л后加-в或-вши构成。

完成体动词过去时词干以元音结尾时，加后缀-в (-вши)；动词过去时词干以辅音结尾时，加后缀-ши；带-ся动词之后用-вши或-ши，这时-ся改为-сь。如下表：

动词不定式	过去式（阳性）	副动词	说明
1. ко́нчить（结束） поду́мать（想一想） написа́ть（写好） прочита́ть（读完）	ко́нчил поду́мал написа́л прочита́л	ко́нчив（ко́нчивши） поду́мав（поду́мавши） написа́в（написа́вши） прочита́в（прочита́вши）	过去时阳性以-л结尾，且前为元音，去掉-л后加-в或-вши；但-вши现在已少用
2. спасти́（救） принести́（拿来） заже́чь（点燃） умере́ть（死亡）	спас принёс зажёг у́мер	спасши принёсши зажёгши умерши	过去时阳性以辅音结尾不带-л，加后缀-ши
3. подня́ться（升起） научи́ться（学会） собра́ться（集合） увле́чься（酷爱）	подня́лся或 поднялся научился собра́лся увлёкся	подня́вшись научи́вшись собра́вшись увлёкшись	带-ся动词用-вшись或-шись

注：

① 由定向动词加前缀构成的动词，在构建副动词时，去掉将来时词尾，加后缀-я，如：

подойти́（走近）→ подойду́т → подойдя́

уйти́（走开）→ уйдя́   найти́（找到）→ найдя́

привести́（带到；领到）→ приведя́   принести́（拿来）→ принеся́

> 这些动词的副动词构成方法和未完成体相同。
>
> ② 有些动词可能有两种副动词形式，现代俄语倾向于第一种。如：
>
> увидеть（看见）→ увидев 或 увидя
>
> заметить（发现）→ заметив 或 заметя
>
> услышать（听到）→ услышав 或 услыша
>
> окрепнуть（变硬）→ окрепнув 或 окрепши
>
> запереть（锁上）→ заперев 或 заперши

3. 副动词的功能和用法

1）未完成体副动词主要是表示与句中谓语动词的行为同时发生的次要行为，并以这种次要行为对主要行为加以说明。例如：

Весело **разговаривая**, друзья возвращаются домой.（朋友们一边愉快地交谈，一边往家走。）

Молодой рабочий, **улыбаясь**, шёл нам навстречу.（一位青年工人微笑着向我们走来。）

句中的 весело разговаривая 和 улыбаясь 分别用来说明 возвращаются 和 шёл 的行为方式；"愉快地交谈着往家走"，"微笑着走来"。

这两个句子由于使用了副动词 разговаривая 和 улыбаясь，使主要行为 возвращаются 和 шёл 得以突出。如果把上面的句子改成 Друзья весело разговаривают и возвращаются домой. 那么，разговаривают 和 возвращаются 就变成了并列的谓语，二者的行为就没有主次之分了。

2）完成体副动词主要是表示在谓语动词的行为之前发生或完成的行为，并以这一行为来说明谓语表示的行为。例如：

Однажды вечером, **кончив** работу, Бетховен гулял со мной по улице.（一天傍晚，贝多芬在工作之后，同我在街上散步。）

Подумав немного, Ванька написал адрес: «на деревню, дедушке».（万卡想了一下，便写上了地址："寄到乡下，祖父收。"）

3）副动词和副动词短语（即副动词和它本身的补语或状语）通常用来表

示句中谓语（主要行为）发生的时间、原因、条件、让步、方式方法等意义。例如：

Он чита́ет рома́н, **лёжа на крова́ти**.（他躺在床上看小说。）（表示方式方法）

Дава́я мне кни́гу, он попроси́л меня́ прочита́ть её за три дня.（他把书交给我的时候让我在三天内读完。）（表示时间）

Ма́льчик не мог отвеча́ть пра́вильно, **не понима́я вопро́са**.（由于不理解所问，小男孩没能正确地作出回答。）（表示原因）

Получи́в ра́ну, команди́р всё ещё стои́т на своём посту́.（指挥员虽然负伤，但仍坚守自己的岗位。）（表示让步）

Боле́знь нельзя́ лечи́ть, **не установи́в её причи́ны**.（不确定病因，就无从治疗。）（表示条件）

4）不论未完成体副动词，还是完成体副动词，它们的行为主体和主要动作谓语动词的行为主体应该是同一个。比如"我进屋后，弟弟就把收音机关掉了。"这句话就不能使用副动词，**不能说** Войдя́ я в ко́мнату, мла́дший брат вы́ключил ра́дио. 因为句中"走进"和"关掉"这两个行为不属于同一主体，不是同一人发出的。

5）副动词和从属于它的词一起构成**副动词短语** (дееприча́стный оборо́т)。如上面句中的 дава́я мне кни́гу, не понима́я вопро́са 等，即为副动词短语。副动词短语在句中要用逗号隔开（见上面例句）。

4. 副动词短语和相应从句的替换

某些疏状从句（原因、时间、条件、让步等从句）可以用副动词短语替换。但从句与主句的行为必须是属于同一主体，主句与从句主语所指为同一人或物，否则不能替换。例如：Когда́ он верну́лся домо́й, мать рабо́тала в ку́хне.（当他回到家时，母亲正在厨房干活。）这样的句子就不可替换。

若属同一个主体，替换方法是：

1）去掉从句中的连接词 когда, е́сли, потому́ что……；

2）把从句相应的动词谓语换为副动词；

3）去掉从句主语，如果主句主语是代词，从句主语是名词，则需把从句名词主语移至主句。例如：

Когда́ мы проходи́ли ми́мо ма́ленького до́мика, мы услы́шали му́зыку.

Проходя́ ми́мо ма́ленького до́мика, мы услы́шали му́зыку.

（当我们经过一所小房子时，听到了音乐声。）

Так как он хорошо́ зна́ет ру́сский язы́к, он бы́стро перевёл э́ту статью́ на кита́йский язы́к.

Хорошо́ зна́я ру́сский язы́к, он бы́стро перевёл э́ту статью́ на кита́йский язы́к.

（因为他精通俄语，很快就把这篇文章译成了中文。）

Когда́ студе́нты слу́шают ле́кции, они́ запи́сывают основно́е содержа́ние.

Слу́шая ле́кции, студе́нты запи́сывают основно́е содержа́ние.

（当大学生们听一些讲座的时候，都常记录主要内容。）

Хотя́ он хорошо́ подгото́вился, он всё же е́ле-е́ле вы́держал экза́мен.

Хорошо́ подгото́вившись, он всё же е́ле-е́ле вы́держал экза́мен.

（尽管他准备得很好，还是很勉强才及格。）

有的从句可换为单个的副动词。例如：

Рабо́тая, они́ не болта́ют.（他们干活的时候不说话。）

5. 副动词在单独使用时，容易转化为疏状副词

常用的有 лёжа（躺着），си́дя（坐着），сто́я（站着），мо́лча（默默地）。如：

Чита́ть **лёжа** вре́дно.（躺着看书有害。）

Ученики́ отвеча́ют учи́телю **сто́я**.（学生们站着回答老师的问题。）

Он стои́т **мо́лча**.（他默不作声地站着。）

6. 副动词和形动词皆为书面语现象

口语中一般不用。

第七章
副　词

一　概述

副词(наре́чие)是一种不变格、不变位的实词，在句中主要用作状语，用来说明动词、形容词和另外的副词，表示动作和状态的特征、性质、空间、时间等。

副词和形容词都能表示特征，但形容词是说明人或事物的特征，而副词是说明动作、状态的特征或形容词、副词所表特征的程度特征。例如：

Ребёнок **кре́пко** спит.（孩子睡得很熟。）（副词说明动词，表示状态的特征）

Он бе́гает **о́чень бы́стро**.（他跑得非常快。）（副词 о́чень 说明副词 бы́стро，表示特征的特征；бы́стро 说明动词，表示动作的特征）

副词根据意义和语法功能可分为**限定副词**(определи́тельные наре́чия) 和**疏状副词** (обстоя́тельственные наре́чия) 等。限定副词表示动作和状态的性质特征、方式方法、程度度量等；疏状副词表示动作、状态的时间、处所、原因、目的等。例如：

Он по́днял го́лову, взгляну́л на неё и **негро́мко, споко́йно** отве́тил...（他抬起头来看了她一眼，轻声而平静地回答……）（副词说明отве́тил 这一行为的性质特征）

Мы возвраща́лись домо́й **пешко́м**.（我们是徒步回家的。）（动作的方式）

Рабо́чие **значи́тельно** повы́сили те́мпы рабо́ты.（工人们大大地提高了工作进度。）（行为体现的程度）

Мно́го бу́дешь зна́ть, ско́ро состари́шься.（知道得多老得就快。）（度量）

Ле́том я отдыха́л у ба́бушки в дере́вне.（夏天我在农村外婆那儿休假。）（时间）

Здесь А́зия, **там** Евро́па.（这是亚洲，那里是欧洲。）（处所）

Студе́нт Ван заболе́л, **поэ́тому** сего́дня его́ нет на уро́ке.（王同学病了，因此今天他没来上课。）（因果）

二 副词比较级和最高级

在限定副词中，以 -о(-е) 结尾的性质副词基本上是由相应的性质形容词变化而来。与性质形容词一样，这类性质副词也有比较级和最高级的形式。

1. 副词比较级的构成和用法

副词比较级也有复合式和单一式两种：

1) 复合式副词比较级由 бо́лее 加副词原级形式构成。例如：

бо́лее интере́сно（较（更）有趣）

бо́лее сло́жно（较（更）复杂）

бо́лее глубоко́（较（更）深刻）

这种比较级形式一般用于书面语。

2) 单一式副词比较级与其相应的形容词单一式比较级相同。例如：

светло́ — светле́е（较（更）明亮）

си́льно — сильне́е（较（更）有力）

краси́во — краси́вее（较（更）美丽）

счастли́во — счастли́вее（较（更）幸福）

чи́сто — чи́ще（较（更）清洁）

хорошо́ — лу́чше（较（更）好）

副词比较级经常说明动词，在句中用作状语。被比较的事物用名词第二格形式或带 чем 的比较短语来表示。例如：

По́езд идёт **быстре́е автомоби́ля**.（火车比汽车跑得快。）

Сего́дня **жа́рче, чем вчера́**.（今天比昨天热。）

2. 副词最高级的构成和用法

副词最高级表示"最……（地）"的意义，用来说明动词，在句中也作状语。

副词最高级是由单一式副词比较级加上代词 всё 的第二格形式 всего́（指事物的相比）和 все 的第二格形式 всех（指人的相比）构成。例如：

Она́ **бо́льше всего́** лю́бит пла́вать.（她最喜欢游泳（比起其他项目，她最喜欢游泳。））

Он **бо́льше всех** лю́бит пла́вать.（她比谁都更喜欢游泳。）

Он игра́ет на скри́пке **лу́чше всех**.（他小提琴拉得最好（比谁都好））

Он бежи́т **быстре́е всех**.（他跑得比谁都快。）

三　谓语副词

谓语副词（предикати́вные наре́чия）是一种特殊的实词又叫状态词或述谓副词。这类副词形同副词，但其意义和用法与一般副词不同，它不说明动词、形容词或另一副词。谓语副词在无人称句中用作绝对独立的主要成分，相当于句中的谓语，表示外界状态、自然现象、人的心理生理感受以及"必须、应该、可能、不可能、允许、不允许"等意义。常见的谓语副词有：

светло́（明亮），темно́（黑暗），ра́но（早），по́здно（晚）；ве́село（快活），ра́достно（高兴），сты́дно（惭愧），ску́чно（寂寞），бо́льно（疼痛）；моро́зно（寒冷），хо́лодно（冷），прохла́дно（凉爽），тепло́（暖和），жа́рко（热）；ну́жно（需要），на́до（应该），необходи́мо（必须），мо́жно（可能），обяза́тельно（一定），нельзя́（不能），невозмо́жно（不可能）等。

谓语副词的用法有下列几个特点：

1. 谓语副词作无人称句中主要成分（为方便起见可说是"谓语"），逻辑上的主体要用第三格形式。

Мне жа́рко.（我感觉很热。）

Больно́му о́чень **пло́хо**.（病人感觉不好（病情严重）。）

Нам ве́село у вас в гостя́х.（我们很开心在您这儿做客。）

2. 谓语副词可和动词不定式一起用作无人称句中相当于谓语的主要成分。

Пора́ начина́ть уро́к!（该开始上课了！）

Очень **прия́тно** вас **ви́деть**.（见到您很高兴。）

Студе́нтам **интере́сно слу́шать** му́зыку.（大学生们有兴趣听音乐。）

3. 带有谓语副词的无人称句，句子的时间借助动词**быть**，**стать**表示，过去时用бы́ло, ста́ло, 将来时用бу́дет, ста́нет, 现在时есть通常省略不用。表示"正在变得……"的意思，可以用动词**стано́вится**。

Вчера́ **бы́ло хо́лодно**.（昨天（天气）很冷。）

И тогда́ сра́зу в за́ле **ста́ло ти́хо**.（当时大厅里立刻肃静下来了。）

Стано́вится тепло́, и больно́му стано́вится лу́чше.（天气变暖和了，病人也会好起来。）

> 注：谓语副词与系词 быть 连用时，现在时不出现；过去时用 бы́ло；将来时用 бу́дет。例如：
>
> Сего́дня де́тям ра́достно.（孩子们今天很高兴。）

> Вчера детям **было** радостно.（孩子们昨天很高兴。）
> Завтра детям **будет** радостно.（孩子们明天将很高兴。）

四 不定副词和否定副词

俄语除了不定代词和否定代词外，还有不定副词和否定副词。它们的构成方法、功能和不定代词和否定代词相似。

1. 否定副词 (отрицательные наречия)

1）由疑问副词加前缀 ни- 构成者，如 никуда（无论往何处）, нигде（无论何处）, никогда（无论何时）等，用在否定句中，否定副词不变格。如：

Я **никуда** не поеду.（我哪儿也不去。）

Никогда не забуду этой встречи.（我永远不会忘记这次会见。）

2）由疑问代词加前缀 не- 构成者，如 негде（无处可……）, некуда（没地方可……）, некогда（没时间可……）等。用于否定无人称句。如：

Мне **некуда** идти.（我无处可去。）

Мне **некогда** идти.（我没工夫去。）

Мне **негде** отдохнуть.（我无处可以休息。）

2. 不定副词 (неопределённые наречия)

不定副词由疑问副词分别加后缀 -то, -нибудь(-либо) 或前缀 кое- 构成。如：куда-то, где-то, куда-нибудь, когда-нибудь, кое-где, кое-куда 等，不定副词除不变格外，它们的 -то, -нибудь, кое- 的意思跟不定代词者一样。

1）带后缀 -то 的不定副词表示说话人知道动作发生过，但又不知道确切究竟是何时、何地发生的。例如：

Мы **где-то** встречались.（我们在什么地方遇见过（究竟什么地方记不得

了）。）

Когда́-то я рабо́тал в дере́вне.（我曾在农村工作过。（究竟什么时候记不得了）。）

Она́ **куда́-то** ушла́.（她到一个什么地方去了。（究竟去哪儿记不得了）。）

2）带后缀 -нибу́дь(-ли́бо) 的不定副词表示说话人所指的时间、地点、方式等完全不知道，不肯定或者认为无关紧要。这类副词经常被用于疑问句、祈使句、条件从属句或陈述句。例如：

Мы о́чень уста́ли, хоти́м **где́-нибу́дь** отдохну́ть.（我们太累了，想找个地方（随便什么地方）休息休息。）

Е́сли **куда́-нибу́дь** пойдёте, скажи́те мне, пожа́луйста.（如果你们想随便走走的话，请告诉我一声。）

Спосо́бность те́ла производи́ть **каку́ю-ли́бо** рабо́ту называ́ется эне́ргией.（物体做任何一种功的能力都称为能。）

3）带前缀 кое- 的不定副词表示说话人知道，但不说出句中所指的时间、地点、人物等。这类副词经常用于陈述句。例如：

Ко́е-где появи́лась зелёная трава́.（有些地方出现了青草。）

Мне ещё на́до **ко́е-куда** сходи́ть.（我还得到一个地方去一趟。）

Я поговори́л **ко́е с кем**.（我和一些人聊过。）

试比较：кто-то —— 说话者知道有人但不知是谁，кто-нибу́дь —— 说话者认为随便谁都行，кое-кто —— 说话者知道是谁但不想说。

第八章
前置词

一 概述

前置词 (предло́г) 是一种虚词，没有任何词形变化，不能单独使用，总要与名词、代词、数词等连用，放在这些词之前（故名前置词），要求这些词变为一定的格。前置词与名词等的间接格形式一起，在句中表示人或事物与动作、行为、特征以及与其他的人或事物之间的各种关系，如地点、时间、原因、目的、工具、方向、行为方法、限定等关系。例如：

Алёша рабо́тал **в обувно́м магази́не**, был ученико́м **у чертёжника**, пото́м **на парохо́де** был помо́щником по́вара.（阿廖沙在鞋店里干过活，做过绘图师的学徒，后来又在轮船上当过厨师的下手。）

上述例句中的前置词 в, у, на 都与后面的名词一起表示对动词的从属关系。这里的三个前置词表示的是地点关系，即空间关系。

前置词要求后面连用的词变成一定的间接格形式。

大部分前置词要求一个格，也有的前置词在表示不同关系时要求两个或两个以上不同的格。

常用前置词与格的关系表

要求格	要求一个格	要求两个格	要求三个格
第二格	без, до, для, из, от, у, ра́ди, и́з-за, из-под, про́тив, по́сле, о́коло, вне, ми́мо, накану́не, кро́ме	ме́жду	с

（续表）

要求格	要求一个格	要求两个格	要求三个格
第三格	к, благодаря́, вслед, навстре́чу		по
第四格	че́рез, про, сквозь, спустя́, включа́я	в, на, о, за, под	по, с
第五格	над, пе́ред, наряду́ с, в связи́ с	за, под, между	с
第六格	при	в, на, о	по

二　前置词的意义和功能

前置词主要用来表示如下关系：

1. 空间关系（包括方向、地点等关系）

Ученики́ иду́т **в шко́лу**.（学生们去上学。）

Мой оте́ц рабо́тает **на э́том заво́де**.（我父亲在这座工厂里工作。）

2. 时间关系

До освобожде́ния кита́йский наро́д жи́л пло́хо.（解放前中国人民生活得很苦。）

Это произошло́ **в про́шлом году́**.（这件事发生在去年。）

3. 原因关系

Они́ запе́ли **от ра́дости**.（他们高兴得唱了起来。）

Его́ дя́дя у́мер **по боле́зни**.（他的叔叔因病去世了。）

4. 行为方法关系

Рабо́чие рабо́тают **с больши́м подъёмом**.（工人们以极大的热情工作着。）

Этот па́рень живёт **без забо́т**.（这个小伙子无忧无虑地过日子。）

5. 目的关系

Я пойду́ **за биле́тами** в кино́.（我去买电影票。）

6. 行为工具关系

Бухга́лтер рабо́тает **с калькуля́тором**.（会计用计算器干活。）

Он е́дет на рабо́ту **на велосипе́де**.（他骑自行车去上班。）

7. 言语、思维活动及其内容的关系

Ещё неда́вно никто́ не ду́мал **о полётах** в ко́смос.（之前谁也没想过宇宙航行。）

Про кого́ вы говори́те?（你们在谈论谁?（你们说的是谁?））

8. 原料关系

Э́то зда́ние постро́ено **из ка́мня**.（这座建筑物是用石头建造的。）

9. 转变关系

Вода́ преврати́лась **в лёд**.（水变成了冰。）

10. 限定关系

Сяо Ли — мой колле́га **по рабо́те**.（小李是我工作的同事。）

11. 度量关系

Он моло́же меня́ **на пять лет**.（他比我小五岁。）

12. 领属关系

Жизнь **у нас** стано́вится всё лу́чше и лу́чше.（我们的生活越来越好。）

13. 替代关系

Сего́дня он **за меня́** убра́л класс.（今天他代我打扫了教室。）

Вме́сто бу́квы «и» напиши́ «а»!（请写上字母а以替代字母и!）

三 前置间в和на的主要用法和区别

1. 表示空间关系的 в 和 на

前置词в和на都可以和第四格或第六格名词连用，表示空间关系。в+第四格和на + 第四格表示行为、动作的方向；в+第六格和на +第六格表示行为、动作的地点。例如：

Они́ иду́т в шко́лу.（他们去学校。）

Кни́га лежи́т **на па́рте**.（书在课桌上。）

в和на的区别一般在于：в表示动作、行为的方向是朝着事物的内部（此时要求第四格名词），动作或状态发生在事物的内部（此时要求第六格名词）；而на则表示动作、行为的方向是朝着事物的外表（此时要求第四格名词），动作或状态发生在事物的表面（此时要求第六格名词）。因此в与汉语的"向……里"或"在……里"相似；на与汉语的"向……上"或"在……上"相似。

但是，在俄语中有些与в和на的连用名词有其固定搭配的特点，不完全按照上面讲的意思，不能用汉语"里""上"去套。例如：

Он рабо́тает **на заво́де**.（他在工厂里工作。）

在俄语中习惯上只能与前置词в连用的常用名词有（以第六格为例）：

в	це́хе	（在车间）	музе́е	（在博物馆）
	за́ле	（在大厅里）	клу́бе	（在俱乐部）
	магази́не	（在商店）	стране́	（在国内）
	больни́це	（在医院）	Кита́е	（在中国）
	библиоте́ке	（在图书馆）	Пеки́не	（在北京）
	шко́ле	（在学校）	го́роде	（在城里）
	кла́ссе	（在教室）	переу́лке	（在胡同里）
	институ́те	（在学院）	аэропорту́	（在机场里）
	теа́тре	（在戏院）	ми́ре	（在世界上）
	кино́	（在电影院）	саду́	（在花园里）等

习惯上只能与前置词на连用的常用名词有（以第六格为例）：

На	заво́де	（在（重工业）工厂）	у́лице	（在街上）
	фа́брике	（在（轻工业）工厂）	шоссе́	（在公路上）
	по́чте	（在邮局）	доро́ге	（在路上）
	вокза́ле	（在火车站）	о́строве	（在岛上）
	ста́нции	（在车站）	Ро́дине	（在祖国）

аэродро́ме	（在机场）	све́те	（在世界上）
факульте́те	（在系里）	ве́чере	（在晚会上）
ку́рсах	（在培训班）	конце́рте	（在音乐会上）
собра́нии	（在会议上）	вы́ставке	（在展览会上）
заседа́нии	（在会上）	са́ммите	（在峰会上）
съе́зде	（在代表大会上）等		

有一些名词既可与в连用，也可与на连用，但表示的意义不同。в表示具体空间意义，на表示笼统的意义。例如：

Они́ сидя́т **в маши́не**.（他们坐在汽车里。）（地点）

Они́ е́дут **на маши́не**.（他们乘汽车。）（行为方式）

Во дворе́ игра́ют де́ти.（孩子们在院子里玩。）

На дворе́ игра́ют де́ти.（孩子们在户外玩。）

也有一些名词与в、на都可连用，且意义相同（前者较为常用）。例如：

в дере́вне = на дере́вне（在农村里）

в ку́хне = на ку́хне（在厨房里）

в селе́ = на селе́（在村子里）

2. 表示时间关系的 в 和 на

в和на可用来表达时间关系，说明行为发生、完成的时间，回答"在何时？"问题，如：

Я пое́ду в Шанха́й **в суббо́ту**.（我周六去上海。）

Верну́сь **на сле́дующей неде́ле**.（我下周回来。）

一般说来，表示年、月、日、钟点等，多用в，而在一些固定词组中用на。

表示时间关系时в, на的常用搭配表

第四格	第六格
в нáшу эру（在我们这个世纪） нáшу эпóху（在我们的时代） этот перúод（在这个时期） то врéмя（在那个时候） этот век（在这个世纪） эти гóды（在这几年） этот год（在今年） суббóту（在星期六） тот день（在那天） два часá（在两点钟） слéдующий раз（在下一次） дождь（在下雨时）	20-ом вéке（在 20 世纪） 80-ых годáх（在 80 年代） 1984-ом годý（在 1984 年） прóшлом годý（在去年） мáе（在五月） восьмóм часý（在七点多） пéрвой половúне дня（在上午） прóшлом（在过去） бýдущем（在将来） начáле（在起初） концé（在末尾） дéтстве（在童年）
на другóй день（在第二天） другóе утро（在第二天清晨） пя́тый день пóсле……（在……之后的第五天）	этой недéле（在本周） пéрвой недéле（在第一周） прóшлой недéле（在上一周） слéдующей недéле（在下一周） деся́том годý пóсле（在……之后的第十天）

3. 兼表目的意义的"на+第四格"

前置词на与某些名词第四格连用，在表示方向意义同时兼表"去做什么"的意思。

例如：

四 前置词 через, за 的功能和用法

1. 前置词 че́рез

（1）"经过……"表示时间，回答 когда? 问题。例如：

Че́рез год я бу́ду перево́дчиком.（再过一年我就当翻译了。）

Он верну́лся **че́рез час**.（过一小时他回来了。）

（2）"穿过……"表示运动通过某物、某场所，从一方到达另一方。例如：

Де́ти перешли́ **че́рез у́лицу**.（孩子们穿过街道。）

Экспеди́ция шла́ **че́рез лес**.（探险队穿过森林。）

（3）（从上面）"跨过""越过"。例如：

Э́то мост **че́рез ре́ку**.（这是一座跨江大桥。）

Он но́сит портфе́ль **че́рез плечо́**.（他肩上背个公文包。）

（4）表示"借助""利用""通过"之意。例如：

Дире́ктор вёл бесе́ду с представи́телем по торго́вле **че́рез перево́дчика**.（经理通过翻译与贸易代表谈判。）

（5）表示"每隔……若干时间"。

Больно́му принима́ть лека́рство **че́рез шесть часо́в**.（病人每隔六小时需服一次药。）

2. 前置词 за+第四格

（1）"за+第四格"表示方向，向某物后面、外面运动。回答 куда? 问题。例如：

Со́лнце зашло́ **за ту́чу**.（太阳躲到乌云后面去了。）

Ученики́ е́дут **за́ город**.（学生们乘车去郊外。）

（2）"争取……""为……"表示行为的目的。例如：

Наши спортсмены упорно боролись **за пе́рвое ме́сто** в соревнованиях.（为了夺取冠军我们的运动员在竞赛中顽强地拼搏过。）

Встреча́я Но́вый год, мы выпива́ли **за здоро́вье** на́ших учителе́й.（在迎接新的一年到来之际，我们为老师们的健康干了几杯。）

（3）"因……"指出行为的根据。例如：

Спаси́бо **за ва́шу по́мощь**!（感谢您的（你们的）帮助！）

Преподава́тель похвали́л меня́ **за сочине́ние**.（老师因作文写得好夸奖了我。）

（4）"用（多少）时间"，指出行为完成所用的时间。例如：

Всё ле́то де́ти бы́ли в ле́тнем ла́гере. **За ле́то** они́ попра́вились и загоре́ли.（整个夏天孩子们在夏令营度过。一夏天时间孩子们变结实了，皮肤也晒黑了。）

Я прочита́л э́ту кни́гу **за неде́лю**.（我用一周时间读完了这本书。）

（5）表示"超过（多少）时间"。如：

Профе́ссору Чжа́ну уже́ **за се́мьдесят**.（张教授已经七十多岁了。）

Она́ засну́ла **за́ полночь**.（她过了午夜才睡着。）

3. 前置词пе́ред或за+第五格

（1）前置词пе́ред表示"在……前（面）"，за表示"在……后（面）""在……那边"，回答где?问题。例如：

Пе́ред до́мом расту́т цветы́.（屋前长着各种花。）

Пе́ред на́ми стои́т тру́дная зада́ча — овладе́ть нау́кой и те́хникой.（我们面临一项艰巨的任务——掌握科学技术。）

Огоро́д нахо́дится **за до́мом**.（菜园子在房子后面。）

Сейча́с темно́, потому́ что со́лнце скры́лось **за ту́чей**.（现在天很阴，因为太阳躲到乌云后面去了。）

За реко́й ви́ден лес.（看得见河对岸是一片森林。）

（2）前置词 за 与运动动词连用，表示行为的目的，回答 за чем? 的问题。例如：

Я пойду́ **за водо́й**.（我去打水。）

Мать ушла́ в магази́н **за хле́бом**.（母亲去商店买面包去了。）

Сестра́ пошла́ **за до́ктором**.（姐姐请大夫去了。）

（3）前置词 перед 与第五格连用，表示时间"在……（不久）之前"，回答 когда? 问题。例如：

Пе́ред рассве́том начала́сь гроза́.（黎明前下起了大雷雨。）

五　关于前置词的几点补充说明

1. 前置词按形态可分为非派生前置词和派生前置词两大类

多数前置词本身就是古老的前置词沿用下来的，这类前置词称作非派生前置词；另一类由其他词类在语言发展过程中转化成前置词的称为派生前置词。常用的派生前置词有：кро́ме（除……之外），среди́（在……中间），благодаря́（由于……），спустя́（经过了……），во главе́ с（以……为首），в зави́симости от（取决于……），в отли́чие от（与……不同），в связи́ с（与……有关）等。例如：

Благодаря́ тому́, что ле́то о́чень жа́ркое и сухо́е, пона́добится полива́ть ка́ждое де́рево.（由于夏天炎热、干旱，需要给每棵树浇水。）

2. 前置词发生音变的情况

（1）без, в, из, к, над, от, перед, с 等辅音结尾的前置词与开头有两个辅音的名词或代词连用时，一般要加元音 о。例如：

во сне（在梦里）， ко мне（向着我），
надо мной（在我头上）， изо всех сил（竭尽全力），
со мной（和我一起）， передо мной（在我面前）等。

（2）在与以元音开头的词连用时，前置词 о 变成 об；在与 мне, всём 等连用时 о 变成 óбо。

例如：

об отцé（关于父亲）， об áрмии（关于军队），
об учёбе（关于学习）， об истóрии（关于历史），
обо мне（关于我）， обо всём（关于一切）等。

3. 个别前置词可以独立使用

此用法多用于口语、报刊、文艺作品中。за 与 прóтив 比较常见，在句中做谓语。如：

— Кто **за**? Кто **прóтив**?（谁赞成？谁反对？）

— Я **за**, а дирéктор **прóтив**.（我赞成，而校长反对。）

第九章
连接词

一 概述

连接词（союз)是一种虚词，用来连接词与词或句与句，表达其间的语法联系和意义关系。例如：

Мы гуля́ли **и** разгова́ривали.（我们边散步边谈话。）

连接词 и 连接同等谓语 гуля́ли 与 разгова́ривали，表达并列联合关系。

Он вернётся сего́дня **и́ли** за́втра.（他今天或者明天回来。）

连接词 и́ли 连接同等状语 сего́дня 与 за́втра，表达二者取其一的区分关系。

Все ушли́, **а** я оста́лся до́ма.（大家都走了，而只有我留在家里。）

连接词 а 连接并列复合句的两个分句，表达对别关系。

Я зна́ю, **что** за́втра бу́дет собра́ние.（我知道明天有会。）

что 是说明连接词，连接说明从句与主句。

二 并列连接词

连接词分为并列连接词与主从连接词。**并列连接词** (сочини́тельные сою́зы) 连接互不从属的语言单位（词或词组，句与句）例如：

Он говорит по-русски медленно, **но** правильно.（他俄语说得慢，但正确。）

连接词 но 连接同等状语 медленно 和 правильно。

Эта книга интересная, **но** у меня нет времени читать.（这本书很有意思，但我没有时间读。）

连接词 но 连接并列复合句的两个分句。

并列连接词按其意义可分为如下三种：

种类	意义	例词	例句
联合连接词 (соединительные союзы)	表达列举关系，列举两个或更多的事物或现象，把它们联合在一起。	и, да（= и）（和），не только..., но и...（不仅……而且），ни..., ни...（无论……和……），также（同样也），тоже（也）	Мама и Ли Хун быстро оделись и вышли на улицу.（妈妈和李红迅速穿好衣服就走上了大街。）
对别连接词 (противительные союзы)	连接平等的，但互相对立有别的事物或现象。	а（而），но（但是），да（= но），однако（然而）	Он пришёл, **а (но)** она не пришла.（他来了，但她却没来。）
区分连接词 (разделительные союзы)	指出现象交替出现（时而……时而……）或表达某种抉择关系（或者……或者……）	или（或者），или..., или...（或者……或者），то..., то...（时而……时而……）	Завтра придёт **или** он, **или** она.（明天或者他来，或者她来。）**То** снег, **то** дождь идёт.（时而下雪，时而下雨。）

三　主从连接词

主从连接词（подчинительные союзы）一般连接不平等的分句，即连接主句和从句。例如：

Я слы́шал, **что** вы уезжа́ете в Шанха́й.（我听说你要去上海。）

Я хочу́, **что́бы** скоре́е пришла́ весна́.（我希望春天快点到来。）

主从连接词根据意义、功能分为以下类别：

说明连接词 (изъясни́тельные сою́зы)	что, что́бы, как, бу́дто
原因连接词 (сою́зы причи́ны)	так как（因为……）, потому́ что（因为……）, оттого́ что（由于……）, благодаря́ тому́, что（由于（多亏）……）等
时间连接词 (вре́менные сою́зы)	когда́（当……）, как то́лько（刚一……）, по́сле того́ как（在……之后）, пе́ред тем как（在……之前）等
目的连接词 (сою́зы це́ли)	что́бы（为了……）, для того́, что́бы（为了……）等
条件连接词 (усло́вные сою́зы)	е́сли（如果）, раз（既然）等
让步连接词 (уступи́тельные сою́зы)	хотя́（虽然）, несмотря́ на то, что（尽管，不管……）
比较连接词 (сравни́тельные сою́зы)	как（如同，好像）, бу́дто（好像）, как бу́дто（好像）, то́чно（宛如）, чем...,тем...（越……越……）
结果连接词 (сою́з сле́дствия)	так что（结果）

关于各个主从连接词的用法，请阅本书"主从复合句"相关部分。

四　简单连接词和复合连接词

根据构造，连接词分为**简单连接词**（просты́е сою́зы）和**复合连接词**（составны́е сою́зы）。由两个或两个以上的词构成的连接词叫复合连接词，如：потому́ что（因为……）, так как（因为……）, так что（结果）, несмотря́ на то, что（尽管，不管……）等，而只由一个词构成的连接词则叫做简单连接词，如：и（和），но（但），а（而），е́сли（如果），что́бы（为了）等。

有的连接词如 не то́лько ..., но и...（不仅……还……），как ..., так и...（……和……都）等要分成两部分对偶使用，叫对偶连接词(па́рные сою́зы)。例如：

Пе́шие прогу́лки **не то́лько** поле́зны для здоро́вья, **но и** спосо́бствуют лу́чшей рабо́те мо́зга.（步行不仅有利于健康，还可以促进大脑高效运转。）

Цирк лю́бят **как** де́ти, **так и** взро́слые.（孩子和成年人都喜欢马戏。）

五　连接词与关联词的异同

俄语中，连接主句与从句的手段除了连接词外，还有关联词（сою́зное сло́во，又译"联系用语"）。所谓关联词实际上就是疑问代词和疑问副词（кто, что, како́й, как, куда́, где, кото́рый），它们除了用来构成表示疑问的简单句外，还用来连接主句与从句。关联词不仅起连接作用，同时又是从句的句子成分。例如：

Ви́ктор спра́шивает, **кто** бу́дет де́лать докла́д.（维克多想知道谁将做报告。）

（кто 是关联词，连接主、从句，同时是从句的主语。）

Я не зна́ю, **что** у нас бу́дет за́втра.（我不知道明天我们有什么活动。）

（关联词 **что** 是从句的主语。）

有些词既可是连接词，又可能是关联词，如 что，试看下表：

第九章　连接词

关联词 что	连接词 что
Я не зна́ю, **что** у нас бу́дет за́втра.（我不知道我们明天有什么活动）	Я не зна́ю, **что** за́втра у нас бу́дет собра́ние.（我不知道我们明天有会。）
Я не зна́ю, **о чём** вы говори́ли.（我不知道你们谈了些什么。）	Я не зна́ю, **что** вы говори́ли об э́том.（我不知道你们已谈过这件事。）
① 关联词 что 不仅连接主句与从句，而且充当从句中的句子成分，它有词形变化。 ② 读时带逻辑重音。	① 连接词 что 只起连接作用，不充当从句的句子成分，没有词形变化。 ② 读时不带重音。

关于各种连接词的具体用法，请阅本书"句法编"复合句部分。

第十章 语气词

一 概述

语气词 (частица) 是虚词的一种，赋予句子或句中某个词各种不同的意味或语气。例如在 Даже директор не знает об этом.（甚至校长都不知道这个情况。）一句中，даже 语气词起加强作用，强调 директор "甚至校长……"（试比较 директор не знает（校长不知道））；在 Разве ты не знаешь?（难道你不知道？）一句中，разве 语气词赋予整个句子以疑惑语气。（试比较：Ты не знаешь об этом?（你不知道这个情况吗？））

语气词没有独立的意义，不能做句子成分。对语气词不能提出问题。

二 一些常用语气词的用法

1. 疑问语气词 ли, неужели, разве

疑问语气词 разве 与 неужели 用在疑问句中，跟全句发生关系，通常位于句首，也可位于句中。例如：

Разве ты не знаешь?（难道你不知道吗？）

Ты ра́зве не зна́ешь?（你难道不知道吗？）

Неуже́ли он вам не сказа́л ничего́?（难道他什么也没对你说吗？）

ли（（是）……么（吗））与疑问句中某一关键词相关联，总是放在这个词的后面。例如：

Ста́рший брат ли придёт?（是哥哥来吗？）

Придёт ли ста́рший брат?（哥哥来吗？）

Ско́ро ли придёт ста́рший брат?（哥哥很快就来吗？）

Хоти́те ли вы, дороги́е ребя́та, стать таки́ми хи́миками?（亲爱的同学们，你们愿意当这样的化学家吗？）

2. 否定语气词 не

1）语气词 не 放在谓语之前时，赋予全句以否定意思："不干什么""未干什么""不是什么"。放在其他实词前时，只是否定那个词："不是……"。例如：

Не я взял твою́ кни́гу.（不是我拿了你的书。）

Я **не взял** твою́ кни́гу.（我没拿你的书。）

Я взял **не твою́** кни́гу, а её.（我拿的不是你的书，而是她的（书）。）

Я взял **не твою́ кни́гу**, а твой слова́рь.（我拿的不是你的书，而是你的词典。）

2）语气词 не 在同一句中连着使用两次或与 нельзя́ 连用时，构成"否定的否定"，即表示肯定意思。简而言之，即双重否定表示肯定的意思。例如：

Не могу́ **не** согласи́ться с ним.（我不能不同意他的见解。）

3. 加强语气词 да́же, же, и, всё, ведь

1）**да́же** 放在所要强调的词的前面，表示"甚至""连"。

Удиви́тельно ти́хо. **Да́же** соба́ки не ла́ют.（出奇的寂静。连狗吠声都听不见。）

Это да́же ребёнок понима́ет.（这个连小孩子都懂。）

2）же 放在被强调的词的后面。

Я же тебе́ сказа́л!（我不是跟你说了嘛！）

Я тебе́ же сказа́л.（我都告诉过你啦。）

Куда́ же пропа́ло голубо́е не́бо?（蔚蓝的天空到底跑哪儿去了？）

Кака́я же ра́зница ме́жду чугуно́м и ста́лью?（生铁和钢到底区别在哪儿？）

3）и 放在被强调的词之前，表示"连""就是"。

Это и ребёнок поймёт.（这件事连小孩子都会懂。）

Мне и во сне не сни́лось, что я смогу́ заня́ть пе́рвое ме́сто в Олимпиа́де по фи́зике.（我连做梦也没想到我能在物理奥林匹克竞赛中取得第一名。）

и 有时与 да́же 连用，语气进一步加强，例如：

У нас да́же и ле́том ма́ло жа́рких дней.（我们这里甚至在夏天都很少有热天。）

Да́же и поду́мать не могу́ об э́том.（这件事我甚至连想都不敢想。）

4）всё 与形容词、副词比较级连用，放在其前，意为"越来越……"。例如：

Вдруг слы́шу соба́чий лай. Всё бли́же и бли́же.（突然我听见狗叫声，那声音越来越近。）

Пого́да стано́вится всё холодне́е и холодне́е.（天气越来越冷。）

5）ведь 用来加强句子的肯定、否定、祈使、疑问等语气，位置不固定。意思相当于汉语的"要知道"，但有时也不一定译出，例如：

— Па́па, дава́й смотре́ть телеви́зор.

— Но ведь ты у́чишь уро́ки.

（"爸爸，咱们看电视吧。"

"要知道你在学习功课啊。"）

4. 指示词语气词 вот, вон 及 это

1）вот 指示眼前的事物，вон 则指远处的事物。例如：

Вот наш университе́т.（这就是我们的学校。）

Бери́те, что хоти́те: вот соль, вот со́я, вот у́ксус.（请随便用吧：这是盐，这是酱油，这是醋。）

Вот там по́чта.（瞧，那就是邮局。）

Вон одна́ звёздочка, вон друга́я, вон тре́тья... как мно́го!（瞧，那里有颗星星，瞧，又是一颗，瞧，第三颗，……多么多呀！）

2）это 意为"这是""是"等，例如：

Куда́ это вы идёте?（您这是上哪儿去？）

Это Компа́ртия помогла́ нам, бе́дным жить зажи́точно.（（这）是共产党帮助我们穷人过上了富裕的生活。）

在这些句子中，это 是语气词，而不是指示代词，因为不是句子成分，句中已有主语，это 不是主语。

5. 语气词 да 和 нет 的用法

语气词 да 是肯定语气词，нет 是否定语气词。

1）它们一般是回答问题时使用，可以用在句中（用逗号隔开），也可以单独成句。例如：

— Ему́ пло́хо?（"他（感到）不舒服吗？"）

— Да, лежи́т.（"是的，他躺着。"）

或:— Да.（"是的。"）

如果问句不是否定句形式，即谓语前不带 не，譬如说是 Вы чита́ли э́ту кни́гу?（你读过这本书吗？）

那么回答时，如是肯定的回答，应是：

— Да, я её чита́л.（或：—Да.）

"是的，我读过。"（或"是的。"）

如是否定的回答，应是：

— **Нет**, я её не чита́л.（或：—Нет.）

"没有，我未读过。"（或"未读过。"）

如果问句是否定句，即谓语前有 не，譬如说是 Вы не чита́ли э́ту кни́гу?（你没读过这本书吗？）

如果你回答："没有，没有读过。"俄语习惯说成：— **Нет**, не чита́л. 简略的回答是：Нет.（没有。）

若回答为："是的，没有读过。"俄语习惯说成：— **Да**, не чита́л. 但不能只说 Да.（是的。）必须要说：Да, не чита́л.

可见汉俄语言习惯不同，要注意。

如果你对上面问句的回答是："不，我读过。"俄语应说成 —Нет, я её чита́л. 注意：这时不能只答 нет。仅 нет 是"没有"的意思，而不是"不，（读过）"的意思。

2）语气词 нет 常用来代替前面提到，但带否定的谓语，等于" нет +前面提到的谓语"。例如：

Он пое́дет, а я **нет**.（= а я **не пое́ду**.）（他去，我不去。）

Почему́ ему́ мо́жно, а мне **нет**?(нет = нельзя́)（为什么他可以，而我不可以？）

Я спра́шиваю — тру́дно и́ли **нет**.（нет = нетру́дно）（我问的是难还是不难。）

语气词 да 也常用来代替前面已提到的谓语，表示肯定，经常和 нет 并用。例如：

— Он пойдёт на э́то?

— Он **да**, а я **нет**.

（"他会干这事吗？"

"他会干的，而我决不干。"）

Нет, не пойду́. В друго́е вре́мя — **да**, а сейча́с — **нет**.（不，我不去。别的时候我可以去，现在不去。）

第十一章
感叹词

一　概述

感叹词（междоме́тие）是一种特殊的不变化词类，既不是虚词也不是实词。它用来表达人的情感或意愿，但并不是情感和意愿的名称。例如比较一下感叹词（嘘）及与之相近的副词 ти́ше（静）就可看出这种区别：

Тс! Таню́ша спит.（嘘！塔纽莎睡觉呢。）

Ти́ше! Таню́ша спит.（安静！塔纽莎睡觉呢。）

感叹词 тс 不过是一种要求安静的特定符号，而 ти́ше 则表示出了这种意愿的名称："安静!"

同样可比较感叹词 ох（哎呀）和副词 бо́льно（疼啊）的用法。

感叹词没有词形变化，一般不作句子成分，不和句中别的词发生语法上的联系。感叹词一般与逗号或感叹号相连，用感叹号时，后面的句子以大写开头。例如：

Ох, беда́!（哎，糟糕！）

Ура́! На́ша кома́нда победи́ла!（乌拉！我们队胜啦！）

有时感叹词可转用做实词，做句子成分。有的感叹词意近动词，还可有状语或补语。例如：

В за́ле разда́лось «ура́».（大厅里响起了"乌拉！"声。）

Марш отсю́да!（走开！）

Ну, ребя́та, **айда́** за водо́й!（喂，同学们，打水去吧！）

第一句中的感叹词 ура́ 名词化，做主语。第二、三句中的感叹词 марш, айда́ 意思近于动词，做谓语，因而还要求状语（отсю́да）和补语（за водо́й）。第二句 Марш отсю́да! 等于 Убира́йся отсю́да! 而第三句 Айда́ за водо́й 则等于 Пойдём за водо́й!

有的感叹词可起形容词的作用，句中作谓语。如：

Хара́ктер у неё **ой-ой-ой**!（她的性格真够呛！）（试比较：хара́ктер у неё тяжёлый）

Наш секрета́рь — **ого**!（我们的秘书真叫棒！）

二 感叹词的类别

感叹词根据它们的意义可以分为两大类：

表示说话人的各种情感的，叫情感感叹词；

表示说话人的意愿的，叫祈使感叹词。

1. 情感感叹词

情感感叹词表示喜怒哀乐，赞美贬抑各种感情，以及恐惧、惊讶、疼痛等感觉。例如：

О, как я счастли́в!（啊，我多幸福呀！）

Фу! Как здесь гря́зно!（呸！这儿脏死了！）

Эх! Мы опозда́ли на по́езд!（唉，我们赶不上火车了！）

Бо́же мой, как хорошо́!（我的天，多好啊！）

有的感叹词可表达多种多样的情感，具体意义要根据上下文来确定。试比较下列句中的 ах：

Ах, как э́то нехорошо́!（哎呀，这多不好呀！）（表非难）

Ах, как краси́во!（呵，多美呀！）（表高兴，赞叹）

Ах, как стра́шно бы́ло на реке́ в бу́рю!（哎呀，河上遇上风暴，吓死人啦！）（表害怕）

Ах, как жаль!（唉，真可惜！）（表惋惜，遗憾）

Ах, заче́м ты э́то сде́лал?（嗨，你为什么干出这种事来？）（表责备）

有的表示情感的感叹词只有一种含义，如ypá!（乌拉！）（只表高兴，喜悦），увы!（唉！）（只表惋惜）。

2. 祈使感叹词

祈使感叹词表示说话人的意愿、命令、要求等等。

1）表达祈使、禁止意义的。例如：

"Бис! Бис!" — раздало́сь в зри́тельном за́ле.（"再来一个！再来一个！" 观众喊了起来。）

На́, возьми́!（给（你），拿着！）

Вон!（滚！）

Стоп!（停住！）

2）表示招呼的。例如：

Эй, кто там?（嘿，谁在那儿呢？）

Алло́! Кто у телефо́на?（喂！你是哪位？）

3）表示问候、告别、感谢等意义的。例如：

Приве́т!（你好！）（口语）

Здра́вствуйте!（您好！）

Пока́!（再见！）

Проща́й(те)!（再见！）

До́брое у́тро!（早上好！）

Споко́йной но́чи!（晚安！）

Спаси́бо!（谢谢！）等。

三　象声词

象声词（подража́тельные слова）是用摹拟自然界各种声响的词。象声词历来放在感叹词内作为附类。象声词通常分为：

1）摹拟动物声音的：кукареку́（喔喔）（公鸡啼鸣声），куда́х-тах-тах（咯咯）（母鸡叫声），кря-кря（呱呱）（鸭叫声），га-га-га（嘎嘎）（鹅叫声），гав-гав（汪汪）（狗叫声），мя́у（喵喵）（猫叫声），му-му（哞哞）（牛叫声），ха-ха-ха（哈哈哈）（人笑声）等。

2）摹拟自然界和物体声响的：у-у（风吼声），бух（砰的一声），бум-бум（哐哐；当当）（炮声），тик-так（滴答）（钟摆声）等。

不同的语言对声音的摹拟不尽相同，如汉语中公鸡鸣叫声为"喔喔"，而俄语则为 кукареку́。

象声词跟感叹词一样，一般单独使用，不作句子成分。但它可名词化，做主语，也可代替动词做谓语。例如：

Раздало́сь оглуши́тельное «**бу-бу!**»

（响起了震耳的"砰！砰！"声。）（象声词名词化，作主语。）

Éду в чи́стом по́ле.

Колоко́льчик **динь-динь-динь**. /Пушкин/

（我乘车走在空旷的田野，车铃响叮当。（普希金））（象声词用做动词，做谓语。）

第二编 句 法

第一章
句子、句子成分、句子类别

一 句子

句子(предложе́ние)，句子是语言交际的基本单位，按照一定的语法规则组织起来，句子表达相对完整的意思，由具有完整的语调的一组词或一个词构成。句子的特征是具有述谓性，指明句子内容与现实的关系。我们用句子表述某个意思，提出问题，或者表达祈使、愿望等。例如：

Идёт дождь.（下着雨。）

Идёт ли дождь?（下雨了吗？）

Пусть пойдёт дождь!（下雨吧！）

二 句子成分

句子由词或词组构成。词在句中所起的功能不同，从而成为不同的**句子成分**(чле́ны предложе́ния)。句子成分一般由实词构成，能回答这样或那样的问题。如在Ма́льчики ве́село игра́ют в баскетбо́л.（男孩们快活地打着篮球。）一句中，ве́село 回答 как (игра́ют)?的问题，说明игра́ют, 是状语；ма́льчики 表示动作主体，回答第一格кто的问题：**Кто** игра́ет? 是句子的主语。虚词一般不做句子成分，前置词只能与相关名词一起做句子成分，如上句中的в баскетбо́л 一起充当игра́ют的补语。

通常一个实词既可成为句子成分，但有时一个句子成分是由两个或更多带或不带前置词的实词构成，即由词组构成，例如Он высо́кого ро́ста, с больши́ми глаза́ми.（他是个高个子，长着一双大眼睛。）在这个句子中，ро́ста单独不成为句子成分，不能说Он ро́ста, ро́ста和высо́кого一起构成一个句子成分（谓语）；在这个句子中仅仅глаза́ми也不成为句子成分，而是与с больши́ми глаза́ми 一起构成一个句子成分。因为不能说Он с глаза́ми.（他长着眼睛。）

成语、复合名称以及"数词+名词"组合等，都是两个或几个词构成的词组做一个句子成分。例如：

В Дре́вней Гре́ции говори́ли, что а́томы — са́мые ма́ленькие части́цы.（古希腊人说，原子是最小的粒子。）（Дре́вней Гре́ции（古希腊）是个复合名称，一起做一个成分，在此句中加上前置词в 做处所状语。）

Фи́зика — **одна́ из нау́к** о приро́де.（物理是一门自然科学。）（одна́ из нау́к 一起是一个成分——谓语。）

Шрифт пропа́л, **как в во́ду ка́нул.**（铅字不见了，如石沉大海。）（как в во́ду ка́нуть是个成语，是一个句法整体，不能再分。这个成语在此句中作谓语。）

句子成分可分为**主要成分**（**гла́вные чле́ны**）和**次要成分**（**второстепе́нные чле́ны**）。

主要成分是句子的核心和基础部分，指句子的主语和谓语。另外一些句子成分在语法上都直接或间接从属于主要成分，叫次要成分。例如在 **Он о́тдал свою́ молоду́ю жизнь де́лу коммуни́зма.**（他把自己年青的生命献给了共产主义事业。）一句中，除он（主语）о́тдал（谓语）外，其余均为次要成分。次要成分可分为补语、状语和定语（包括同位语）。

三 陈述句、疑问句、祈使句和感叹句

按说话的目的，所有的句子可分为：陈述句、疑问句、祈使句三类：

1. 陈述句（повествова́тельное предложе́ние）叙述某一事实、某种情况、某一思想。例如：

В году́ двена́дцать ме́сяцев.（一年里有十二个月。）

Я не чита́л э́ту кни́гу.（我没有读过这本书。）

2. 疑问句（вопроси́тельное предложе́ние）用来表述说话人提出的问题。

Где вы бы́ли вчера́ ве́чером?（昨晚你上哪儿去了？）

有时说话人使用疑问句并不是提出问题，要求对方回答，而是用疑问句形式表达某种肯定或否定的意思。例如：

Ра́зве мо́жно лгать?（难道可以撒谎吗？）（意思是 Нельзя́ лгать.（不可撒谎。））

疑问句常含有疑问代词、副词或语气词。例如：

Куда́ вы идёте?（您上哪儿去？）

Бу́дет **ли** докла́д за́втра?（明天有报告吗？）

不带疑问词的句子则靠疑问语调来表达疑问。句中表示疑点的词上落有逻辑重音，读时声调最高。例如：

Оте́ц **прие́хал**?（父亲来了吗？）

Оте́ц прие́хал?（是父亲来了么？）

3. 祈使句（побуди́тельное предложе́ние）用来表达说话人的各种意愿：命令、劝告、禁止、同意、邀请、请求，等等。祈使句多用命令式做谓语，并有特定的语调。例如：

Говори́те гро́мче.（大点声说。）

Наза́д! Наза́д! Верни́тесь!（回来！回来！快回来！）

Пролета́рии всех стран, соединя́йтесь!（全世界无产者，联合起来！）

Прекрати́те безду́мно выруба́ть леса́!（停止乱砍滥伐森林吧！）

4. 陈述句、疑问句与祈使句伴有强烈的感情时，便变成**感叹句**（восклица́тельное предложе́ние）。感叹句用特殊的、升高的语调读出，句子末尾使用感叹号。例如：

Как он уме́ет расска́зывать!（他多么会讲故事啊！）（句子是陈述句，同时又是感叹句。）

Пусть сильне́е гря́нет бу́ря!（Го́рький）（让暴风雨来得更猛烈些吧！（高尔基））（祈使句，同时又是感叹句。）

口号、号召、祝贺、赞叹等通常用感叹句表示。

四　单部句和双部句

简单句根据它们的构造分为**单部句**(однососта́вное предложе́ние)与**双部句**(двусоста́вное предложе́ние)。只有一种主要成分的句子叫单部句，有两种主要成分（主语和谓语）的句子叫双部句。例如：

Пришла́ весна́. Весно́й та́ет снег. Начина́ют петь пти́цы. Чист и свеж во́здух. Весно́й о́чень хорошо́.（春天来了。春天里冰雪融化。鸟儿开始歌唱。空气清新。春天里特别好。）

在这段短文中，一共五个句子，头四个句子都是双部句，有主语和谓语。第四个句子 Чист и свеж во́здух. 虽有两个谓语(чист и свеж)，但这两个谓语构成一个句部，和同一主语发生关系，所以句中虽有三个主要成分（两个谓语，一个主语），但却是两个句部。双部句不是指有两个主要成分的句子，而是指有两种主要成分的句子——即主语和谓语。

上面那段文字中的第五个句子 Весно́й о́чень хорошо́ 则是单部句，因为只有一种主要成分(хорошо́)。单部句的主要成分大部分相当于谓语，如 Весно́й о́чень хорошо́ 中的 хорошо́ 以及 Смотрю́ телеви́зор, пока́зывают спекта́кль.（我在看电视，放映话剧呢。）一句中的смотрю́ 和пока́зывают都在句中做谓语。

有的单部句中如 Вот по́чта.（这是邮局。）主要成分相当于主语，这种句子叫"主格句"（也译"称名句"，номинати́вное предложе́ние）。

句子如有次要成分时，次要成分分别依属于相关主要成分，分成两大部分（单部句则只有一部分）。例如：

<u>Ма́ленький Алёша</u>　<u>жил у де́душки.</u>（小阿廖沙住在外祖父家里。）
　（主语部）　　　　（谓语部）

五　双部句的基本格式

俄语中大部分句子是双部句，即由主语和谓语两个句部组成的句子。我们通常见到或使用的俄语双部句，有以下几种格式。按照这些格式我们可以造出许许多多的俄语双部句。

1. 名（代）词第一格+动词变位形式

Открыва́ется дверь, вхо́дит оте́ц.（房门打开了，父亲走进来。）
Они реши́ли пойти́ к Зи́мнему дворцу́.（他们决定到冬宫去。）
谓语可以是动词性合成谓语，如上面第二例中的 реши́ли пойти́。

2. 名（代）词一格+表处所的副词或带前置词的名词间接格

Оте́ц до́ма.（父亲在家。）
— Где инжене́р Петро́в?
— Он в це́хе.
（"彼得洛夫工程师在哪儿？"
"他在车间里。"）

3. 时间或处所副词+名词一格

Сего́дня воскресе́нье. （今天是星期天。）

Сейча́с весна́. （现在是春天。）

俄语中，表示人或物在哪儿，或什么地方有什么，"现在，今天是……"时，都用这种句型。这种句型的特点是：现在时不用动词 быть（不说 Оте́ц есть до́ма），而过去时要用 был (была́, бы́ло, бы́ли)，将来时则用бу́дет (бу́дут)，如：

Оте́ц был до́ма. （父亲曾在家。）

Оте́ц бу́дет до́ма. （父亲将在家。）

Вчера́ была́ пя́тница. （昨天是星期五。）

За́втра бу́дет суббо́та. （明天是星期六。）

这种句型，谓语否定表示"不在"时，转为无人称句，如：Оте́ц до́ма — **Отца́ нет** до́ма. （父亲不在家）

4. Это + 名词一格

表示"这是……"

Это наш институ́т. （这是我们的学院。）

这种句子表示时间，系词的性、数要与后面的名词一致。例如：

Это **был Д.А. Медве́дев**. （这位是德·安·梅德韦杰夫。）

Это **была́** моя́ ста́ршая **сестра́**. （这是我的姐姐。）

Это **бы́ли полице́йские**. （这是些警察。）

5. 名词（人称代词）+名词、形容词等

这种句子表示"某物（某人）是什么（是什么样的）"，谓语为静词性合成谓语。例如：

Мой оте́ц — профе́ссор. （我的父亲是教授。）

Та́ня больна́. （丹妮娅病了。）

Зада́ча была́ тру́дная.（任务很艰巨。）

主语或谓语可以是不定式：

Учи́ться — на́ша зада́ча.（学习是我们的任务。）

На́ша зада́ча — учи́ться.（我们的任务是学习。）

6. У кого́ (есть) +第一格名词

这种句型表示"谁有什么"。俄语"谁有"用 у кого́ (есть)，一般不用 кто име́ет...。例如：

У челове́ка есть глаза́, у́ши, ру́ки, но́ги и голова́.（人有眼睛、耳朵、手、脚和脑袋。）

есть 有时也可以不用。例如：

В зоопа́рке мно́го медве́дей, волко́в, лис.（动物园里有许多熊、狼、狐狸。）

表示"曾有"时，谓语用 быть 的过去时形式；表示"将有"时，用 быть 的将来时形式。例如：

За́втра у нас **бу́дет экза́мен**.（明天我们有考试。）

Вчера́ у них **была́ ле́кция**.（昨天他们有场讲座。）

表示"没有"时，过去时用 не́ было，将来时用 не бу́дет，没有的东西用第二格形式。此时句中没有语法主语（第一格名词），句子变成了单部句。例如：

За́втра у нас **не бу́дет собра́ния**.（明天我们没有会。）

До освобожде́ния в на́шем го́роде **не́ было университе́та**.（解放前，在我们这座城市里没有大学。）

单部句也可从数目众多的具体句子中抽象出、概括出一定数量的句子格式，请看本章第四节"单部句和双部句"。

六 简单句与复合句

俄语句子根据构造分为**简单句**(простое предложение, 又叫单句)与**复合句**(сложное предложение, 又叫复句)。

有一个述谓核心的句子叫简单句。相互关联的主语和谓语构成句子的述谓核心(предикативная основа)。例如：

Я студент.（我是大学生。）

Мальчики играют.（男孩们在玩耍。）

句中的同等主语，或同等谓语，不管有几个，只要共同与谓语或主语相关联，也是一个述谓核心。例如：

Мальчики и девочки играют в мяч.（男孩们和女孩们在玩球。）

Петрович встал и пошёл к выходу.（彼得罗维奇站起来，向门口走去。）

复合句由简单句构成，有两个或两个以上的述谓核心。例如：

Ты будешь рисовать, а я буду читать.（你将画画，我将读书。）

构成复合句的简单句之间一般都用标点符号隔开。组成复合句的各个部分形成一个意义、结构和语调上的整体。

俄语复合句首先分为有连接词复合句(союзные сложные предложения)和无连接词复合句(бессоюзные сложные предложения)。有连接词复合句指用连接词或关联词连接的复合句。有连接词复合句分为并列复合句(сложносочинённые предложения)与主从复合句(сложноподчинённые предложения)。无连接词复合句指不用连接词或关联词组成的复合句，它们不能区分为主从与并列复合句。

第二章
主语和谓语

一 概述

主语（подлежа́щее）和**谓语**（сказу́емое）是句子的主要成分，是句子的结构核心，或者形象地说，是句子的骨架。

主语和谓语是密切相关的。

句子是表达思想的。一个句子往往表达"谁做什么""谁（什么东西）怎么样"，等等。这个"谁""什么东西"一般是用主语来表示的。主语表示广义的事物，这个事物的特征由谓语来表示；主语回答第一格 кто? что? 的问题。谓语说明主语表示的事物"做什么""是什么""怎么样"，也就是说表示主语的特征——主语的行为、状态、性质、特点、身份等等。谓语回答 Что де́лает? Како́в он?（他什么样？），Что он тако́е?（它是什么？），Кто он тако́й?（他是什么人？）等问题。例如：

Оте́ц чита́ет газе́ту.（父亲在读报。）

Оте́ц 是主语，回答 Кто чита́ет? 问题。чита́ет 是谓语，回答 Что де́лает отец? 问题。

Пого́да хороша́.（天气好得很。）

пого́да 是主语，回答 Что хорошо́? 问题，хороша́ 是谓语，回答 Какова́ пого́да? 问题。

Ивано́в инжене́р.（伊万诺夫是位工程师。）

Иванов 是主语，инженер 是谓语，回答 Кто такой Иванов?（伊万诺夫何许人也？）问题。

谓语要和主语在语法上一致。如果主语是单数、阴性，那么谓语也应是单数、阴性，如 Погода хороша. 动词表示的谓语是现在时或将来时的时候，要跟主语在人称上一致，如 Я читаю. Он читает. Я буду читать. Он будет читать.

二　主语表示法

1. 名（代）词一格

Погода прекрасна.（天气好极了。）

Январь — первый месяц года.（一月是一年的第一个月份。）

Мы всегда помогаем друг другу.（我们总是互相帮助。）

Кто-то тихо постучал в дверь.（有人轻轻地敲了敲门。）

2. 数词一格

Пятнадцать делится на три.（三能除尽十五。）

Пришли **пятеро**.（来了五个人。）

3. 名词化了的其他词（类）

Самое интересное — летать в небе.（最有趣的事是在天上飞翔。）

Встречающие собрались на перроне.（接站的人们聚集在站台上。）

Одни поют песни, **другие** танцуют.（一些人唱歌，另一些跳舞。）

Завтра не будет похоже на сегодня.（明天将不会像今天。）

4. 动词不定式

Идти по пути мирного развития — это стратегический выбор нашей партии.（走和平发展道路，是我们党作出的战略抉择。）

Курить вредно.（吸咽有害。）

5. 用各种词组表示主语

1) 数词+名词单、复数二格词组

Два мальчика играют во дворе.（两个小男孩在院子里玩耍。）

В неделе **семь дней**.（一周里有七天。）

Много народу собралось на площади.（许多人聚集在广场上。）

На собрании было **около двадцати человек**.（出席会议的约有二十人。）

2) 名（代）词—格+前置词 с +名（代）词五格词组

Вера с Ирой пошли в школу.（薇拉同伊拉上学去了。）

С сегодняшнего дня **мы с вами** будем изучать русский язык.（从今天起，我们将一起学习俄语。）

3) один из них 等词组

Один из них（或 Один из мальчиков）возвратился поздно ночью.（他们（男孩）当中的一个人是深夜回来的。）

Каждый из нас должен хорошо учиться.（我们每个人都应该好好学习。）

4) 不定代词（否定代词）+形容词—格词组

В лице его есть **что-то необычное**.（他的脸上有某种异常的表情。）

— Верно говорит! — согласился со мной **некто невидимый**.（"说得对！"一个神秘的人支持我说道。）

Почему-то не растёт там **ничто долговечное**.（不知为什么那里什么东西也长不长久。）

6. 语气词、感叹词等不变化词类（当中性名词用，放引号内）

Аэто «так» для меня нож острый. （然而这个"就这样"对我来说犹如一把锋利的尖刀。）

Сегодня утром его «хо-хо-хо» вдруг разбудило нас всех. （今天早晨他那"哈——哈——哈"的笑声突然把我们大家都弄醒了。）

7. 整个句子（当中性名词处理）

Это «Не пойду!» удивило меня. （这句"我不去！"使我感到惊讶。）

Ваше «Обязательно приду!» нас очень обрадовало. （您那句"我一定来！"让我们十分高兴。）

三 谓语的类型及其表示法

1. 动词简单谓语（простое глагольное сказуемое）

动词简单谓语（只用一个动词表示你）的表示法：

1) 动词的陈述式、命令式、假定式

Наступило первое сентября. （9月1日到了。）

Давай пойдём в книжный магазин. （我们去书店吧。）

Пусть сильнее **грянет** буря! （让暴风雨来得更猛些吧！）

注：上面例句中的давай пойдём 和 пусть грянет 均是动词的命令式形式，故算简单谓语。

Пошёл бы дождь. （下场雨吧。）

Пришёл бы я пораньше, узнал бы об этом. （我若是早点来的话，不就知道这件事啦。）

2）（相当于一个动词的）成语性动词词组

Мы часто **принимаем участие**（= участвуем）в утренней закалке.（我们经常参加晨练。）

Нина наконец **пришла в себя**.（尼娜终于苏醒过来。）

3）重叠同一个动词的陈述式或命令式

这种类型的动词简单谓语，通常表示动作持续时间之长久，强调动作的生动、有力，或表示强烈的命令、请求。例如：

Ехали, ехали они и вдруг увидели колодец.（他们走啊走，突然见到一口井。）

Я **ходила-ходила, думала-думала**, потом пришла к матери и говорю：«Мама, завтра я уезжаю на фронт».（我走来走去，左思右想，然后来母亲身边说："妈妈，我明天就动身到前线去。"）

Иди, иди, не мешай мне!（走开，走开，别打扰我！）

Что же вы молчите? **Говорите, говорите**!（你们怎么不吭声呢？说呀，说呀！）

4）Пойти {陈述式／命令式} + 另一动词 {陈述式／命令式}

这种动词简单谓语表示决心要实现的动作，常用于口语中，后一动词表示行为的目的。前一动词 пойти 已丧失了独立的词汇意义，两个动词的变化形式要一致。例如：

Пойду открою дверь.（我去开门。）

Пойдём посмотрим!（我们去看看！）

Ты **пойди погуляй** часика два!（你去玩上两个小时吧！）

2. 动词性合成谓语（составное глагольное сказуемое）

动词性合成谓语由两部分构成：

> 助动词 + 动词不定式

Друзья́, уже́ пора́. **Начина́йте рабо́тать!**（朋友们，到时候啦。开始干活吧！）

所用助动词有以下两类：

1）表示行为的开始、继续或结束的助动词：

词义	未完成体	完成体
开始	начина́ть	нача́ть
开始，着手	принима́ться	приня́ться
继续	продолжа́ть	—
开始	—	стать
结束	конча́ть	ко́нчить
停止	перестава́ть	переста́ть

Десяти́ лет Алёша **на́чал рабо́тать**.（阿廖沙十岁就开始干活了。）

Мно́гие ребя́та **ста́ли** хорошо́ **учи́ться**.（很多同学都开始好好学习了。）

Ва́нька вздохну́л и **продолжа́л писа́ть** де́ду.（万卡叹了一口气，继续给爷爷写信。）

Ма́льчик **переста́л игра́ть в футбо́л** и лёг на траву́.（男孩停止踢足球，躺在草地上。）

> 注：完成体动词 продо́лжить（继续）不能和动词不定式连用构成动词性合成谓语，它只能和名词性补语连用，如：продо́лжим наш разгово́р. 它的对应的未完成体动词既可构成动词性合成谓语，也可带补语，如：Продолжа́ем разгова́ривать, продолжа́ем наш разгово́р.

2）表示行为的可能、愿望、打算、决心等意义的助动词：

词义	未完成体	完成体
能（够）	мочь	смочь
想	хоте́ть	захоте́ть
想，思考	ду́мать	—
努力，力求	стара́ться	постара́ться

（续表）

词义	未完成体	完成体
试图，企图	пыта́ться	попыта́ться
决心，决定	реша́ть(ся)	реши́ть(ся)
打算	собира́ться	собра́ться
试图，尝试	про́бовать	попро́бовать
努力，致力于	стреми́ться	—
希望，祝愿	жела́ть	пожела́ть
会，善于	уме́ть	—

Мы хоте́ли отдохну́ть и **реши́ли останови́ться**.（我们想休息一下，于是决定停下来。）

Я хоте́л бы помо́чь вам.（我想要帮您一下忙。）

Я часово́й. **Я не могу́ уйти́**.（我是哨兵。我不能走开。）

успева́ть—успе́ть（来得及），удава́ться—уда́ться（成功），забыва́ть—забы́ть（忘记）等动词也能和另一动词的不定式构成合成谓语。与未完成体успева́ть, удава́ться连用时，动词不定式用任何体均可，但与успе́ть, уда́ться连用时动词不定式一般只用完成体。而完成体забы́ть和未完成体动词不定式连用时较少，但它表示"停止""中止"（相当于переста́ть）时，应和未完成体连用。如：

Вчера́ я **не успе́л написа́ть** сочине́ние.（昨天我未来得及写完作文。）

Мне удало́сь доста́ть биле́т.（我搞到了票。）

Я забы́л принести́ уче́бник.（我忘了带教科书。）

Анто́н чуть не присе́л, **забы́л дыша́ть**.（安东吓得腿都发软，一时呼吸停了。）

此外，少数具有情态意义的短尾形容词也可起助动词作用，与动词不定式一起构成动词性合成谓语。这些短尾形容词是до́лжен（должна́, должно́, должны́）（应该，得），гото́в（гото́ва, гото́во, гото́вы）（准备），рад（ра́да, ра́до, ра́ды）（高兴，乐于），наме́рен (наме́рена, наме́рено, наме́рены)（打算，拟）等。由于形容词没有时间、式的语法意义，所以原来该由助动词表示的谓语的时间、式意义，要用系词 быть 表示。现在时（есть）不用，叫做零位系词（нулевая связка）。例如：

Он до́лжен прийти́ на собра́ние.（他应该来开会。）（现在时）

Он до́лжен был прийти́ на собра́ние.（他应该到会了。）（过去时）

Он до́лжен бу́дет прийти́ на собра́ние.（他应该会来参会的。）（将来时）

Он до́лжен был бы прийти́ на собра́ние.（他本来是应该来开会的。）（假定式）

Я бу́ду рад встре́титься со ста́рыми друзья́ми.（我将高兴会见老朋友。）（将来时）

Я не наме́рен туда́ е́хать.（我不打算去那里。）（现在时）

3. 静词性合成谓语（составно́е именно́е сказу́емое）

静词性合成谓语由系词加表语构成：

| 系词 + 表语 |

1）**系词**用来联系主语和谓语，表示谓语的时间和式的意义，表语是谓语的基本部分，表示谓语的基本意义。例如：

Я бу́ду лётчиком.（我将来当一个飞行员。）

Я был лётчиком.（我曾是一个飞行员。）

Был бы я лётчиком!（假定式，表示愿望。）（我若是一个飞行员该多好呀！）

现在时不用系词，如：

Я лётчик.（我是个飞行员。）

系词 быть 现在时(есть)一般不用，但用于科学语体，多出现在定义中。例如：

Квадра́т есть равносторо́нний прямоуго́льник.（正方形就是等边直角形。）

常用的系词有：

词义	未完成体	完成体
是，为，系，当	быть	—
（总）是，（经常）是	бывáть	—
是	являться	явиться
成为，变为，变成	становиться	стать
叫，叫做，称做	называться	назваться
成为，变为	делаться	сделаться
显出，好像，仿佛	казаться	показаться
还是，仍旧，依然，保持	оставаться	остаться

除 быть 外，其他系词均要求表语用第五格：

От снéга всё **стáло бéлым**.（由于下雪，一切都变成了白色。）

Óсенью лес **бывáет** осóбенно **красúвым**.（秋天里森林总是非常美丽。）

Талисмáнами зúмней Олимпиáды — 2022 в Пекúне **являются** Бин Дунь Дунь и Сюэ Жун Жун.（2022年北京冬奥会吉祥物是冰墩墩和雪容融。）

Он всегдá **остаётся спокóйным** в минýту опáсности.（在危险时刻他总是保持沉着冷静。）

Он **остáлся мойм дрýгом**.（他依旧是我的朋友。）

быть 这个系词，现在时(есть) 一般不用，表语用第一格；быть 为过去时与将来时时，表语一般用第五格。在过去时句子中表语也可用第一格。如：

Мой отéц — **рабóчий**.（我的父亲是个工人。）

Мой отéц был **рабóчим**.（我的父亲曾是个工人。）

Мой отéц бýдет **рабóчим**.（我的父亲将是个工人。）

当表语是长尾形容词时，在 быть 用于将来时和过去时的句子中，表语可以是第一格，也可以是第五格。口语中可用第一格，书面语中则通用第五格。例如：

Урóк был **интерéсный**.（这堂课很有趣。）

Урóк был **интерéсным**.（上课很有趣。）

除上述一些表示抽象意义的词做系词外，俄语中还常见一些具有实体意义的动词充当系词。比较常见的有：状态动词 сидéть（坐），лежáть（躺），стоя́ть（站）；运动动词 приéхать, прийти́（来（到）），верну́ться（归来），уéхать（离开）等。使用这种实体系词时，表语通常用形容词的第一格或第五格表示，一般位于动词之后。例如：

Сестрá приéхала больнáя / больнóй.（姐姐来时有病在身。）

Пéтя сиди́т гру́стный.（别佳坐着闷闷不乐。）

Он верну́лся устáлым.（他回来时很疲倦。）

表语也可用名词（第五格）表示。例如：

Фёдор возврати́лся на рóдину полкóвником.（费奥多尔以上校身份回到了家乡。）

Никтó не роди́тся герóем.（谁也不生来就是英雄。）

2) 表语表示法

（1）用名词第一格或第五格表示。例如：

Óба они́ студéнты.（他们俩都是大学生。）

Желéзо, медь, дéрево, кислорóд явля́ются вещéствами.（铁、铜、木材、氧气都是物质。）

Брат рабóтает учи́телем.（哥哥担任教师。）

（2）用形容词（形动词）第一格、第五格或比较级表示。例如：

Погóда станóвится тёплой（或 всё теплéе）.（天气变得暖和起来。）

Погóда стои́т тёплая.（天气暖和。）

Он вы́ше меня́.（他比我高。）

（3）用名词间接格表示，最常见的是第二格形式或第五格形式。例如：

Эта кни́га — сестры́.（这本书是姐姐的。）

Снару́жи почти́ все дóмики — я́щиками.（从外观来看几乎所有的小房子都像盒子。）

（4）用带前置词的间接格表示。如：

Это письмó бы́ло от Мáши.（这封信是玛莎寄来的。）

Яблони бы́ли в цвету́. (苹果树上花团锦簇。)

（5）用短尾形容词表示。例如：

Это поня́тно. (这个明白易懂。)

Вели́к наш век. (我们的时代是伟大的。)

Пла́тье мне велико́. (这条连衣裙我穿着大。)

（6）用数词、代词、副词等表示。例如：

Два да три бу́дет пять. (数词) (二加三等于五。)

Эта кни́га моя́. (代词) (这本书是我的。)

Сестра́ уже́ за́мужем. (副词) (姐姐已经出嫁了。)

（7）用动词不定式表示。例如：

На́ша зада́ча — учи́ться. (我们的任务是学习。)

Жить — Ро́дине служи́ть. (活着的价值就是为祖国服务。)

（8）用词组表示。例如：

Он был высо́кого ро́ста. (他是个大个儿。)

Тогда́ Алексе́й был лет двадцати́. (当时阿列克谢二十岁左右。)

Ва́ря была́ с запла́канными глаза́ми. (瓦丽娅泪痕满面。)

4. 复合谓语

俄语中有一种复杂谓语叫复合谓语（сло́жное сказу́емое）或多成分谓语，由三个或更多的词组成。一般有以下三种类型：

1) 助动词 +（系词）不定式 + 表语

Я хочу́ быть учи́телем. (我想当教师。)

Если хо́чешь быть здоро́вым, закаля́йся. (如果想成为健康的人，那么就锻炼身体吧。)

2) 短尾形容词 +（系词）不定式 + 表语

Я рад стать учи́телем. (我很高兴当一名教师。)

Ива́ново должно́ бы́ло стать ба́зой наступле́ния. (伊万诺沃（市）应该成为发起进攻的基地。)

3) 助动词 +（助动词）不定式 + 不定式

Я реши́л попро́бовать рабо́тать до́ма.（我决定试试在家里工作。）

Мой брат **продолжа́л мечта́ть пое́хать** в Кунми́н.（我的哥哥仍然向往着去一趟昆明。）

5. 主语和谓语间的破折号问题

（1）主语与谓语都用名词第一格表示时，例如：

Москва́ — столи́ца Росси́йской Федера́ции.（莫斯科是俄罗斯联邦的首都。）

（2）当主语和谓语都用动词不定式表示时，例如：

Жить — Ро́дине служи́ть.（活着的价值就是为祖国服务。）

（3）当主语或谓语有一个是用不定式表示，而另一个用名词第一格表示时，例如：

На́ша зада́ча — учи́ться.（我们的任务是学习。）

Защища́ть Ро́дину — наш долг.（保卫祖国是我们的义务。）

（4）当谓语前有指示语气词 вот, э́то 时，在 вот, э́то 前用破折号。例如：

Хорошо́ учи́ться — вот на́ша зада́ча.（好好学习就是我们的任务。）

四 主语、谓语间的一致关系

1. 当主语为名词、代词时，谓语要在性、数、人称上与主语保持一致。例如：

Я пишу́ письмо́.（我在写信。）

Оте́ц прие́хал.（父亲来了。）

Эта кни́га моя́.（这本书是我的。）

2. 表示敬称的 **вы**（您）做主语时，动词和短尾形容词谓语用复数。例如：

Как **вы** себя́ чу́вству**ете**?（您自我感觉怎样？）

Вы больны́?（您生病了吗？）

如果谓语表语部分为长尾形容词和代词，那么形容词、代词用单数，而系词应用复数。例如：

Вы до́брый. — **Вы** бы́ли до́брым.（您是善良的。——您曾是善良的。）

Вы наш. — **Вы** бы́ли нашим.（您是我们的人。——您曾是我们的人。）

3. 某些表示人的身份、职务的名词，可指男人，也可指女人，可以（尤其在口语中）按实际所指保持一致关系。例如：

Секрета́рь уе́хал. — Секрета́рь уе́хала.（书记走了。——（女）书记走了。）

Врач сказа́л... — Врач сказа́ла...（医生说……——（女）医生说……）

但在严谨的书面语中，不论指男人或指女人，只能说 до́ктор（врач, инжене́р ...）сказа́л，即谓语要用阳性。

4. 数词、动词不定式及不变化词做主语时，谓语用单数、中性。例如：

Три́дцать де́лится на пять без оста́тка.（30可用5除尽。）

Отказа́ться от рабо́ты зна́чило задержа́ть всю брига́ду.（拒绝工作就意味着耽误全队的进度。）

Разда́лось гро́мкое «ура́».（传来了响亮的"乌拉"声。）

5. 主语为单用的集合数词（дво́е, тро́е ...）时，谓语一般用单数中性，也可用复数。例如：

Вско́ре из воро́т **вы́шло тро́е**.（很快有3个人走出了大门。）

Мину́ты две **че́тверо** в ко́мнате **молча́ли**.（4个人在房间里沉默了两分来钟。）

6. 主语为"数词+名词第二格"时，谓语与主语的一致关系比较复杂。

1) 强调数量意义时谓语一般用单数、中性。例如：

В го́роде **стро́ится** 17 но́вых заво́дов.（城里17座新工厂正在动工建设。）

245

Заво́д посети́ло сто пять делега́ций.（有105个代表团参观了工厂。）

句中有 всего́（总共）、то́лько（只有）等词强调数量时，谓语只用单数。例如：

Верну́лось то́лько пять солда́т.（只有5个战士回来了。）

Вы́ступило всего́ де́сять уча́стников.（总共有10位与会者发了言。）

2）反之，强调动作的积极性，强调动作主体的分散性、独立性，谓语则用复数。例如：

Два ма́льчика бро́сились в ра́зные сто́роны.（两个男孩向不同方向跑去了。）

Пя́ть студе́нтов сда́ли экза́мены на «отли́чно».（5个大学生考试成绩是"优秀"。）

3）动词谓语表示存在、有无或消极状态时，谓语一般用单数、中性。例如：

На столе́ бы́ло не́сколько книг.（桌上有几本书。）

На краю́ у́лицы стоя́ло пять но́вых домо́в.（街头有5栋新房子。）

4）如果"数词+名词二格"主语带有定语时，定语用复数，谓语也要用复数。例如：

Все три но́вых до́ма постро́ены на́ми.（3栋新房都是我们建造的。）

疑问代词 кто+из+名词复数二格作主语时，谓语一般用阳性、单数形式。如：

Кто из студе́нтов не пришёл на заня́тия?（哪个大学生没来上课？（这里指男，也可指女））

但当强调的是女性时，谓语用单数、阴性形式，按意义保持一致关系。如：

Кто из студе́нток не пришла́ на заня́тия?（哪个女大学生没来上课？）

Кто из медсестёр пришла́ пе́рвой?（哪个护士先来的？）

不定代词 кто-нибудь, кто-то 及否定代词 никто, некто 做主语时，谓语一般用单数、阳性；如：

Кто-то из делегатов **попросил** слова.（某个代表要求发言。）

Никто не **опоздал** сегодня.（今天没有人迟到。（包括男人和女人））

7. 关于系词的一致关系问题

1）静词性谓语中的系词一般与主语一致，而不与表语一致。例如：

Отец был сильная натура.（父亲是个性格刚强的人。）

Моя **мать была** инженером.（我母亲曾是位工程师。）

2）但在主语是指示代词 это（这是……）时，系词要与表语一致，而不与主语一致。例如：

Это **был** Владимир Ильич Ленин.（这是弗拉基米尔·伊里奇·列宁。）

Это **была** Зоя Анатольевна Космодемьянская.（这是卓娅·阿纳托利耶夫娜·柯斯莫捷米扬斯卡娅。）

3）当名词一格＋с＋名词五格做主语时，谓语的数形式视具体情况而定。如：

（1）Брат с младшей сестрой **уехали** в деревню.（哥哥和妹妹到乡下去了。）

（2）Брат с сестрёнкой **уехал** в деревню.（哥哥带小妹妹到乡下去了。）

上述二例的情况不同：例（1）брат с младшей сестрой 一起做主语，谓语用复数；例（2）主语是 брат，而 с сестрёнкой 在句中不是主语，而是补语。因此，谓语用单数。

第三章
句子次要成分

一 补语

1. 直接补语（прямое дополнение）

受及物动词支配，表示动作的直接客体的补语叫直接补语，通常用不带前置词的第四格形式表示，回答 кого-что? 问题。例如：

Ва́нька ко́нчил **письмо́** и отпра́вил **его́** по электро́нной по́чте.（万卡写完信，便通过电子邮箱将其发送了出去。）

Ли Хун услы́шала **звоно́к** и откры́ла **дверь**.（李红听见门铃响便打开了门。）

有些表示情态感觉、感受等意义的谓语副词，如 на́до（需要）、ну́жно（怜悯），жаль（可怜）等也要求不带前置词的第四格作直接补语。例如：

Кого́ вам **на́до**?（您找谁？）

Мне **на́до кни́гу** о кита́йской револю́ции.（我要一本关于中国革命的书。）

Де́вочке ста́ло **жа́лко** слепо́го **ма́льчика**.（小姑娘怜悯起盲童来。）

及物动词前有 не, нельзя́ 时，直接补语可用二格，也可用四格，如：

Он не ел хле́ба. 或 Он не ел хлеб.（他没吃面包。）

通常情况下，具体名词、动物名词多用四格，抽象名词一般用二格。例如：

Ребя́та бо́льше не ви́дели свою́ **учи́тельницу**. (孩子们再没见到自己的女老师。)

Он не име́л **возмо́жности** учи́ться. (他没有学习的机会了。)

Орке́стр игра́л до́лго, но ма́льчик не замеча́л **вре́мени**. (乐队演奏的时间很长，然而男孩竟未察觉到时间的流逝。)

> 要注意：当句中有 ни, никако́й, никто́, ниче́й, ни оди́н 时，补语应当用二格。例如：
>
> **Никто́** не получи́л **пи́сем**. (谁也没收到信。)
>
> Я **не** получи́л **никако́го письма́**. (我没收到任何来信。)
>
> Он **не** получи́л **ни рубля́**. (他一卢布也没收到。)
>
> Она́ **не** прочита́ла **ни одно́й кни́ги**. (她一本书也没有读完。)
>
> 某些及物动词可要求二格补语，表示部分客体，如：Я вы́пил **воды́**。(我喝了点水。) 试比较：Я вы́пил **во́ду**. (我喝了水。) 但这种用法已趋于少见。

2. 间接补语（ко́свенное дополне́ние）

直接补语外的其他补语都叫间接补语。

间接补语一般用不带前置词的第二、三、五格，或带前置词的第二、三、四、五、六各格表示。例如：

У биофи́зики большо́е бу́дущее. (生物物理学有着广阔的前景。)

Жела́ю вам **до́брого пути́**. (祝您一路平安。)

Он ча́сто помога́ет **мне**. (他经常帮助我。)

Пиши́ **нам** поча́ще! (常给我们写信。)

Мы удивлённо посмотре́ли **на де́вушку**. (我们惊奇地看了看这位姑娘。)

Автома́ты следя́т **за безопа́сностью** движе́нии, управля́ют **поезда́ми** и **самолётами**. (自动装置能监视机器的安全运转，能操纵火车和飞机。)

表示行为工具的第五格也是间接补语。如：

Пиши́ **ру́чкой!** (用钢笔写！)

Ма́льчик ест **ло́жкой**.（男孩用匙子吃饭。）

被动结构中行为主体第五格也是间接补语。如：

Дом стро́ится **рабо́чими**.（房子由工人建造。）

План был вы́полнен э́тим **заво́дом**.（计划由这座工厂完成了。）

除了动词可以要求间接补语之外，形容词或形容词比较级等也具有此项功能。例如：

Мы бу́дем **вам** о́чень благода́рны.（我们将非常感谢您。）

Он ста́рше **меня́ на два го́да**.（他比我大两岁。）

大部分间接补语表示客体意义，但传统语法的"间接补语"中，也包括了表示主体意义的成分。例如：

Мне хо́лодно.（我感到冷。）

Нам не нужна́ никака́я благода́рность.（我们不需要任何感激。）

В конце́ концо́в **Алёше** пришло́сь поки́нуть парохо́д.（最后阿廖沙不得不离开了轮船。）

3. 动词不定式表示的补语

不定式也可做补语。例如：

（1）Това́рищ часово́й, прика́зываю **оста́вить** пост.（哨兵同志，我现在命令你撤离岗位。）

（2）Я научи́лся **произноси́ть** «р».（我学会了发"P"这个音。）

上面例句中的不定式都是补语，回答间接格问题，如例（2）**Чему́** ты научи́лся? Я научи́лся произноси́ть «р» — научи́лся 和 произноси́ть 是同一主体（同一人）(я) 的行为。而所谓**客体不定式**则是不定式表示的是另外一个主体的行为，如例（1）Прика́зываю оста́вить пост — прика́зываю 是 "я" 的行为，оста́вить 则是 часово́й（哨兵）的行为。

表示请求、建议、命令、禁止等意义的动词，如：проси́ть/ попроси́ть（请求），сове́товать/ посове́товать（建议），прика́зывать/приказа́ть（命令），разреша́ть/разреши́ть（准许），позволя́ть/позво́лить（允许），

запреща́ть/запрети́ть（禁止）, помога́ть/помо́чь（帮助）, учи́ть/ научи́ть（学会；教）, вы́учить（教）等动词通常要求不定式补语。例如：

Он помога́ет мне **реша́ть** зада́чи.（他帮我解题。）

Кто тебя́ вы́учил так хорошо́ **игра́ть** на роя́ле?（是谁教你钢琴弹得这样好？）

二 定语

1. 概述

定语 (определе́ние) 是句子次要成分之一，通常说明名词，表示人或事物的特征、性质、所属关系及顺序等，回答 како́й?（什么样的？）, чей?（谁的？）, кото́рый?（哪一个，第几个？）的问题。例如：

Стоя́ла **лу́нная** ночь **ра́нней** о́сени.（是初秋的一个月夜。）

(**Кака́я** ночь? **Лу́нная** ночь. Ночь **како́й** о́сени? Ночь **ра́нней** о́сени.)

Ро́диной мы зовём **на́шу** страну́.（我们把自己的国家称作祖国。）

(**Чью** страну́? **На́шу** страну́.)

Мы живём на **второ́м** этаже́.（我们住在二层楼上。）

(На **кото́ром** этаже́? На **второ́м**.)

定语分为一致定语与非一致定语。

2. 一致定语与非一致定语

定语一般是说明名词的。用形容词、代词、顺序数词、形动词表示的定语要和被说明的名词在性、数、格上保持一致，这样的定语叫**一致定语** (согласо́ванное определе́ние)，如：Это **но́вая** ко́мната.（这是个新房间。）Все собрали́сь в **но́вой** ко́мнате.（大家都集合在新房间里。）но́вая 要在性、数、格上与ко́мната 保持一致。

一致定语是最常见的定语。除了一致定语还有**非一致定语**(несогласо́ванное определе́ние)。非一致定语与被说明名词在性、数、格上并不一致。例如：Все собрали́сь в ко́мнате **бра́та**.（大家都聚集在哥哥的房间里。）这句话中，бра́та 是 ко́мната 的定语，但与 ко́мната 不存在性、数、格上的一致，试比较 Это ко́мната бра́та.（这是哥哥的房间。）Это ко́мната **бра́тьев**.（这是哥哥们的房间。）

1）非一致定语多用名词第二格表示（如上例 ко́мната **бра́та**），也可用其他带或不带前置词的间接格表示。例如：

Лю́ди до́лго иска́ли доро́гу **к сча́стью**.（人们长时间地寻找一条通往幸福的道路。）（иска́ли **каку́ю** доро́гу？）

Я купи́л кни́гу с **карти́нками**.（我买了本带插画的书。）

Он взял о́тпуск **на неде́лю**.（他请了一周的假。）

У всех де́вочек ко́сички **кольца́ми**.（所有小女孩都盘着环形辫子。）

2）非一致定语也用副词、形容词比较级、动词不定式表示。例如：

Апте́ка нахо́дится в до́ме **напро́тив**.（药房在对面的那所房子里。）（В како́м до́ме？）

Кита́й **сего́дня** — э́то не Кита́й **вчера́**.（今天的中国已不是昨天的中国了。）（Како́й Кита́й？）

Да́йте мне кни́гу **поинтере́снее**.（请给我一本比较有趣的书。）（Каку́ю кни́гу？）

Жела́ние **чита́ть** ещё окре́пло.（读书的愿望更加强烈了。）（Како́е жела́ние？）

3）非一致定语也用第三人称物主代词表示：

Это **их** класс.（这是他们的教室）（Чей класс？）

Его́ брат рабо́тает на заво́де.（他的哥哥在工厂工作。）(Чей брат？)

三　同位语

1. 概述

同位语(приложе́ние) 是一种特殊形式的定语，是用名词说明名词的定语。

учени́к-отли́чник（优等生）

го́род-геро́й（英雄城）

писа́тель Чехов（作家契诃夫）

一个普通名词做另一个普通名词的同位语时，通常中间加连字符"-"；专有名词与普通名词构成同位关系时，则不加。

2. 同位语的功能

1）表示事物的性质、特征；

учени́к-отли́чник（相当于 отли́чиый учени́к）

го́род-геро́й（相当于 герои́ческий го́род）

стари́к-крестья́нин（相当于 ста́рый крестья́нин）

2）表示人的职业、专长、性别、身份、国籍等；

по́вар Ван（王厨师）

музыка́нт Бетхо́вен（音乐家贝多芬）

шофёр-кита́ец（中国司机）

ба́бушка-стару́шка（老祖母）

учёный-фи́зик（物理学家）

же́нщина-врач（女医生）

ма́льчик-худо́жннк（小画家）

以上两种同位语与本位语在格上一致，叫一致同位语。

3）表示报刊、书籍、企业等事物的名称，第一个字母大写，放在引号内，一般不变格（只本位语变格）。这类与本位语不同格的同位语，叫非一致同位语。例如：

газе́та «Пра́вда»（《真理报》），в газе́те «Пра́вда»

кинофи́льм «Основа́ние а́рмии»（影片《建军大业》），о кинофи́льме «Основа́ние а́рмии»

当城镇、村落名称作同位语时，虽不放在引号内，但也常不变格，这种用法主要见于铁路、电信用语中。如通常说в го́роде Москве́（在莫斯科市），但铁路、军事上则常说в го́роде Москва́.

3. 同位语的识别

1）在同位语和被说明的本位语中，一个是普通名词，另一个是专有名词时，除了人的姓名外，一般专有名词都起着普通名词同位语的作用。

如果专有名词是人的姓名，则普通名词是同位语。例如：

го́род **Шахна́й**（上海市），дере́вня **Го́рки**（高尔基村）

кинофи́льм **«Мо́лодость»**（影片《芳华》）

писа́тель Лу Синь（作家鲁迅）

инжене́р Ива́нов（伊凡诺夫工程师）

президе́нт Пу́тин（普京总统）

2）如果同位语和被说明的本位语都是普通名词，则表示职业、身份、民族、国籍、性别、年龄等特征的普通名词通常被看作是同位语。例如：

солда́т-танки́ст（坦克兵）

учёный-хи́мик（化学家）

же́нщина-машини́ст（女司机）

стари́к-крестья́нин（年老的农民）

уча́щиеся-кита́йцы（中国学生们）

同是职业身份的概念，含义窄小的是同位语。例如：

учёный-гео́лог（地质学家）

四 状语

1. 概述

状语(обстоя́тельство)是次要成分的一种，说明行为的特征和状态、特征的程度，指出行为进行的方式、时间、地点、原因、目的、条件等。状语常用副词、副动词、带或不带前置词的名词间接格表示。例如：

Она́ говори́ла это **ве́село**.（她愉快地谈了这件事。）

По́сле дождя́ ста́ло прохла́дно. Мо́жно пое́хать **на экску́рсию**.（雨后天气凉爽起来。可以出去游览了。）

有时一个状语由一个词组来表示。例如：

Они́ трудя́тся **от всего́ се́рдца**.（他们全心全意地劳动着。）

Он бежа́л **сломя́ го́лову**.（他拼命地跑着。）

状语一般可分为：1）行为方式状语；2）程度与度量状语；3）处所状语；4）时间状语；5）原因状语；6）目的状语；7）条件状语；8）让步状语。

2. 行为方式状语（обстоя́тельство о́браза де́йствия)

表示动作、状态的方式、方法，回答как?（怎样？），каки́м о́бразом?（如何？）。行为方式状语通常用副词、名词间接格（多为带或不带前置词с的第五格）以及副动词表示。例如：

Мы расста́лись **дру́жески**.（我们友好地分手了。）

Этот вопро́с мы реши́ли **с трудо́м**.（这个问题我们好不容易才解决了。）

Повтори́ла она́ **дро́гшим го́лосом**.（她用颤抖的声音重复说。）

Высо́кими те́мпами развива́ется на́ше наро́дное хозя́йство.（我国的国民经济在高速度地发展。）

Он говори́т **волну́ясь**.（= с волне́нием）（他激动地说着。）

3. 程度与度量状语（обстоя́тельство сте́пени и ме́ры）

这里宜分开来讲。

1) **程度状语**（обстоя́тельство сте́пени）——表示行为或特征显现的程度，说明动词或形容词及副词，回答как? в како́й сте́пени?（何种程度？）问题。一般用程度副词，如：

Мы **о́чень** уста́ли.（我们很累。）

Ва́ша то́чка зрения́ **совсе́м** оши́бочна.（你的观点是完全错误的。）

Он говори́т по-ру́сски **дово́льно** свобо́дно.（他俄语讲得相当流利。）

程度状语也常用带前置词的名词间接格形式表示。如：

Зри́тели волнова́лись **до слёз**.（观众激动得流出了眼泪。）

Вода́ подняла́сь **по по́яс**.（水涨到齐腰深。）

2) **度量状语**（обстоя́тельство ме́ры）表示行为、事物量的特征。回答ско́лько?（多少？），ско́лько раз?（多少次？），как до́лго?（多久？）等问题。如：

Они́ гуля́ли **до́лго, до глубо́кой но́чи**.（他们散步散了很久，一直到深夜。）

Они́ бесе́довали **це́лыми часа́ми**.（他们一连谈了好几个小时。）

Этот стол сто́ит **ты́сячу юа́ней**.（这张桌子价值千元。）

Эта у́лица тя́нется **на два киломе́тра**.（这条街长2公里。）

Она́ **три́жды** по-ру́сски поцелова́ла меня.（她按俄罗斯的方式亲了我三次。）

4. 处所状语（обстоя́тельство ме́ста）

表示行为、状态的地点，或运动的方向、目的、起点、途径、终点等，回答где? куда́? отку́да? 的问题。例如：

Наконе́ц стари́к прие́хал **в Москву́**.（老人终于来到了莫斯科。）

Ни́на и её однокýрсники пошли́ **на ре́ку**.（尼娜和同学们到河边去了。）

Много сне́гу **во дворе́**. (院子里有很多积雪。)

По не́бу летя́т самолёты. А **по моря́м** плыву́т корабли́. (天上飞行着飞机，海上航行着船舶。)

За́яц вы́скочил **и́з лесу** и побежа́л по́лем. (一只兔子从森林里窜出，在田野上跑了起来。)

5. 时间状语（обстоя́тельство вре́мени）

表示行为进行的时间，通常用带或不带前置语的名词间接格表示，回答 когда́? с каки́х пор? до каки́х пор? как до́лго? 的问题。

时间状语常用副词或名词间接格表示。例如：

По́сле обе́да Ва́ся немно́го погуля́л, пото́м пришёл домо́й и стал чита́ть. (午饭后，瓦夏散了会儿步，然后回到家便开始看书。)

Че́рез не́сколько мину́т му́зыка сти́хла. (过了一会儿，乐曲声停了。)

С шести́ часо́в утра́ до полу́ночи Алёша мыл посу́ду. (阿廖沙当时从早晨六点钟到半夜一直在洗餐具。)

时间状语也可用副动词和副动词短语表示。例如：

Одна́жды ве́чером, **ко́нчив рабо́ту**, Бетхо́вен гуля́л со мной по у́лице. (一天傍晚，贝多芬在工作之余，同我在街上散步。)

Прочита́в расска́з, А́нна Петро́вна закры́ла кни́гу. (安娜·彼得罗芙娜读完故事之后，就把书合上了。)

6. 原因状语（обстоя́тельство причи́ны）

表示行为、特征产生的原因或根据，回答 почему́? от чего? 的问题，常用前置词 из, из-за, от, по, благодаря́, за 等加上相应格的名词（代词）表示。例如：

Все за́мерли **от стра́ха**. (大家都吓呆了。)

По боле́зни она́ не пришла́ на уро́к. (她因病没来上课。)

Та́ня просыпа́ется **от тяжёлых шаго́в и незнако́мых голосо́в в сосе́дней ко́мнате**.（丹娘被隔壁房间沉重的脚步声和陌生人的说话声给吵醒了。）

7. 目的状语（обстоя́тельство це́ли）

表示行为的目的，回答для чего́? зачем? 的问题，常用动词不定式，для +第二格，за +第五格，во и́мя чего́表示。例如：

Оте́ц побежа́л **иска́ть** сы́на.（父亲跑去找儿子了。）

Я пойду́ в столо́вую **за водо́й**.（我去食堂打水。）

8. 条件状语（обстоя́тельство усло́вия）

表示行为现象发生的条件，回答при како́м усло́вии?（在什么条件下？）в како́м слу́чае?（在什么情况下？）的问题。常用带前置词в слу́чае, при的名词间接格表示。例如：

При стара́нии вы смо́жете доби́ться больши́х успе́хов.（只要努力你就能取得很大成就。）

В тако́м слу́чае я согла́сен.（在这种情况下我同意。）

В слу́чае непого́ды возьми́те проводника́.（在天气不好的情况下，请带一名向导。）

条件状语也可用副动词短语表示。例如：

Не бери́тесь за но́вое, **не усво́ив ста́рое**.（没掌握旧知识，别去抓新的。）

9. 让步状语（обстоя́тельство усту́пки）

表示可能影响，但实际上并没影响行为发生的条件，回答несмотря́ на что?（不管……，尽管……，虽然……）的问题。例如：

Несмотря́ на до́ждь, мы пошли́ на рабо́ту.（尽管下雨，我们仍然上班去了。）

Несмотря́ на по́здний час, на у́лицах бы́ло мно́го наро́ду.（虽然很晚了，

但街上的人仍然很多。）

При всём жела́нии я не могу́ зайти́ к вам за́втра.（尽管满心愿意，但明天我还是不能上您那儿去。）

Вопреки́ сове́ту врача́ больно́й вы́шел из больни́цы.（病人不顾医生的劝告，出院了。）

10. 方面状语

这种状语表示事物特征属哪一方面（一些学者称之为"方面状语"），回答 в како́м отноше́нии?（在什么方面？）或 с како́й то́чки зре́ния?（从什么观点来看？）问题。

Она́ **полити́чески** надёжна.（她在政治上是可靠的。）

За после́дние го́ды на́ша страна́ **экономи́чески** бы́стро развива́ется.（近几年我国在经济上发展很快。）

За ле́то я **физи́чески** окре́п.（一个夏天我身体就强壮了。）

第四章
单部句

在俄语中，除了 主语+谓语 这种双部句类型外，还有**单部句**（односоставные предложения），即只有一种主要成分（带或不带次要成分）的句子。单部句的主要成分或相当于谓语，或相当于主语（以下为方便起见，统称为主语或谓语）。

Убива́йте, всё равно́ **не скажу́**!（你们杀了我吧，反正我不说！）

И **ве́тер**, и **дождь**. **Ночь темна́**.（又刮风，又下雨。夜一片漆黑。）

俄语中单部句通常分为如下类型：

一 确定人称句

确定人称句（определённо-ли́чное предложе́ние）分为以下两种形式：

1. 第一、第二人称动词（+其他成分）

Жду тебя́.（我等你。）

Благодарю́ за внима́ние!（多谢关照！）

Ви́дишь э́то?（你看到这个吗？）

Продолжа́ем идти́ да́льше.（我们继续往前走。）

俄语中，表示"我，我们""你，你们"或干什么事时，可以不用主语，因为动词在作谓语的同时也指明了人称。汉语的"等你"不清楚是谁等你。可能是"我"等你，也可能是"他"等你，而俄语的 жду тебя́ 动词人称形式本身就清楚指明是"我等你"。

2. 第一、第二人称命令式（+其他成分）

Возьми́те мою́ кровь!（请抽我的血吧！）

Бу́демте друзья́ми!（让我们交个朋友吧！）

Не три́те глаза́ рука́ми.（别用手擦眼睛！）

俄语第一、二人称命令式使用时一般不加主语，如"请你大声点说"是 Говори́те гро́мче! 而不是 вы говори́те гро́мче.

二 不定人称句

不定人成句(неопределённо-ли́чное предложе́ние)表现形式如下：

动词复数第三人称形式 动词过去时复数形式	+（其他成分）

不定人称句由动词复数第三人称形式（过去时用复数）做主要成分，加其他成分构成，句中无主语。例如：

Тебя́ **зову́т**!（有人叫你！）

Ско́ро здесь **откро́ют** ста́нцию Метро́.（这里很快要建成地铁站。）

Копе́рника **уважа́ли** за обши́рные зна́ния.（由于知识渊博，哥白尼受到人们的尊敬。）

不定人称句的特点是强调行为本身，而行为是由谁进行的抑或不重要，抑或不知道，抑或不清楚，总之不明确指出。如: Тебя́ зову́т.（有人找你），重要的是"有人找",至于"谁"找则不重要或不清楚。又如:Из чего́ де́лают пласти́нки?(唱片是用什么材料做的?)

汉语里相应的句子往往是加"人们""有人"(见上面的译文);或俄语的补语变为汉语的主语,如:Меня́ зову́т Чжан Лин.(我叫张林。)Команди́ра ра́нили.(司令员受伤了。)

三　泛指人称句

泛指人称句(обобщённо-ли́чное предложе́ние)中,行为主体不是指具体的某个人(或某些人),而是泛指所有人的单部句。其谓语用动词现在时(或完成体将来时)单数第二人称形式表示。

1. 动词单数第二人称形式 + 其他成分

Слеза́ми го́рю не **помо́жешь**.(哭不能解忧。)

Ши́ла в мешке́ **не утаи́шь**.(纸包不住火。)

Ра́зве **найдёшь** на све́те челове́ка с тако́й хоро́шей па́мятью?(难道在世界上找得到记忆力如此惊人的人吗?)

2. 动词单数第二人称命令式+其他成分

Ку́й желе́зо, пока́ горячо́.(趁热打铁。)

Век **живи́**, век **учи́сь**.(活到老,学到老。)

Не **спеши́** языко́м, **торопи́сь** де́лом.(少说多做。)

四　无人称句

没有主语，也不可能有主语的句子，叫无人称句（безли́чное предложе́ние）。句中主要成分是用无人称动词、谓语副词等表示。无人称句一般表达不以人们的意志为转移的状态。从语法形式上看是无主语，而从语义功能角度上看无人称句中可能有明确的主体。如：

Мне хо́лодно.（我（感到）冷。）

无人称句常用下列句式表示：

1. 时间状语／处所状语 + 谓语副词

这种句子表示自然现象或周围环境的状态。例如：

В аудито́рии **светло́**.（教室里很明亮。）

К ве́черу стало **темно́**.（傍晚天黑下来了。）

Наверху́ **жа́рко**, а здесь **прохла́дно**.（上面热，这里凉快。）

2. 名词（代词）第三格+谓语副词

这种句子表示人的心理或生理状态，状态主体用第三格表示。例如：

Ему́ было **хо́лодно**.（他（曾）感到冷。）

Среди́ вас **мне** о́чень **ве́село**.（在你们当中我感到很快乐。）

3. 无人称动词+时空词语

这种句子表示自然状态。例如：

Вечере́ет.（黄昏。）

К ве́черу **похолода́ло**.（傍晚时分天变冷了。）

Ста́ло смерка́ться.（天黑下来了。）

В во́здухе **па́хнет** весно́й.（空气中散发着春天的气息。）

4. 名词（代词）第三格+无人称动词

这种句子表示人的生理或心理等状态。例如：

Мне **нездорóвится**.（我感觉不舒服。）

Емý **не сидéлось**, и он пошёл гулять.（他坐不下去，于是去散散心。）

5. 名词（代词）第四格+无人称动词

无人称动词表示人的生理状态，主体用第四格表示。例如：

Меня **рвёт**.（我呕吐。）

Стáршую сестрý **знобит**.（姐姐发冷。）

Больнóго весь вéчер **тошнило**.（病人恶心了一晚上。）

6. 谓语副词+动词不定式

表示各种情态意义，主体用第三格表示。例如：

Мóжно войти?（可以进来吗？）

Это мне **нýжно знать** зáвтра ýтром.（这件事我需要明天一早就知道。）

Ужé двенáдцать часóв. **Порá обéдать**.（已经十二点了，该吃午饭啦。）

7. 名词（代词）第三格+хóчеться（或 удалóсь）+动词不定式

表示某人愿意干什么事，或得以成功地完成某事（注意：удáстся 或 удалóсь 只接完成体不定式）。例如：

Мне **хóчется поигрáть**.（我想玩一会儿。）

Они искáли Лéнина. Но **найти** его им **не удалóсь**.（他们去找列宁，然而他们没有找到他。）

8. 名（代）词第二格+ **не** +存在动词
(单数第三人称，过去时用中性）

这种句子否定事物的存在，被否定的事物用第二格。句中常用状语或 у когó 型补语。例如：

У меня **нет врéмени**.（我没有时间。）

В садý ужé **никогó не было**.（花园里已经一个人也没有了。）

9.	名词第二格 +	ста́ло, ста́нет стано́вится станови́лось есть бы́ло бу́дет	+ бо́льше ме́ньше

这个句式表示某事物变多，变少，表示事物的词用第二格。例如：

Во́здуха стано́вится ме́ньше и ме́ньше.（空气将越来越稀薄。）

Зри́телей ста́ло бо́льше, чем ра́ньше.（观众比过去多了起来。）

10. 形动词无人称句，借助 быть 的无人称形式（бы́ло, бу́дет）表示时间。

Ска́зано — сде́лано.（说到做到。）

В кино́ запрещено́ **кури́ть.**（电影院里禁止吸烟。）

Про о́тдых **бы́ло забы́то.**（休息也忘了。）

五　不定式句

不定式句（инфинити́вное предложе́ние）的特点是用动词不定式做句子的主要成分。常见的不定式句类型如下：

1. 动词不定式！

表示断然命令，句末用感叹号。例如：

Встать！（起立！）

Разойти́сь！（解散！）

2. 名（代）词第三格+不定式+ бы

这类句子表示愿望、劝告。没有主体时，表示说话人本人的愿望，而表示建议、劝告时，则加主体三格，不定式一般用完成体。例如：

Вам бы пойти погулять.（你们该去散散步。）

Не опоздать бы нам на урок.（我们可别上课迟到呀。）

Отдохнуть бы немного.（能休息一会儿该多好。）

3. 名（代）词第三格+不定式

1）动作的不可避免。例如：

Быть дождю.（准要下雨！）

2）动作的必要性。例如：

Мне выступать первыму.（我得第一个发言。）

（相当于：Я должен выступать первый.（我应当第一个发言。））

Нам завтра **ехать** в Шанхай.（我们明天必须去上海。）

（相当于：Завтра мы должны ехать в Шанхай.（我们应当明天去上海。））

3）动作的不可能（完成体不定式与 не 连用）

Ему не понять этого.（他不可能理解这个。）

（相当于：Он не может понять этого.）

Кольке не решить этой задачи.（柯里卡解不出这道题。）

（此句可换成 Колька не сможет решить этой задачи.）

4. 疑问代（副）词+不定式

这种句子表示①可以（можно）②应该（следует, нужно）。例如：

О чём рассказать?（该谈什么呢？）

Как мне **пройти** к декану?（我怎么走能找到系主任呢？）

Научи ты меня, **как** мне **жить** теперь?（你教教我，我现在该怎样去生活？）

5. 名（代）词第三格主体+否定代（副）词+不定式

这类句子表示某人"无（没有）……可……"的意思，说明由于没有客体、时间、处所等，行为无从做起。例如：

Мне не с кем поговори́ть.（我无人可与之谈话。）

Нам не́куда пойти́.（我们无处可去。）

Мне не́чего доба́вить.（我没有什么可补充的。）

这种句子与其他不定式句不同，可用于现在、过去和将来三个时间。过去时加系词бы́ло，将来时加бу́дет。例如：

Вчера́ мне не с кем **бы́ло** игра́ть, так как все бы́ли за́няты.（昨天没有人跟我玩，因为大家都在忙。）

За́втра мне **бу́дет** не с кем игра́ть, так как все бу́дут за́няты.（明天没有人跟我玩，因为大家都要忙。）

六　主格句

主格句（номинати́вное предложе́ние）又叫称名句，句中主要成分由名词一格形式、数词—名词词组表示，句中没有谓语，主格句只能有现在时，否则成了双部句。如：Была́ ночь.（那时是黑夜。）主格句用来表示事物的存在或评价。例如：

Вот на́ша шко́ла.（这就是我们的学校。）

Хо́лод, снег, полго́да нет со́лнца.（寒冷，冰雪，半年不见太阳。）

Кака́я прекра́сная ночь!（多美的夜啊！）

主格句有以下类型：

1. 指示句

> вот + 名（代）词第一格

指出事物的存在，意为"这（就）是……"。вот指近，вон指远，例如：

Вот Анто́н.（这就是安东。）

Вот наш профе́ссор.（这就是我们的教授。）

Вон самолёт.（瞧，飞机。）

2. 一般存在句

> 名词、数词（词组）一格

表示事物的存在，但不带指示因素。例如：

Тишина́. Моро́з. Снег лежи́т.（寂静。严寒。茫茫白雪。）

Два часа́. Уже́ по́здно.（两点钟。已经不早了。）

Пять часо́в у́тра.（早上五点钟。）

3. 评价句

> 表评价意义的名词第一格
> како́й（＋形容词）＋名词第一格！

表达说话人对事物的评价，带有强烈感情色彩。例如

Молоде́ц!（好样儿的！）

Срам!（耻辱！）

Вот так гроза́!（好大的雷雨！）

Како́й краси́вый пейза́ж!（多美丽的景色啊！）

4. 示警称名句

> 名词一格！

有些称名句带有警告、通知可能出现某种危险等意味。如：

Внима́ние!（当心（小心）！）

Пожа́р!（失火啦！）

Бо́мба! Ложи́сь!（炸弹！趴下！）

Землетрясе́ние! Побежи́м поскоре́е!（地震了！快跑！）

第五章
独词句与不完全句

一 独词句

独词句（слóво-предложéние）是由一个词构成，分不出主语与谓语，不能扩展的句子。这种句子又叫**句法上不可分解句**。构成独词句的都不是实词，通常用语气词或感叹词表示。

由语气词 да 和 нет 构成的独词句最为常见。例如：

① — Сегóдня пя́тое?（今天是五号吗？）

— **Да**.（是的。）

② — Вы кýрите?（您吸烟吗？）

— **Нет**.（不吸。）

其他表肯定、否定的词语如 конéчно, непремéнно 等也构成独词句。例如：

① — Вы придёте?（您来吗？）

— **Конéчно**.（当然。）

② — Рáзве э́то секрéт?（难道这是秘密？）

— **Разумéется**.（那还用说。）

表示疑问的独词句常用的词有：Да?（是吗？），Неужéли?（真的吗？），Рáзве?（是吗？），Нет?（不是吗？），Ну?（怎么回事？），А что?（怎的？）等。

做独词句的可以是感叹词。感叹词构成的独词句，有的是表达祈使意义的，有的是礼貌用语，例如：

Тс-с. Таню́ша спит.（嘘，塔纽莎在睡觉。）

Бис, бис!（再来一个！再来一个！）

Я возвраща́ю вам кни́гу. **Спаси́бо!**（我还给您书，谢谢！）

До свида́ния!（再见！）

二 不完全句

在言语活动中，某些句子成分常常被省去。这些省略的成分，根据言语环境和上下文，往往很容易恢复。这种在语法结构上不完整的，但在具体上下文、语境中缺位的成分语义又相对明确的句子叫不完全句（непо́лное предложе́ние）。例如：

① — Кто пришёл?（谁来了？）

　　— **Брат**.（哥哥。）（完全句为 Брат пришёл. 省略了 пришёл）

② — Как тебя́ зову́т?（你叫什么？）

　　— **Серёжа**.（谢廖沙。）（完全句为 Меня́ зову́т Серёжа.）

省略的可以是主要成分，也可以是次要成分。例如：

— Куда́ она́ ушла́.（她上哪儿去了？）

— В шко́лу.（上学校去了。）（此处省略了主语和谓语 Она́ ушла́.）

也可能同时省略了主要成分和次要成分。例如：

— Я давно́ её зна́ю.（我早就认识她。）

— Давно́?（早就认识了吗？）（此处省略了主语、谓语、补语）

第六章
同等成分

一 概述

在句中与同一成分发生关系，起相同句法功能的并列成分，叫**同等**成分（однорóдные члéны предложéния）。

在 Наш класс **большóй** и **свéтлый**.（我们的教室大而明亮。）一句中，**большóй** 与 **свéтлый** 就是同等成分，是 класс 的同等谓语。

同等成分常用并列连接词 и, а, но, и́ли, ни ... ни... , не тóлько ... но и 等连接，也可不用连接词，书写时用逗号。例如：

Онá не тóлько **рабóтала**, но и **учи́лась**.（她不仅工作，而且还学习。）

Я придý **зáвтра** и́ли **послезáвтра**.（我明天或者后天来。）

Лю́ди рабóтали **спокóйно, молчали́во**.（人们安静地、默默地工作着。）

二 类别

各种句子成分都可成为同等成分。

1. 同等主语

На бензи́не рабóтают **самолёты, корабли́, автомоби́ли**.（飞机、轮船、汽

车都是用汽油来开动的。）

Через час **па́па, ма́ма** и **Ва́ня** бы́ли до́ма.（一小时之后，爸爸、妈妈和万尼亚都在家里啦。）

2. 同等谓语

Они́ **взя́ли** такси́ и **пое́хали** в аэродро́м.（他们打了一辆出租汽车就往机场去了。）

Чист и **свеж** во́здух.（空气清新。）

3. 同等定语

В саду́ расту́т **бе́лые, кра́сные** и **жёлтые** цветы́.（花园里盛开着白色、红色和黄色的花朵）

4. 同等补语

Из пластма́ссы де́лают ещё **игру́шки, телефо́н, телеви́зор** и **автомоби́ль**.（用塑料还能制造玩具、电话机、电视机、汽车。）

Ба́бушка не ест ни **ры́бы**, ни **мя́са**.（祖母既不吃鱼，也不吃肉。）

5. 同等状语

Ле́на пи́шет **бы́стро** и **краси́во**.（列娜的字写得既快又漂亮。）

Лес всегда́ прекра́сен: и **зимо́й**, и **весно́й**, и **ле́том**, и **о́сенью**.（无论春夏秋冬，森林总是美的。）

三 同等主语与谓语的一致问题

1. 同等主语在前时，谓语用复数。 例如：

Юра и Ва́ня возвраща́лись из шко́лы домо́й. （尤拉和万尼亚放学回家了。）

Це́лый день **авто́бусы и тролле́йбусы во́зят** пассажи́ров по го́роду. （公共汽车和无轨电车整天在城里运送乘客。）

Ни он, ни она́ не зна́ли об э́том. （无论是他还是她，都不知道这件事。）

2. 如果同等主语在谓语前，用 А, а не Б 或 не А, а Б 形式连接，谓语要与实际主语性、数上一致。 例如：

Ната́ша, а не Алексе́й **пришла́**. （是娜塔莎而不是阿列克谢来了。）

Не ната́ша, а **Алексе́й пришёл**. （不是娜塔莎，而是阿列克谢来了。）

Рома́н, а не по́весть **бу́дет опублико́ван** в журна́ле. （是长篇而不是中篇小说将在杂志上发表。）

Не рома́н, а **по́весть бу́дет опублико́вана** в журна́ле. （不是长篇，而是中篇小说将在杂志上发表。）

当主语在谓语之后时，谓语与最近的主语一致，而不管它是不是行为的实际主体。这里可理解为就近原则。例如：

Пришла́ не **Ната́ша,** а Алексе́й. （来的不是娜塔莎，而是阿列克谢。）

Пришёл не **Алексе́й,** а Ната́ша. （来的不是阿列克谢，而是娜塔莎。）

3. 用 и 连接的同等主语在谓语之后时，谓语可用复数，也可与最近的主语在性、数上一致。 例如：

В ко́мнату **вошли́ молода́я же́нщина и ма́льчик**. （一位年轻妇女同一个小男孩走进房间。）

В ко́мнату **вошла́ молода́я же́нщина** и ма́льчик. （走进房间的是一位年轻妇女和一个小男孩。）

如果谓语表示同等主语的共同行为，强调行为是多数主体一起进行的，则用复数。例如：

В кабине́те бесе́дуют дире́ктор и учи́тель.（办公室里校长和一位老师在谈话。）该例中дире́ктор 与 учи́тель 一起是 бесе́довать 的主体，所以谓语用了复数形式。

用 и 连接的同等主语中有 я, мы 时，谓语用第一人称；第二、第三人称合用时，谓语取复数第二人称，如：

Па́па, Ма́ма и **я живём** в Харби́не.（爸爸、妈妈和我住在哈尔滨。）

Ты и Пе́тя за́втра **пойдёте** на экза́мен.（你和别佳明天去考试。）

4. 用 и́ли 连接的同等主语：

1）放在谓语之后时，谓语与最邻近的主语一致。例如：

Пойдёшь ты и́ли он?（是你去还是他去？）

Уйдёт она́ и́ли ты?（是她去还是你去？）

2）而放在谓语之前时，谓语用复数，如：

Оте́ц и́ли мать должны́ прие́хать.（父亲或母亲应该来。）

5. 同等主语用对别连接词连接时：

1）如主语在谓语前，谓语与实际起作用的主语一致，如：

Не он, **а я пое́ду** в Пеки́н.（不是他，而是我去北京。）

Сын, а не дочь, **помога́л** роди́телям.（是儿子，而不是女儿帮助了父母。）

2）如主语在谓语后，则谓语与最近一个主语一致。如：

Роди́телям **помога́ла** не дочь, а сын.（帮助父母的不是女儿，而是儿子。）

四　同等成分与连接词及标点符号

同等成分通常用并列连接词连接，常用的有：

1. 联合连接词 и, да (и); не то́лько... , но и...; как... , так и...; ни...

ни...（重复用在否定句中）等。

单用的 и, да 前不点逗号，而对偶的 не то́лько... , но и...; как... , так и..., 在 но и, так и 前要点逗号。例如：

Он коллекциони́ровал ма́рки **и** откры́тки.（他收集邮票和明信片。）

Он коллекциони́ровал **не то́лько** ма́рки, **но и** откры́тки.（他不仅收集邮票，也收集明信片。）

Он коллекциони́ровал **как** ма́рки, **так и** откры́тки.（他既收集邮票，也收集明信片。）

и...и... 及 ни...ни... 重复使用，加强语气，从第二个 и 或 ни 起，其前要用逗号。例如：

Он коллекциони́ровал **и** ма́рки, **и** откры́тки, **и** значки́.（他收集的有邮票、有明信片，还有纪念章。）

У него́ не́ бы́ло **ни** бра́тьев, **ни** сестёр, **ни** ро́дственников.（他既无兄弟姐妹，也没有亲戚。）

2. 区分连接词 или（或）, то...то...（忽而……忽而……）等。и́ли 前不点逗号；至于 то... то...，是在第二个 то 前打逗号。

Вы коллекциони́руете ма́рки и́ли значки́?（您是收集邮票还是纪念章？）

Он **то** вхо́дит, **то** выхо́дит.（他忽而进来，忽而出去。）

3. 对别接连词 а, но, да но, зато 等，这些连接词都要用逗号。例如：

Он говори́т ме́дленно, **но** пра́вильно.（他说得慢，但通顺。）

У́тром луг **не** золото́й, **а** зелёный.（早晨的时候草地不是金黄色，而是绿色。）

五 同等成分与总括词

在带同等成分的句子中可能有**总括词**（обобщающее слово）。总括词意义比同等成分广泛，起总括作用。总括词与同等成分是同一名称的句子成分。例如：

Передай привет **всем**: отцу́, ма́тери, бра́тьям и сёстрам. (请向大家（父亲、母亲、兄弟、姐妹们）转达问候。)

这个句子中的 всем 就是总括词，总括了句中的同等补语，всем 也是补语。但由于是总括与被总括的关系，句中的 всем 与同等成分 отцу́, ма́тери, бра́тьям и сёстрам却不是同等成分。

总括词通常是内容宽泛的代词、代副词，如：все, всё, никто́, ничто́; везде́, всю́ду, нигде́; всегда́, никогда́ 等。作总括词的还可能是形容词、形容词+名词词组。例如：

Нефть нужна́ **везде́**: на заво́дах и фа́бриках, в города́х и дере́внях. (无论工厂还是城乡，到处都需要石油。)

И э́то чёрное не́бо **всегда́** на своём ме́сте — и днём, и но́чью. (无论在白天还是黑夜，这黑压压的天空都一直在原处。)

Но в нём мо́гут жить **са́мые ра́зные** лю́ди — и до́брые, и злы́е, и хра́брые, и трусли́вые. (里面可能住着形形色色的人：好人和坏人、勇敢的人和胆小的人。)

Лю́ди ра́зных национа́льностей: кита́йцы, япо́нцы, не́мцы, поляки́, коре́йцы собрали́сь на ве́чере. (不同国家的人们，中国人、日本人、德国人、波兰人、朝鲜人都来参加了晚会。)

六 总括词与标点符号

总括词可以在同等成分前，也可以在同等成分之后。

1. 如果总括词在同等成分前面，同等成分之前要用冒号。例如：

Лес прекра́сен **всегда́**: и зимо́й, и весно́й, и ле́том, и о́сенью. （无论春夏秋冬，森林总是那么美。）

（总）：（同），（同），（同），（同）

2. 如果总括词在同等成分之前，同等成分之后还有句子的其余部分要在同等成分后用破折号。例如：

Всё: лес, о́зеро, не́бо — бы́ло се́рое. （森林、湖泊、天空——一切都是灰色的。）

（总）：（同），（同），（同）——……

3. 如果总括词在同等成分之后，要在总括词前、同等成分的后面用破折号。例如：

Над на́ми, круго́м нас — **всю́ду** тума́н. （我们头上，我们周围——到处都是雾。）

Лес, о́зеро, не́бо — **всё** бы́ло се́рое. （森林、湖泊、天空——一切都是灰色。）

（同），（同），（同）—（总）

第七章
独立次要成分

一 概述

俄语中有些次要成分，往往因在意义上受到强调的需要或语法规则的要求，要独立，即通过语调、标点（一般用逗号）分离出来，这样的句子成分叫**独立成分** (обосо́бленный член предложе́ния)。如：Был осе́нний день, **я́сный и тёплый**.（那是一个秋日，晴朗又暖和。）在这个句子中，я́сный и тёплый 就是两个独立成分（定语），书写上用逗号与被限定词 день 隔开。试比较：Был я́сный и тёплый осе́нний день（是一个晴朗暖和的秋日），я́сный 与 тёплый 没有独立，意义上不如独立时突出。

有些独立成分起加确、说明作用，如：Мно́гие фру́кты, **наприме́р я́блоки**, содержа́т большо́е коли́чество витами́нов.（许多水果，例如苹果就含有大量维生素。）此句中 наприме́р я́блоки 起确切、说明 фру́кты 的作用。

二 次要成分必须独立的场合

1. 独立定语（обосо́бленные определе́ния）

定语在下列情况下要独立：

1）位于被说明词之后的扩展定语（形动词短语或带从属词的形容词）要独立。例如：

Молодёжь, **стремя́щаяся к нау́ке,** хо́чет поступи́ть в ву́зы.（追求科学的青年人想考入高校。）

Разда́лся уда́р гро́ма, **похо́жий на вы́стрел.**（响起一声雷鸣，像放炮似的。）

Команди́р, **бле́дный как полотно́,** смотре́л на дете́й.（指挥员，脸色像麻布一样发白，呆呆地望着孩子们。）

2）如果两个或两个以上的非扩展同等定语，位于被说明词之后，而被说明词之前已有定语时，这些非扩展定语要独立。例如：

С мо́ря дул си́льный ве́тер, **холо́дный и ре́зкий.**（海上刮起了大风，凛冽刺骨。）

Его́ голубы́е глаза́, **всегда́ серьёзные и стро́гие,** тепе́рь гляде́ли мя́гко и ла́сково.（他那一双蓝色的眼睛，平常是严厉的，现在显得那么温柔和善。）

被说明词没有定语时，可独立也可不独立。例如：

С ю́га ду́ет ве́тер, **тёплый и вла́жный.**（风从南方吹来，温暖而湿润。）

С мо́ря дул ве́тер холо́дный и вла́жный.（从海上吹来寒冷而潮湿的风。）

3）任何说明人称代词的定语，不管是扩展还是非扩展的，也不管在人称代词前还是在其后，都要独立。例如：

Уста́лая, она́ не могла́ идти́ да́льше.

Она́, **уста́лая,** не могла́ идти́ да́льше.

Очень уста́лая, она́ не могла́ идти́ да́льше.

（她疲惫不堪，再也走不动了。）

2. 独立同位语（обосо́бленные приложе́ния）

1）任何一个同位语，凡与人称代词发生关系时，都要独立。例如：

Как ему́, **студе́нту,** не знать э́того?（他，一个大学生，怎么不知道这个呢？）

Нам, **рабо́чим**, на́до учи́ться.（我们工人需要学习。）

2）说明专有名词的同位语，不管扩展与否，位于专有名词之后时，要独立。例如：

А.С. Попо́в, **изобрета́тель ра́дио**, роди́лся в 1858 году́.（无线电发明者阿·斯·波波夫生于1858年。）

Никола́я Попо́ва, **сталева́ра**, награди́ли почётной гра́мотой.（炼钢工人尼古拉·波波夫被授予荣誉奖状。）

Я разгова́ривал с Петро́вой, **секретарём** партко́ма.（我跟彼得洛娃，那位党委书记，谈了话。）

3）说明普通名词的扩展同位语，不管在前还是在后，都要独立。例如：

Люби́те кни́гу — **исто́чник зна́ний**.（要热爱书籍——书籍是知识的源泉。）

Вме́сте с ним жила́ его́ дочь, **де́вушка лет восемна́дцати**.（跟他一起生活的是他的女儿，一个十八岁左右的姑娘。）

4）带 как 的同位语，表示身份、功能（作为……），如果是说明人称代词，要独立。例如：

Вы, **как специали́ст**, мо́жете нам помо́чь.（您是专家，您能帮助我们。）

带 как 的同位语，如果说明名词，一般不独立，只有在带有原因意义时才独立。例如：

Все зна́ли Семёнова **как отли́чника**.（大家都知道谢苗诺夫是个优秀生。）

3. 独立状语（обосо́бленные обстоя́тельства）

1）用副动词短语和单个副动词表示的状语要独立。例如：

Возвраща́ясь домо́й, мы дру́жески разгова́ривали.（回家的路上我们友好地交谈。）

Пото́м, **успоко́ясь**, она́ сказа́ла:—Со́лнце се́ло.（后来，她平静下来。说："太阳落山了。"）

—Тебя́ зову́т,—сказа́ла де́вочка, **поднима́ясь**.（"叫你呢，"小姑娘说着，站起身来。）

有些副动词已变成副词（如 лёжа, мо́лча, сто́я）它们并不独立。例如：

Он чита́ет **лёжа**.（他躺着看书。）

Они́ шли **мо́лча**.（他们默默地走着。）

成语性副动词短语也不独立。如：

Ма́льчик бежа́л **сломя́ го́лову**.（男孩拼命地跑。）

Он рабо́тает **спустя́ рукова́**.（他工作马马虎虎。）

2）带有前置词 несмотря́ на（что）的状语，要独立。例如：

Несмотря́ на по́здний час, на у́лицах бы́ло мно́го наро́ду.（虽然时间已很晚了，街上仍有许多人。）

Ночь была́ тёмная, **несмотря́ на безо́блачное не́бо**.（尽管天空无云，但夜色却很暗。）

3）起进一步明确前面状语作用的状语（多半为时间与处所状语），一般要独立。例如：

Ве́чером, **по́сле у́жина**, мы все сиде́ли у костра́ и разгова́ривали.（晚上，晚饭之后，我们都坐在篝火旁聊天。）

На четвёртый день Петру́сь услы́шал её шаги́ внизу́, **на берегу́ реки́**.（到第四天，彼特鲁西听见了在下面河边上她的脚步声。）

4. 独立补语（обосо́бленные дополне́ния）

带前置词 кро́ме, поми́мо, за исключе́нием, включа́я 等的短语要独立，前后用逗号隔开。这些独立补语起加确、限制作用。例如：

На ку́хне, **кро́ме ба́бушки**, бы́ли ещё сосе́ди по кварти́ре.（厨房里，除了祖母，还有一些同一个单元的邻居。）

Библиоте́ка рабо́тает ка́ждый день, **кро́ме воскресе́нья**.（除星期天外，图书馆天天开馆。）

За исключе́нием отде́льных ученико́в, все в на́шем кла́ссе у́чатся хорошо．（除了个别同学之外，我们班全都学习很好。）

Рабо́тали все, **включа́я руководи́теля**. （所有的人，包括领导，都干活了。）

Мы, **поми́мо э́тих рабо́т**, занима́лись ещё погру́зкой у́гля．（我们除了这些活以外，还装了煤。）

За исключе́нием э́тих незначи́тельных недоста́тков, Попо́в был отли́чный челове́к．（除了这些微不足道的缺点以外，波波夫是个优秀人才。）

5. 比较短语（сравни́тельный оборо́т）

广义的独立成分也包括比较短语。常用比较—比拟连接词как，сло́вно，бу́дто（好像……）及чем，не́жели（比……）等加名词等构成。

1）带как，сло́вно，то́чно等的比较短语一般独立，如：

Язы́к его́ о́стрый, **как бри́тва**. （他的舌锋利如剃刀。）

Вре́мя бежи́т, **как стрела́**. （光阴似箭。）

Он кричи́т, **то́чно сумасше́дший**. （他像疯子似的喊叫。）

在下列情况下，不独立：

（1）短语作谓语（表语）时，如：

Он мне **как брат**. （他对我如同兄弟。）

Он **сло́вно не в ду́хе**. （他好像情绪不好。）

（2）短语作补语时，如：

Сейча́с **сло́вно ка́мень** ношу́ на се́рдце. （我现在好像心上有块石头。）

（3）带有成语性质的比较短语，如：

Она́ сиди́т **как на иго́лках**. （她如坐针毡。）

Дождь льёт **как из ведра́**. （大雨倾盆。）

（4）比较短语前有语气词не，почти́时，如：

Она́ говори́т по-ру́сски **почти́ как ру́сский**. （她俄语说得几乎与俄罗斯人一样。）

Он всё де́лал **не как лю́ди**. （他做什么都与众不同。）

2）带чем的比较短语（常与形容词、副词比较级连用）要独立，如：

Вы ро́стом **вы́ше, чем** он.（您个子比他高。）

Во дворе́ **светле́е, чем в ко́мнате**.（院子里比房间里亮一些。）

数量比较短语由"больше/меньше+名词二格"构成，此时чем后名词也要用二格，如：

В на́шей гру́ппе **студе́нток бо́льше, чем студе́нтов**.（我们班女生比男生多。）

У нас часо́в для пра́ктики **ста́ло ме́ньше, чем часо́в для тео́рии**.（我们实践课时比理论课时少了。）

第八章
呼语与插入语

一 呼语

呼语(обраще́ние)是说话人向对方的直接呼唤。呼语主要用名词一格以及名词化的形容词一格来表示。例如：

Серёжа, ты слы́шишь?（谢廖沙，你听得见吗？）

Де́вушка, куда́ вы идёте?（姑娘，您上哪儿去？）

Приезжа́й, **ми́лый**!（快来吧，亲爱的！）

呼语可以是第一格形容词（代词）+名词词组。例如：

Дорога́я ма́ма, спаси́бо тебе!（亲爱的妈妈，谢谢你！）

呼语可以放在句子开头（见前面例子），也可以放在句中或句尾。例如：

Вот ви́дите, **Анна Васи́льевна**, всё в поря́дке.（安娜·瓦西里耶夫娜，您看，一切都好。）

Нет, не могу́, **Илья́**!（不，我做不到，伊里亚！）

二 插入语

插入语（вво́дное сло́во）是与句子成分不发生语法联系的词或词组，用来表示说话人对所述意思的态度、评价、感情等。例如：

Он, **коне́чно**, придёт.（当然，他一定会来。）

Мо́жет быть, ма́ма положи́ла его́ под поду́шку?（也许妈妈把它放在枕头下面了？）

插入语可分为如下几类：

1. 说明言语可靠程度的。 如：мо́жет быть（也许），коне́чно（当然），очеви́дно（显而易见），ка́жется（似乎，好像），наве́рно（大概），действи́тельно（确实）等。例如：

Ка́жется, за́втра бу́дет хоро́шая пого́да.（好像明天是个好天气。）

Вопро́с э́тот, **бесспо́рно**, са́мый ва́жный.（这个问题无可争辩是最重要的。）

Вы, **наве́рно**, хорошо́ зна́ете э́ти нефтепроду́кты.（你们大概很熟悉这些石油产品。）

2. 表示言语的内在联系的。 如：во-пе́рвых（第一），во-вторы́х（第二），наконе́ц（最后，终于），зна́чит（这就是说），сле́довательно（因此），наприме́р（例如），наоборо́т（相反），в о́бщем（一般说），одни́м сло́вом（一句话）等。例如：

Больно́й чу́вствовал себя́ ху́же: **во-пе́рвых**, потеря́л аппети́т, **во-вторы́х**, стал пло́хо спать.（病人自我感觉不好：他首先食欲不振，其次睡眠不好。）

Электро́ны вхо́дят в соста́в а́томов. **Зна́чит**, а́томы мо́жно всё-таки раздели́ть.（电子是原子的组成部分。这就是说，原子仍然是可分的。）

3. 表示言语、思想的来源或依据。 如：говоря́т（据说），по-мо́ему（依我看），по-на́шему（在我们看来），по-ва́шему（照你们看来），по (чьим) словáм（照（谁的）说法），по (чьему́) мне́нию（照（谁的）见解），как изве́стно（众所周知），等等。例如：

Эта кни́га, **по-мо́ему**, интере́сная.（照我看，这本书很有趣。）

Говоря́т, за́втра бу́дет ле́кция.（据说，明天有场讲座。）

По мне́нию учи́теля, ру́сский язы́к ну́жно хорошо́ изуча́ть.（照老师的看法，应该认真学习俄语。）

本项插入语的功能可以通过句子形式表示出来，这就是所谓的"**插入句**"（вво́дное предложе́ние）。常用的插入句有：как мне (ему́...) ка́жется（我（他）觉得），я ду́маю（我认为），как мне (вам...) изве́стно（据我（您）所知），наско́лько я по́мню（据我记忆）等。如：

Ру́сский язы́к, **я ду́маю**（或 мне ка́жется），оди́н из богате́йших языко́в ми́ра.（我认为，俄语是世界上最丰富的语言之一。）

4. 表示各种感情的。如：к сча́стью（真是幸运），к несча́стью（真不幸），к сожале́нию（可惜），к (чьему́) удивле́нию（奇怪）等。

例如：

К сожале́нию, я не зна́ю англи́йский язы́к.（很遗憾，我不懂英语。）

Дождь, **к сча́стью**, ско́ро переста́л.（真幸运，雨很快就停了。）

插入语可以放在句首或句中，要用逗号前后隔开。例如：

Говоря́т, в Шанха́е откры́лась интере́сная вы́ставка.（据说在上海举办了一个很有趣的展览。）

В Шанха́е, **говоря́т**, откры́лась интере́сная вы́ставка.（在上海据说举办了一个很有趣的展览。）

第九章
简单句中的词序

一 概述

词序（поря́док слов）指句子成分或词语在句中的排列顺序。

跟汉语不同，由于俄语词大都有丰富的形态变化，组成俄语句子的词在句中的位置并不那么固定，在一定的条件下可以变动，例如 Я чита́ю кни́гу 这个句子，各句子成分的位置可以调动成 Я кни́гу чита́ю; Кни́гу я чита́ю; Кни́гу чита́ю я; Чита́ю я кни́гу等。词的位置变动了，但由于词的语法形式明确，词与词之间的语法关系（主语—谓语关系）不变。

在有几种并存的词序时，有一种词序是正常词序，也就是通常的词序，例如 Я чита́ю кни́гу "主语+谓语+补语"这种词序就是正常词序，而其他词序，例如 Кни́гу я чита́ю; Кни́гу чита́ю я 等就是**变异词序**。变异词序一般起强调作用。

在词形不能标示或不足以区分词在句中的作用的情况下，例如在主语与谓语同格、主语与补语词形相同的情况下，词序则是确定主语、谓语、补语的依据：前面的是主语，后面的是谓语、补语。例如：

Москва́ — столи́ца Росси́йской Федера́ции. (Москва́是主语。) （莫斯科是俄罗斯首都。）

Столи́ца Росси́йской Федера́ции — Москва́. (Москва́是谓语) （俄罗斯的首都是莫斯科。）

Мать лю́бит дочь.（Мать 是主语）（母亲爱女儿。）

Дочь лю́бит мать.（Мать 是补语）（女儿爱母亲。）

二 主要成分的词序

1. 主语和谓语的正常词序是：

> 主语 + 谓语

Она́ ушла́, а я стал чита́ть зада́чу.（她走开了，而我开始审题了。）

Э́то бы́ло в парикма́херской. Мно́го наро́ду жда́ло о́череди ...（这事发生在理发馆。很多人在排队等待……）

谓语或谓语的组成部分放在主语前，往往起强调作用。例如：

Стал я ду́мать над э́той зада́чей.（我思考起这道习题来。）

Прочита́л я зада́чу, и да́же смешно́ мне ста́ло!（我把题读了一遍，甚至觉得很可笑。）

Посмотре́л я в отве́т: всё то́чно.（我看了看答案：全都正确。）

2. 在表示事物存在与自然现象存在的句子中，正常词序是谓语在主语之前

Вчера́ у нас бы́ли го́сти.（昨天我们家来了几位客人。）

（试比较：Вчера́ го́сти у нас бы́ли. 强调"是几位客人来了我家"。）

Был март, стоя́ли тёплые я́сные дни.（（那时的）三月。天气暖和又晴朗。）

Бы́ло уже́ четы́ре де́сять.（已是四点十分了。）

Наступа́ет холодная зима́.（寒冷的冬天来了。）

В э́том го́роде нахо́дится 26 ву́зов.（在这个城市里有26所高等院校。）

三 次要成分的词序

1. 定语的位置

1）一致定语一般放在被限定成分之前，但非一致定语一般放在被限定成分之后。例如：

Ру́сский наро́д поёт пе́сни **о бе́лой берёзе**.（俄罗斯人民歌颂白桦树。）

Это **наш после́дний** уро́к **по ру́сскому языку́**.（这是我们最后一节俄语课。）

Ира получи́ла биле́т **в теа́тр**.（伊拉得到了一张戏票。）

一致定语放在句首或后置起强调作用。例如：

Больши́х жела́ю вам успе́хов!（祝您取得更大的成功！）

Мы — наро́д **трудолюби́вый** и **миролюби́вый**.（我们是热爱劳动、热爱和平的人民。）

2）一个名词有数个不同词类表示的定语时，这些定语的位序大致应是：

代词—顺序数词—性质形—关系形 + 名词

Это **твоя́ но́вая желе́зная** крова́ть.（这是你的新铁床。）

代词 весь, вся́кий 做定语时，放在所有定语之前。例如：

Всю свою́ молоду́ю жизнь он о́тдал де́лу коммуни́зма.（他把自己的年轻生命完全献给了共产主义事业。）

2. 补语的位置

动词的补语放在动词之后。例如：

Ира ста́ла чита́ть **кни́гу**.（伊拉读起书来。）

Он посмотре́л **на нас**.（他看了看我们。）

同一动词有两个补语时，先出直接补语。例如：

Мы избра́ли **Ва́сю** старостой.（我们选瓦夏为班长。）

Поздравля́ю **тебя́** с днём рожде́ния．（祝你生日快乐。）

但第三格间接补语（表示收受者）一般放在直接补语之前。例如：

Верни́ **мне** кни́гу．（还我书吧。）

Жела́ю **вам** больши́х успе́хов！（祝你们取得更大的成功！）

Пе́тя говори́т **всем взро́слым** «ты»．（别佳跟所有成年人都说"你"。）

直接补语或间接补语可以在句首或在支配它们的动词之前，以达到强调的目的。例如：

Я **кни́гу** взял, а не тетра́дь．（我拿的是书，而不是笔记本。）

Большу́ю роль игра́ет автома́тика в совреме́нном произво́дстве．（在现代化生产中自动装置起巨大作用。）

Ты́сячи разли́чных веще́й автома́ты де́лают быстре́е и точне́е, чем лю́ди．（成千上万种东西，自动装置做得比人还快，还准确。）

3. 状语的位置

1) 用性质副词表示的行为方式状语一般放在动词之前。例如：

Я **бы́стро** встаю́, де́лаю заря́дку．（我常常快速起床去做早操。）

Ребя́та **ра́достно** бе́гают и **гро́мко** крича́т．（孩子们欢快地跑着，大声呼喊着。）

如果放在动词后或句首，则属变异词序，起强调作用。例如：

Она́ шла **бы́стро**．（强调 бы́стро）（她走得很快。）

Ну, не кричи́, говори́ **споко́йно**．（突出 споко́йно）（哎，别喊叫，心平气和地说。）

Пло́хо провели́ они́ ночь, совсе́м не спа́ли．（强调 пло́хо）（这一夜他们过得很不好，根本未睡。）

其他的行为方式状语往往放在动词之后。例如：

Расскажи́те **по рису́нкам**．（请照图片讲。）

Снача́ла я чита́ю **по-ру́сски**．（我先读俄文。）

2）时间状语通常放在句首。例如：

Однажды после ужина Павел сел в угол и стал читать.（有一次，吃过晚饭，巴维尔坐在屋隅读书。）

В 1921 году была создана Компартия Китая.（1921年中国共产党成立。）

后置时往往起强调作用：

Я познакомился с ним **в 2007 году**.（我是在2007年同他认识的。）

3）用动词不定式表示的目的状语通常放在它说明的动词谓语后面；放在前面时起强调作用。例如：

Люди пошли на реку **плавать**.（人们去河边游泳去了。）

Я **поздравить** вас пришёл.（我是来向你祝贺的。）

4）原因状语通常置于动词谓语之前。例如：

Из-за болезни он перестал учиться.（由于患病他辍学了。）

5）时间状语和处所状语连用时，通常是时间状语在先，处所状语居后。例如：

Недавно я был в **Шанхае**.（不久前我去了趟上海。）

1-го июля 1921 года в **Шанхае** была создана КПК.（1921年7月1日在上海成立了中国共产党。）

6）处所状语可在动词谓语前，也可在谓语后，表示 куда？的常后置，而表示откуда？的则常前置。例如：

Однажды вечером Бетховен гулял со мной **по улице**.（有一天晚上贝多芬跟我在街上散步。）

С запада шла туча.（从西边飘过来一片乌云。）

四 无人称句的词序

无人称句中，表示状态主体或处所、时间的成分通常放在谓语副词之前。例如：

Мне необходи́мо бы́ло ви́деть тебя́.（我必须见一见你。）

На дворе́ хо́лодно.（外头很冷。）

Сего́дня тепло́.（今天暖和。）

В коридо́рах бы́ло светло́.（走廊里很亮堂。）

五 疑问句的词序

疑问句中，疑问代（副）词或疑问的中心所在一般放在句子开头。例如：

— **Ско́лько** ему́ лет?（"他多大年纪？"）

— Ему́ 65 лет.（"他65岁。"）

Отку́да прие́хали они́?（他们从哪儿来？）

О чём ты чита́ешь?（你读的是关于什么？）

Получи́ли ли вы письмо́?（您接到信了吗？）

由于谓语相关的成分提前，放在句首，谓语也常常跟着移在主语之前（见上面 отку́да... 那个例子）。

第十章
并列复合句

一 概述

由两个或两个以上平等的、互不从属的简单句用并列连接词连接而成的复合句,叫**并列复合句**(сложносочинённое предложе́ние)。例如:

Я студе́нт, а мой брат — учени́к.(我是大学生,而我弟弟是中学生。)

Мне 16 лет, и ей 15 лет.(我16岁,她15岁。)

Или ты ко мне придёшь, и́ли я пойду́ к тебе́.(或者你上我这儿来,或者我到你那儿去。)

并列复合句在分句间书写时要用标点符号,把分句隔开,说话或诵读时,其间要稍微停顿。

并列复合句根据所使用的连接词分为三类:

1)用联合连接词连接的复合句;

2)用区分连接词连接的复合句;

3)用对别连接词连接的复合句。

二 用联合连接词连接的并列复合句

复合句的各分句用联合连接词连接，常用的连接词有и，да（= и），ни..., ни..., то́же，та́кже 等。

连接词	意义	例句
и	1）列举同时出现或先后出现的现象	День был тих, **и** со́лнце сия́ло, （四周宁静，阳光灿烂。） Дверь откры́лась, **и** в ко́мнату вошёл нача́льник отде́ла. （门开了，部门主任走了进来。）
	2）分句间具有原因—结果意义关系	Мне не хоте́лось остава́ться одному́ до́ма, **и** я пошёл вме́сте с ни́ми. （我不愿意一个人留在房子里，（因此）我跟他们一起走了。） Чемода́н был тяжёлый, **и** ма́льчик не мог подня́ть его́. （皮箱很沉，（所以）小男孩提不起它。）
	3）现象、行为的相同，一致	Вы уезжа́ете, **и** мы уе́дем сего́дня. （你们要走，我们今天也走。） Она́ молчи́т, **и** я молчу́. （她默默无言，我也没吭声。）
то́же, та́кже	现象、行为的相同，一致或类似。то́же, та́кже 近似 и（第三种意义）	Секу́нду он молча́л, мать смотре́л на него́ **то́же** мо́лча. （他沉默了片刻，母亲也默默地望着他。） Он пришёл, она́ **то́же** пришла́. （他来了，她也来了。） Я ускори́л шаги́, он **та́кже** ускори́л. （我加快了脚步，他也加快了。）

（续表）

连接词	意义	例句
и..., и..., ни..., ни..., (ни..., ни...) 只用于否定句中	列举同等现象，带有强调，加强语气作用	**И** ве́тер ду́ет, **и** дождь идёт. （又刮风，又下雨。） **Ни** я не написа́л ему́ письма́, **ни** он мне не написа́л. （我没给他写信，他也没给我写信。） ни-ни 也可换成 и-и： **И** я **не** написа́л ему́ письма́, **и** он мне **не** написа́л. （我没给他写信，他也没给我写信。）

三　用区分连接词连接的并列复合句

区分连接词有и́ли（或者），ли́бо（= или，用于书面语），то..., то..., （时而……，时而……，），не то..., не то..., （许是……，也许是……，）等，指出列举的现象或互相排除，二者取一，或相互交替。

连接词	意义	例句
и́ли, ли́бо（或 и́ли... и́ли..., ли́бо... ли́бо...)	列举的现象相互排除：甲成立，则乙即不成立，反之亦然	Вы ко мне придёте, **и́ли** я к вам пойду́. （是您到我这儿来，还是我上您那儿去。） **Или** ты остаёшься до́ма, **и́ли** е́дешь к нам. （要么你留在家里，要么你到我们这里来。） **Ли́бо** мы уничто́жим врага́, **ли́бо** мы бу́дем уничто́жены враго́м. （要么我们消灭敌人，要么我们被敌人消灭）

（续表）

连接词	意义	例句
не то... не то...	说话人难以断定，作出可能的含糊猜测	Не то было раннее утро, не то наступил вечер. （或许是早晨，若不就是黄昏已来临。） Не то дым был над лесом, не то туман поднимался. （森林上空不知是烟还是雾。）
то... то...	现象交替出现	То светило солнце, то шёл дождь. （时而太阳高照，时而下雨。） То холодно, то очень жарко. （天气忽冷忽热。）

四　用对别连接词连接的并列复合句

对别连接词表示现象的对比关系或对立（相反）关系。通常使用的对别连接词有：а（而），но（但是），однако（然而），да（= но）（然而），же（而）等。

连接词	意义	例句
а	表示现象间的对比关系，即说明二者的不同；有时连接截然相反、对立的句子。相当于汉语的"而"	Я работаю в школе, а моя сестра — на заводе. （我在学校教书，（而）我姐姐在工厂工作。） Они проснулись, а мы спать собираемся. （他们醒了，而我们却正要去睡。） Не я помогал ему, а он помогал мне. （不是我帮助他，而是他帮助我。）

（续表）

连接词	意义	例句
но	表示分句内容间的对立关系，常带有让步—对立意味。相当于汉语的"但是""然而"	Друзья́ живу́т недалеко́ друг от дру́га, **но** они́ ре́дко ви́дятся. （朋友们彼此住得不远，但他们很少见面。） Весна́ пришла́, **но** пого́да всё-ещё холо́дная. （春天来了，然而天气仍然很冷。）
одна́ко	近似 но，第二分句往往带有附加意味	Ве́тер ути́х, **одна́ко** волне́ние на мо́ре продолжа́лось. （风停了，但是海浪仍然不平静。） Ночь подходи́ла к концу́, **одна́ко** никто́ не уходи́л из це́ха. （黑夜快要过去了，然而谁也没有离开车间。）
зато́	表达对比关系，带有补偿意义	Наш класс небольшо́й, **зато́** в нём светло́. （我们的教室不大，但却很明亮。） Зимо́й у нас хо́лодно, **зато́** мо́жно ката́ться на конька́х и лы́жах. （我们这里冬天很冷，不过可以滑冰和滑雪。） Она́ заплати́ла до́рого, **зато́** вещь хоро́шая. （她花了很多钱，但买了件好东西。）

第十一章
主从复合句

一 概述

一个分句从属于另一个分句，分句间使用主从连接词或关联词连接的复合句叫**主从复合句** (сложноподчинённое предложе́ние)。

在主从复合句中，处于主导地位的分句叫**主句** (гла́вное предложе́ние)，处于从属地位的分句叫**从句** (прида́точное предложе́ние)。这里所谓的主与从，纯属就语法功能而言。例如：

① Я написа́л письмо́ бра́ту, кото́рый рабо́тает в Шанха́е. (我给在上海工作的哥哥写了封信。)

这就是一个主从复合句，其中 Я написа́л письмо́ бра́ту 是主句，而 кото́рый рабо́тает в Шанха́е 则是从句。从句从意义和语法上看都从属于主句。在这个主从复合句中，从句与主句中的 бра́ту 发生关系，说明 брат 的特性（"在上海工作的哥哥"）。从句用关联词 кото́рый 作为连接手段与主句相连。再例如：

② Когда́ шёл дождь, мы сиде́ли до́ма. (下雨的时候我们待在家里。)

从句是 Когда́ шёл дождь，说明整个句子，回答 Когда́ мы сиде́ли до́ма? 问题，用 когда́ 这个时间连接词与主句联结在一起。

通过上面两个例子可见：1) 主从复合句中可使用主从连接词（如例②，也可使用关联词（如例①）作为各分句的连接手段；2) 主从复合句的分句或与主句中的某一词（或词组）发生关系，或与整个主句发生关系，即说明、扩展主句中的某一词（词组）或整个主句。

二 关联词与指示词

主从复合句与并列复合句不同，除用连接词外，还常用**关联词** (союзные слова) 做连接分句的手段。关联词除起连接作用外，同时是从句的句子成分。关于关联词与连接词的区别，请阅本书词法部分"连接词"一章。

主从复合句与并列复合句不同，主句中可能有**指示词** (указательное слово)。指示词也即指示代词与指示副词，用来指示主句带有从句，并在一定的条件下指示从句的性质。指示词是主句的成分。例如：

① Я никогда́ не забу́ду того́ дня, когда́ меня́ при́няли в па́ртию.（我永远不会忘记我被接受入党的那一天。）

② То́лько тогда́, когда́ я повтори́л свои́ объясне́ния, он меня́ по́нял.（只是在我重做解释后他才明白了。）

③ Маши́на промча́лась так бы́стро, что никто́ не смог заме́тить её но́мера.（汽车开得那样快，以至于谁也未能注意到它的号码。）

上面举的第一个例句中，指示词 того́，在主句中做定语，标示着从句是限定从句。第二个例句中指示词 тогда́ 是主句的时间状语，标示从句是时间从句。第三个例句中，指示词 так 是程度状语，标示着从句是程度从句。

一般说，做状语的指示词都标示着相应的疏状从句。做定语的指示词一般地标示着限定从句。但 тако́й 在主句中做定语，而从句用连接词 что 连接，整个复合句带有程度与结果意义时，按新的分类法则算程度从句。例如 Кооперати́в собра́л тако́й урожа́й, что се́рдце ра́дуется.（合作社收获了那么好的庄稼，叫人心花怒放。）当然这里也有限定意味。

指示代词 то 的间接格形式从属于言语、思维、感觉等动词，做它们的补语，从句用 что, чтобы 连接时，属于说明从句，例如 Докладчик говорил **о том, что** нужно повысить производительность труда.（报告人谈到需要提高劳动生产率。）按照现行的从句新分类法，没有补语从句、主语从句、谓语从句。指示词 то 在主句充当补语、主语、谓语时，从句根据整个复合句的语义—结构特点，可能归属于说明从句、限定从句。例如：

То, о чём она мечтала, сбылось наконец.（她梦想的事情终于实现了。）

（指示词 то 是主语，但从句却是限定从句。）

Он всё **такой же,** каким был пять лет тому назад.（他仍然是五年前的老样子。）

（指示词 такой 为主句谓语，但从句属限定从句。）

由上可见，指示词在主句中的功能不是确定从句类型的唯一因素。一定的指示词常和一定的连接词与关联词形成对立关系。例如：

то — что   тот — кто

тот — который   такой — какой

так / такой — что   тогда — когда

там / туда / — где / куда / 等等。

学习俄语主从复合句，要注意指示词和关联间或连接词的这种对应关系。这种对应关系也是确定从句类别的重要因素。

在某些情况下指示词是可有可无的，去掉指示词不影响句子结构。例如前面引用过的 Докладчик говорил **о том,** что нужно повысить производительность труда, 也可不用指示词：Докладчик говорил, что нужно повысить производительность труда.这里指示词是起强调、突出作用。而在 Туман был **такой,** что в двух шагах нничего не было видно（雾那么浓，两步之内什么都看不见）等场合，去掉指示词句子便不能成立。

三　主从复合句的类别

俄语主从复合句，根据它们的结构和语义特点，首先可分成三大类：这三大类是：

1. 带限定从句的主从复合句（сложноподчинённые предложения с придаточными определительными）；

2. 带说明从句的主从复合句（сложноподчинённые предложения с придаточными изъяснительными）；

3. 带疏状从句的主从复合句（сложноподчинённые предложения с придаточными обстоятельственными）；

往下又细分为：

1）行为方式或程度从句（придаточное образа действия или степени）；

2）比较从句（придаточное сравнительное）；

3）处所从句（придаточное места）；

4）时间从句（придаточное времени）；

5）原因从句（придаточное причины）；

6）目的从句（придаточное цели）；

7）条件从句（придаточное условное）；

8）让步从句（придаточное уступительное）；

9）结果从句（придаточное следствия）。

还有一种从句叫**接续从句**（придаточное присоединительное），接续从句不属于疏状从句之列，因此带接续从句的主从复合句自成一类。以上就是主从复合句的"三大类外加一小类"。

第十二章
带限定从句的主从复合句

一 概述

限定从句（прида́точное определи́тельное，又译定语从句）与主句中的名词（以及用作名词的代词）发生关系，说明该名词所表示的事物的特征，一般回答 како́й? 的问题。例如：

Я уже́ прочита́л **кни́гу, кото́рую ты мне дал**.（我已经读完了你给我的那本书。）

这里的 кото́рую ты мне дал 就是限定从句，说明 кни́гу，回答Каку́ю кни́гу (прочита́л)?（（读完了）什么书？）

限定从句一般都是放在被说明的名词之后，若是插在主句之中，前后用逗号隔开。例如：

Кни́гу, кото́рую ты мне дал, я уже́ прочита́л.（你给我的那本书我已经看完了。）

限定从句除与名词发生关系，说明名词外，还可以与用作名词的代词 тот（那个人），ка́ждый（每个人），все（所有的人），всё（一切），то（那件事）等发生说明、限定关系。例如：

Всем, кто пришёл на ве́чер, понра́вилась э́та пе́сня.（所有来参加晚会的人都喜欢上了这首歌。）

句中 кто пришёл на ве́чер 就是限定从句，限定代词 всем：所有人喜欢上了这首歌。所有什么人？所有来参加晚会的人。

限定代词的从句和限定名词的从句不同，在一定情况下，可以放在被限定的代词之前，即放在主句之前，例如：

Кто не рабо́тает, **тот** не ест.（不劳动者不得食。）

限定从句一般用关联词 кото́рый, что, куда́, где, чей 等与主句连接。

代词限定从句与名词限定从句在结构上、关联词的使用上都各有其特点。

二　名词限定从句

名词限定从句，也即限定主句某名词的从句，通常用关联词 кото́рый, чей, кто, что, где, куда́, отку́да, когда́ 等与主句连接。例如：

Я иду́ в **парк**, { кото́рый нахо́дится за реко́й.
где меня́ ждут друзья́.
куда́ пошли́ мои́ друзья́.
отку́да пришёл ты. }

我去 { 那个坐落在河那边的
朋友们正在那儿等我的
我朋友们去的那个
你（从那里）来的那个 } 公园。

用得最广泛的关联词是 кото́рый，关联词要与主句中被说明的名词同性、同数，而 кото́рый 的格取决于它在从句中的语法地位，根据需要可以带前置词或不带前置词。例如：

① Вот дом, **в кото́ром** жил Лу Синь.（这就是鲁迅生前住过的房子。）

② Друг, **кото́рого** я давно́ не ви́дел, приходи́л ко мне вчера́.（我好久未见

的一位朋友昨天到我家来过。）

第一个例句中，关联词который引出的从句说明主句中的дом，который代表дом，要和дом同性、同数。关联词又是从句的成分，жил要求地点状语，回答где жил？的问题，所以который与前置词в搭配用了第六格：в котором（жил）。

第二个例句中который与主句名词друг同性、数，由于在从句中处于被否定的地位，用了第二格：**которого** я давно́ не ви́дел...

关联词кото́рый 一般紧靠位于被说明名词之后，但 кото́рый 在从句中做非一致定语时，便不与主句被说明名词紧挨了。例如：

Я учу́сь в кла́ссе, дверь **кото́рого** открыва́ется на се́вер.（我在门朝北开启的教室里学习。）

关联词 где, отку́да, куда́ 一般与主句中表示某种空间的名词发生关系，когда́ 一般与主句中能表示时间的名词发生关系，都可以用相应格的 кото́рый 代替。例如：

Институ́т, **где (в кото́ром)** у́чится мой брат, нахо́дится за го́родом.（我哥哥上学的那个学院坐落在城外。）

Лес, **отку́да (из кото́рого)** мы вы́шли, скры́лся в тума́не.（我们走出来的那片森林消失在雾中。）

Я хорошо́ по́мню то у́тро, **когда́ (в кото́рое)** я поки́иул родно́й дом.（我清晰地记得我离开家的那个早晨。）

在用关联词连接起来的主从句中，主句中可以用指示词 тот（那个）、тако́й（那样的）。这两个指示词在主句中做定语。指示词的使用使得被说明的名词受到强调、突出。例如：

Все смотре́ли на **тот** бе́рег, **отку́да** доноси́лся шум.（所有的人都朝传来声响的对岸望去。）

Это была́ **така́я** ночь, **како́й** я никогда́ не ви́дел по́сле.（这是我后来再也没见到过的一个夜晚。）

三 代词限定从句

限定代词从句在从句结构上有其自身的特点。

主句中被说明的代词 тот，то，всё，все，каждый, всякий 都当名词用，表示人或物，做主语或补语。从句中的关联词为 кто, что：

$$
\left.\begin{array}{l}\text{тот те,}\\ \text{все,}\\ \text{каждый (всякий),}\end{array}\right\} \text{кто…}
$$

$$
\left.\begin{array}{l}\text{то,}\\ \text{всё,}\end{array}\right\} \text{что…}
$$

Все, кто пришёл на вечер, собрались в зале.（来参加晚会的人都集聚在礼堂里了。）

Каждый, кто хотел выступить, мог попросить слова.（每个想讲话的人都可以要求发言。）

Счастлив **тот, у кого** много друзей.（朋友多的人是幸福的。）

Того, что случилось, никогда больше не будет.（已经发生的事再也不会有了。）

Всё, что говорил брат об армейской жизни, нас интересовало.（哥哥讲的部队生活的情况，全都令我们很感兴趣。）

说明代词的"限定从句"译成汉语时都带"……的"。

在某些情况下代词限定从句可以放在主句前。例如：

Кто хочет, тот добьётся.（有志者事竟成。）

Что посеешь, то и пожнёшь.（种瓜得瓜，种豆得豆。）

Каков привет, таков и ответ.（礼尚往来。）

第十三章
带说明从句的主从复合句

一 概述

说明从句 (придáточные изъяснúтельные) 与主句中具有言语、思维、感觉以及评价意义的词发生关系，说明它们的具体内容。说明从句回答что各格的问题。例如：

Мать сказáла, **что сын хорошó сдал экзáмены**. （母亲说儿子各门课考试成绩都很好。）

从句что хорошó сдал экзáмены说明сказáла的内容，回答Что сказáла мать? 的问题。

Я дýмаю, **что он не придёт**. （我想他不会来。）

从句что не придёт与主句中的дýмаю发生关系，揭示其具体内容。回答Что ты дýмаешь? 问题。

说明从句借助连接词或关联词与主句相连接。上面二例中的что是连接词，而在下面例句中，连接主、从句的что则为关联词：

Я не знáю, **что** с ним случúлось. （我不知道他出了什么事。）

Я пóнял, **в чём** ошúбся. （我明白错在哪儿啦。）

二 说明从句的类型

说明从句说明主句中表示言语、思维、感觉、评价的词，多为动词，也有少数短尾形容词、副词，以及名词。大体上可分以下类型：

1. 说明主句动词

（……动词），说明从句

主句中被说明、扩展的动词通常为：

говори́ть/сказа́ть（说），отвеча́ть/отве́тить（回答），спра́шивать/спроси́ть（问），понима́ть/поня́ть（理解），ду́мать/поду́мать（想），чу́вствовать/почу́вствовать（感到），ви́деть/уви́деть（看见），знать（知道），узна́ть（得知），слы́шать/услы́шать（听见），ра́довать(ся)/обра́довать(ся)（高兴），нра́виться, люби́ть（喜欢）等。例如：

Никола́й Копе́рник **доказа́л**, что Птолеме́й был непра́в.（尼古拉·哥白尼证明托勒密的观点是错误的。）

Ма́ма **приказа́ла** всем, что́бы сюда́ ко мне не ходи́ли.（妈妈不让大家到我这儿来。）

与主句中的 быва́ет（常有）、случа́ется（常常发生）、выхо́дит（原来），ока́зывается（原来），получа́ется（结果是）等动词发生关系的从句也是说明从句。例如：

Выхо́дит, что он сам во всём винова́т.（原来全都是他自己的不是。）

Случа́ется, что мы опа́здываем на рабо́ту.（有时（出现这种情况）我们上班迟到。）

Нере́дко **быва́ет**, что оши́бки помога́ют найти́ ве́рный путь.（错误常常帮助我们找到正确的途径。）

Оказа́лось, что он об э́том да́же не знал.（原来，他都不知道这件事。）

Мне **пришло́ в го́лову**, что вы уе́дете.（我忽然想到您要走的。）这句也是带说明从句的主从复合句，因为 пришло́ в го́лову 作为一个固定词组，表示思维活动，相当于一个思维动词。

2. 说明主句中的短尾形容词、短尾形动词

（……短尾形容词），
（……短尾形动词），　说明从句

短尾形容词：рад（高兴），дово́лен（满意），согла́сен（同意），сча́стлив（幸福），изве́стно（知道），я́сно（清楚），ва́жно（重要），удиви́тельно（令人惊讶）等；

短尾形动词：решено́（决定），напи́сано（写着），ска́зано（说）等。例如：

Мы **ра́ды**, что вы пришли́ на наш ве́чер.（我们很高兴你们来参加我们的晚会。）

Тебе́, коне́чно, уже́ **я́сно**, о чём идёт речь.（你当然已经明白在谈什么。）

Дока́зано, что на Вене́ре есть атмосфе́ра.（已经证实金星上有大气层。）

Решено́, что ма́ма оста́нется до́ма.（决定了，妈妈留在家里。）

В письме́ **напи́сано**, что оте́ц прие́дет послеза́втра.（信上说父亲后天到。）

3. 说明主句中的谓语副词

（……谓语副词），说明从句

常用的谓语副词有：на́до（应该），ну́жно（需要），необходи́мо（必须），жаль（可惜）等。例如：

На́до, что́бы все по́няли.（应该让大家都明白才是。）

Жаль, что он не придёт.（他不来可太遗憾了。）

Необходимо, чтобы он пришёл.（非让他来不可。）

4. 说明主句中的名词

（……名词），说明从句

主句中被说明的名词有：мысль（想法），сообщение（通知），рассказ（讲述），вопрос（问题），решение（决定），впечатление（印象），слово（话语）等。例如：

Меня беспокоила **мысль**, что матери нездоровится.（想到母亲身体不好，我很不安。）

Это ещё **вопрос**, сумеешь ли ты выполнить моё поручение.（你能否完成我的委托，这还是个问题。）

Она дала **слово**, что обязательно придёт завтра.（她答应明天一定来。）

以 мысль, сообщение, вопрос, рассказ 这类名词带出的从句现在之所以作为说明从句，而不像过去那样作为定语从句，乃是因为这些名词与相应言语、思维动词在意义上相似。试比较：мысль (о том) — думать (о том); вопрос (о том) — спросить (о том); дать слово — обещать.

三　说明从句的连接词与关联词

说明从句常用连接词 что, чтобы, будто 等以及关联词 что, кто, какой, чей, когда, куда, почему, зачем 等与主句相连接。例如：

Я не знаю,
Мне неизвестно,
我不知道，
{
что（关联词）у нас бу́дет за́втра.
我们明天有什么活动。

что（连接词）за́втра у нас бу́дет докла́д.
我们明天有报告。

кто（关联词）бу́дет нам де́лать докла́д.
谁将给我们做报告。

когда́（关联词）бу́дет собра́ние.
什么时候开会。

где（关联词）живёт учи́тель Ван.
王老师在哪里住。

отку́да（关联词）он прие́хал.
他从哪里来。

почему́（关联词）он прие́хал сюда́.
他为什么到这儿来。

заче́м（关联词）он пришёл.
他来干什么。

бу́дет ли（连接词）у нас докла́д.
我们这儿是否将有报告。
}

带关联词的说明从句都带有疑问性质，去掉主句，从句就都变成疑问句。

1. 连接词 что 与关联词 что

连接说明从句的 что 可能是连接词，也可能是关联词。连接词 что 不重读，不是从句的成分，不变化；关联词 что 有重音，是从句的句子成分，根据在从句中的地位而用于不同的格。试比较：

连接词 что

Он сказа́л, **что** на вы́ставке он ви́дел свои́х друзе́й.（他说在展览会上见到了自己的朋友。）

Я не зна́ю, **что** вы говори́ли об э́том.（我不知道你们谈过了这件事。）

关联词 что

Он расска́зывал, **что** он ви́дел на вы́ставке.（他讲述了他展览会上见到的东西。）

Я не зна́ю, **о чём** вы говори́ли.（我不知道你们谈了什么。）

2. 连接词 что 和 что́бы

使用连接词 что，表明从句所述是实际的、现实的事实，而用 что́бы，则是表示从句所述实际上并不存在，而是说话人希望发生的或可能发生的。连接词 что́бы 含有假定式的标志 бы，所以谓语要用过去时形式，因为假定式是由过去时加 бы 构成。试比较：

Учи́тель сказа́л, **что** мы писа́ли чи́сто и аккура́тно.（老师说我们写得干净、工整。）

Учи́тель сказа́л, **что́бы** мы писа́ли чи́сто и аккура́тно.（老师要我们写得干净、工整。）

使用 что́бы 时，主句中被说明词通常是表示：

（1）祈使意义：проси́ть/попроси́ть（请求），сове́товать/посове́товать（劝），предлага́ть/предложи́ть（提议），прика́зывать/приказа́ть（命令），веле́ть（吩咐），тре́бовать/потре́бовать（要求），говори́ть/сказа́ть（说（叫）），писа́ть/написа́ть（写信（让）），передава́ть/переда́ть（转告（叫）），звони́ть/позвони́ть（打电话叫）等动词以及相应名词 про́сьба, прика́з, тре́бование 等；

（2）愿望：хоте́ть（希望），доби́ться（争取），стреми́ться（力求），жела́тельно（最好），целесообра́зное（以……为好），ва́жно（重要的是）等；

（3）必须，应该：на́до, ну́жно, необходи́мо 等；

（4）怀疑，不信：сомнева́ться（怀疑），тру́дно предста́вить（难以想象），сомне́ние, сомни́тельно（令人怀疑）等。

例如：

Я **попроси́л** Иру, **что́бы** она́ мне помогла́.（我请求伊拉帮助我。）

Дире́ктор **хо́чет, что́бы** ты пришёл пора́ньше.（经理希望你早点儿来。）

Ну́жно, что́бы все пришли́.（需要大家都来。）

Ва́жно, что́бы все это по́няли.（重要的是让大家都明白这一点。）

Я **сомнева́юсь, что́бы** он овладе́л ру́сским языко́м за́ год.（我对他花一年时间就掌握了俄语感到怀疑。）

（5）当从属句说明具有"担心、唯恐"意义的动词时，要用连接词 что́бы не 或 как бы не，这里的 не 并不表示否定意义。主句中常用 боя́ться（害怕），беспоко́иться（担心），опаса́ться（担心）等，如：

Я **бою́сь, что́бы** он **не** заболе́л.（我害怕他生病。）

Мать **беспоко́илась, как бы не** дра́лись де́ти.（母亲担心孩子们打起架来。）

Все тури́сты **опаса́лись, как бы** опя́ть **не** пошёл дождь.（全体旅行者担心又要下雨。）

这种从句如果用连接词 что 则"唯恐，担心"的意味减弱，从句中的动词常用将来时形式。如：

Я **бою́сь, что** он заболе́ет.（我害怕他生病。）

当从句确实是否定时，常用连接词 что。如：

Я **бою́сь, что** сын не сда́ст экза́мены.（我害怕儿子考试不及格。）

Студе́нты беспоко́ятся, **что** не придёт сего́дня преподава́тель.（同学们担心老师今天来不了。）

3. 连接词 бу́дто, ли, как

连接词 бу́дто, бу́дто бы 意为"似乎""好像"，用来连接的从句表示不大确切的事实。主句中被说明的词通常都是言语、思维、感受动词，如 говори́ть/сказа́ть（说），расска́зывать/рассказа́ть（讲述），слы́шать/услы́шать（听见），чу́вствовать/почу́вствовать（感觉（到）），каза́ться/показа́ться（觉得）等。例如：

Говоря́т, **бу́дто** (бы) он был на войне́. （据说他好像打过仗。）

Мне показа́лось, **бу́дто** кто-то постуча́л в дверь. （我觉得好像有人敲了下门。）

连接词**как**用来指出实际存在的事实，主句中被说明的词通常是表示感觉的，如：ви́деть、ви́дно（看见），замеча́ть、заме́тно（见到），чу́вствовать（感到）等。例如：

Кра́йнев по́днял го́лову и уви́дел, **как** в откры́тые воро́га въе́хала маши́на. （克莱依涅夫一抬头，就看见一辆汽车开进敞开大门的院里。）

这里的 как 也可换为 что：

Кра́йнев по́днял го́лову и уви́дел, **что** в откры́тые воро́та въе́хала маши́на.

как 与 что 相比，带有注意于动作本身的意味。

连接词**ли**来自疑问语气词 ли，在单独的句子里，ли 用来构成疑问句。在复句中成为连接主、从句的连接词，表示间接问题，带有一种不确信、怀疑不定的意味："是否……""是不是……"，例如：

Я спроси́л, встреча́л **ли** он бра́та на вокза́ле. （我问他是否去车站接哥哥了。）

Тру́дно сказа́ть, смогу́ **ли** я прочита́ть э́ту кни́гу до за́втра. （很难说到明天我能否把这本书读完。）

连接词 ли 永远放在疑问中心词之后。

四　指示词 то 的用法

在带有说明从句的主从复句中，主句中常用指示词 то 及其间接格。例如：

Она́ ра́да **тому́**, что ве́чер прошёл хорошо́. （她高兴的是晚会开得很好。）

Мне нра́вится **то**, что он всегда́ выполня́ет свои́ обеща́ния. （我喜欢的是他一向履行自己的诺言。）

在这两个句子中有指示词то，起到突出、强调从句内容的作用。在一般情况下，指示词то也可以省略。

但是，在下列情况下指示词 то 不可省略：

（1）当主句中谓语是заключа́ться в том, состоя́ть в том（在于）时。例如：

Вопро́с **заключа́ется в том,** как разреши́ть э́то противоре́чие.（问题在于如何解决这个矛盾。）

Гла́вная тру́дность **состоя́ла в том**, что они́ забы́ли а́дрес.（主要的困难在于他们把地址给忘了。）

（2）当主句是де́ло в том时（问题是……），ра́зница в том（区别在于），причи́на в том（原因乃是……）等结构时。例如：

Де́ло в том, что он часово́й, он не мо́жет уходи́ть.（问题在于他是哨兵，不能离岗。）

Его́ **иде́я в том,** что мо́жно реши́ть э́ту зада́чу бо́лее просты́м спо́собом.（他的想法是可用比较简单的方法解这道题。）

（3）当то是同等成分时。例如：

Ле́нин говори́л о но́вой жи́зни, о сове́тской вла́сти, **о том,** что войну́ на́до ко́нчить…（列宁讲到了新的生活，讲到苏维埃政权，讲到应该结束战争。）

Наконе́ц Алексе́й пове́рил в свою́ уда́чу, **в то,** что упо́рный труд увенча́ется успе́хом.（阿列克谢终于相信自己会成功，相信坚忍不拔的劳动一定能取得成功。）

（4）当指示词前有加强语气词и, то́лько, да́же, и́менно, лишь时。例如：

Он по́нял **то́лько то,** что с ним не хотя́т говори́ть.（他只是明白了一点：人家不愿同他谈话。）

Я хочу́ узна́ть **и́менно то,** что́ он тебе́ сказа́л.（我想知道的是他究竟对你说了些什么。）

当主句谓语是выхо́дит（结果是），быва́ет（有时），ка́жется（觉得），ду́мается（以为），слы́шится（听见），чу́вствуется（觉得），счита́ть（认

为），ви́деть（看见）等动词以及приказа́ть（命令），тре́бовать（要求）等要求что́бы连接从句的动词时，主句不用指示词то。例如：

Выхо́дит, что он сам винова́т.（原来是他自己不对。）

Мне ка́жется, что сего́дня тепле́е.（我觉得今天比较暖和。）

Все ви́дели, что она́ приле́жно у́чится.（大家都看到，她学习努力。）

Команди́р приказа́л, что́бы мы ушли́.（指挥员命令我们走开。）

五　说明从句中谓语的时间

带说明从句的复合句中，从句谓语的时间形式要以主句谓语的时间为基准来选定。例如：

Он спроси́л, как **шло** собра́ние.（他问会开得怎样。）

Он спроси́л, как **идёт** собра́ние.（他问会（现在）开得怎样。）

这两个从句都是说明从句。第一个从句谓语用的过去时，指"问"之前的会开得怎样。第二个从句谓语用现在时，表示和主句谓语同时的行为，спроси́л, как идёт собра́ние 关心的是"问"的当时"正开着的会"进行的情况如何。又如：

По́чта сообщи́ла, что она́ **вы́шлет** кни́ги 21 ма́я. Сего́дня уже́ 1 ию́ня, книг нет как нет.（邮局通知说，书会于5月21日寄出。今天已经是6月1日，书却始终未见。）

315

第十四章
带疏状从句和接续从句的主从复合句

一 带时间从句的主从复合句

时间从句说明主句行为、状态的时间，回答когда？（什么时候？） до каки́х пор？（到什么时候？）с каки́х пор？（从什么时候？）等问题。

时间从句常用连接词когда́, в то вре́мя как, с тех пор как (с тех пор, как), до того́ как, пре́жде чем, пе́ред тем как 等与主句连接。

1. 带когда́的从句，指出主句行为发生、进行、完结的时间。从句与主句的行为可能存在不同的时间关系：同时关系或先后关系。这与动词谓语的体有关。当主句与从句的行为同时进行时，主句与从句的行为一般都用未完成体表示。例如：

Когда́ **шёл** дождь, мы **сиде́ли** до́ма.（下雨的时候，我们待在家里了。）

当主句谓语用完成体，从句谓语用未完成体时，表示主句行为是在从句行为进行过程中发生的；而当主句谓语用未完成体，从句谓语用完成体时，则表示当从句行为发生时，正进行主句行为。这两种情况都是部分同时关系。

Когда́ брат уезжа́л, его друзья́ пришли́ к нему́ прости́ться.（哥哥要动身时，他的朋友们都来和他告别。）

Когда́ я вошёл в ко́мнату, брат де́лал уро́ки.（当我走进房间时，弟弟正在做功课。）

主句与从句谓语都是未完成体时，通常是表示行为的同时性，但也可能是先后关系，此时未完成体表示经常的、惯常的行为。例如：

Когда́ зима́ конча́ется, наступа́ет весна́.（冬去春来。）

带 когда́ 的从句常用来揭示、确切主句中的时间状语 тогда́, ка́ждый раз, тепе́рь 等的具体内容。例如：

Он просну́лся **тогда́, когда́** бы́ло совсе́м светло́.（当天大亮的时候，他才醒来。）

В оди́ннадцать часо́в, когда́ бу́дет темно́, до́лжен прибы́ть спаса́тельный отря́д.（十一点钟，天黑的时候，将有救援队到达。）

По утра́м, когда́ все мы спа́ли, ма́ма гото́вила за́втрак.（每天早晨，当我们大家还在睡觉时，妈妈就做早饭了。）

2. 连接词 **по́сле того́ как**（在……之后）, **с тех пор как**（自从……）, **как то́лько**（刚一）位于从句，表示主句行为在从句行为之后发生。

```
По́сле того́ как...
С тех пор как...    ⎬ ,...
Как то́лько...
```

По́сле того́ как рабо́та зако́нчена, все пошли́ домо́й.（工作结束之后，大家都回家去了。）

С тех пор как он прие́хал сюда́, прошло́ три го́да.（自从他来到这里，已经过去三年了。）

Как то́лько скры́лось со́лнце, ста́ло о́чень хо́лодно.（太阳刚一落山，（天儿）马上就变得很冷。）

Как то́лько я сел за уро́ки, сестрёнка говори́т: «Помоги́те мне».（我刚坐下来做功课，就听小妹妹说："帮我一下。"）

3. 连接词 **до того́ как**（(在)……之前）, **пе́ред тем как**（(在)……之前）, **пре́жде чем** 用于从句中，表示主句行为在从句行为之前发生；或在进行（出现）从句行为之前，先进行（出现）主句行为。

До того́ как начала́сь война́, моя́ семья́ жила́ в Шанха́е.（战争爆发之前我家住在上海。）

Пре́жде чем нача́ть уро́к, учи́тель внима́тельно осмотре́л класс.（开始讲课之前老师仔细地环视了一下教室。）

Пе́ред тем как уйти́, мне ну́жно убра́ть ко́мнату.（离开之前，我需要收拾一下房间。）

带这三个连接词的复合句，如果从句与主句行为属于同一主体，从句一般用不定式句，即谓语用动词不定式，句中无主语，试比较：

Пе́ред тем как идти́ к вам, я уже́ пообе́дал.（上您这儿来之前我已经吃过午饭了。）

Пе́ред тем как поступи́ть в университе́т, я рабо́тал на заво́де.（上大学之前我在工厂工作。）

Пре́жде чем говори́ть, на́до хороше́нько поду́мать.（说话之前，要好好考虑一下。）

4. 连接词 **до тех пор, пока́ не...** 表示主句动作延续到从句动作的实现，这里 "не" 无否定意义。从句中动词多用完成体。如：

Я бу́ду звони́ть **до тех пор, пока́ не** откро́ют дверь.（我要一直按铃到门开为止。）

Они́ бежа́ли **до тех пор, пока́ не** уста́ли.（他们一直跑到累了为止。）

有时 до тех пор 可以省略，如上面二例，意义不变。还应注意 пока не 与 пока 的区别。试比较：

пока́ не	пока́
Мы стоя́ли под де́ревом, пока́ не переста́л дождь. （雨停之前，我们一直站在树下。） Они́ рабо́тали, пока́ не уста́ли. （他们一直工作到累了为止。）	Мы стоя́ли под де́ревом, пока́ шёл дождь. （下雨的时候，我们站在树下。） Они́ рабо́тали, пока́ все бы́ли физи́чески си́льные. （他们有力气的时候就一直在干活。）

这里的пока́ не; до тех пор, пока́ не一般译作"一直到……（的时候）为止""在（没有）……以前""在……（尚未）……之际"。这里的пока́ не含限制意义：表示主句行为延续到从句行为发生时为止，其限制意义表现在从句是一个界限，主句行为到此中断或到此达到目的。从句中谓语动词前通常要加не，但有时也可以不加не，加не时更强调主从句中所述两件事之间的先后衔接。例如：

Он сиде́л у окна́, пока́ (не) стемне́ло. （他凭窗而坐，直到天黑。）

二　带处所从句的主从复合句

处所从句表示主句行为、状态的地点、来去方向，回答где? куда́? отку́да?的问题，处所从句用关联词где, куда́, отку́да 与主句相连接。主句中一般有指示词 там, туда́, везде́, всю́ду 等与之相呼应。如：

$$\left.\begin{array}{c}\text{...там}\\\text{...туда}\end{array}\right\}, \left\{\begin{array}{c}\text{где...}\\\text{куда...}\end{array}\right.$$

Я хочу́ рабо́тать **там, где** я бо́льше всего́ ну́жен. （我愿意到最需要我的地方去工作。）

Я пое́ду **туда́, куда́** пошлёт па́ртия. （党派我到哪里去，我就往哪里去。）

但где和там，或куда́和туда́不一定呼应，可能где与туда́，或куда́与там呼应，这要看动词要求где还是куда́。例如：

Мы идём **туда́, где** нас ждут друзья́. （我们往朋友们等着我们的地方去。）

Мы должны́ собра́ться **там, где** нас ждут друзья́. （我们在朋友们等我们的那个地点集合。）

Э́та у́лица ведёт **туда́, где** нахо́дится вокза́л. （这条大街通向火车站。）

Все смотрят **туда**, **где** должен появиться поезд.（大家都向火车应该出现的地方望去。）

其他关联词与指示词的对应也是同样情况。

例如不一定оттуда — откуда，也可能оттуда — где：

Мы пришли **оттуда**, $\begin{cases} \textbf{где} \text{ нас ждут друзья.} \\ \textbf{откуда} \text{ ты пришёл.} \end{cases}$

（我们从 $\begin{cases} \text{朋友们等我们} \\ \text{你来} \end{cases}$ 的那个地方来。）

处所从句尚可用来确切主句中副词表示的状语，常见的这种副词有：везде（到处），всюду（处所），слева（左边），направо（往右边），сюда（往这儿），отсюда（从这儿），здесь（在这里）等，回答где именно? 问题。例如：

Впереди, где кончался лес, стояли берёзы.（前边森林尽头的地方有一些白桦树。）

Везде, куда мы приезжали (或 где мы были), мы встречали друзей.（我们所到之处，到处都有朋友。）

处所从句也可能放在主句之前，形成**对应结构**，例如：

Куда вы идёте, **туда** и я.（你上哪儿去，我也上哪儿去。）

Где гнёт, **там** и сопротивление.（哪里有压迫，哪里就有反抗。）

这样的句子都是关联词和指示词相对应的结构，主句中指示词后往往有加强语气的и：

```
Куда..., туда и...
Где..., там и...
Откуда..., оттуда и...
```

三 带行为方式或程度从句的主从复合句

行为方式从句（прида́точное о́браза де́йствия）指出主句行为是如何发生、进行、完结的，回答как? каки́м о́бразом?（怎样？）等问题。**程度从句**（прида́точное сте́пени）则说明主句行为和特征的程度，回答 в како́й сте́пени?（什么程度？）до како́й сте́пени?（到什么程度？）问题。例如：

Учени́к всё де́лал **так, как веле́л учи́тель**.（男学生一切都按教师嘱咐的那样去做了。）（行为方式从句）

Зада́ча не **так** проста́, **как мы ду́мали**.（习题并不像我们想象的那么简单。）（程度从句）

1. 带行为方式从句的复合句，主句中有指示词 так，从句则以 как 起头。造句结构为：

$$\left.\begin{array}{l}\cdots\cdots 动词+так\\ 或\cdots\cdots так+动词\end{array}\right\}, как（关联词）\ldots\quad（表示行为方式）$$

Больно́й сде́лал всё **так, как** посове́товал врач.（病人一切都是遵医嘱做的。）

行为方式从句可能兼有结果意味或目的意味。例如：

Чита́й **так, что́бы всем бы́ло слы́шно**.（请读得大家都能听得见。）（兼有目的意味）

2. 带程度从句的复合句，主句中都有指示词 так（方式或程度），тако́й, насто́лько, до того́（程度），从句用连接词что, что́бы，关联词как与主句连接。

带程度从句的复合句，常见以下几种格式：

1) $\ldots$так $+\left[\begin{array}{l}动词\\ 副词\\ 短尾形容词\\ 谓语副词\end{array}\right]$, что（连接词）$\ldots$ （表示程度）

321

Моя́ родна́я дере́вня **так измени́лась, что** её не узна́ешь.（我的故乡变化如此之大，简直都使人认不出来了。）

Ве́ра **так лю́бит** матема́тику, **что** гото́ва це́лый день реша́ть зада́чи.（薇拉那么喜欢数学，她愿意整天解题。）

Фа́кты **так я́сны, что** невозмо́жно не ве́рить.（事实如此清楚，令人不能不信。）

Бы́ло **так тепло́, что** мы шли в ле́тних руба́шках.（天气那么暖和，我们已穿上了夏季的衬衫。）

2) ... такой + { 长尾形容词 / 名词 / 谓语副词 } , что（连接词）...　（表示程度）

Оте́ц шёл **таки́ми бы́стрыми шага́ми, что** ма́льчик с трудо́м поспева́л за ним.（父亲走得那样快，以至于男孩跟在他后面很吃力。）

Ве́тер дул с **тако́й си́лой, что** стоя́ть на нога́х было невозмо́жно.（风吹得那样猛，人站都站不住。）

3) ... так + { 动词 / 副词 } , чтобы ......　（程度兼有目的意义）

На́до чита́ть **так, что́бы** все слы́шали.（要读得大家都能听见。）

Учи́тель объясня́ет **так ме́дленно, что́бы** все успе́ли записа́ть за ним.（老师讲得那样慢，为的是使大家都能记下来。）

四　带比较从句的主从复合句

这类复合句表示主句所述内容与从句所述内容的比较、比拟，回答 как? 的问题。带比较从句的复合句可分为三种：

1. 带连接词 как, сло́вно, бу́дто, как бу́дто 的句子

…（无指示词），как (сло́вно, бу́дто, как бу́дто)…

连接词 как 用于与实际事实进行比较。从句与主句的谓语常为同一词或同义词。例如：

Он жил про́сто, **как все мы живём**.（他的生活很简朴，就像我们大家一样。）

Она́ говори́т, **как солове́й поёт**.（她讲起话来像夜莺歌唱一样。）

当主句与从句谓语为同一词时，比较从句中的谓语可以省略，例如：

Электро́ны враща́ются вокру́г а́тома, **как плане́ты** (враща́ются) **вокру́г со́лнца**.（电子围绕着原子核转，就像行星围绕着太阳运转一样。）

带连接词 бу́дто, сло́вно, то́чно, как бу́дто 的句子，表示某种假想的、可能的情况的彼此比较。例如：

Вся ко́мната вдруг потемне́ла, **то́чно** в ней задёрнулись занаве́ски.（整个房间一下子黑了起来，仿佛窗帘都拉上了似的。）

Рюкза́к был тяжёлый, **как бу́дто** в нём лежа́ли ка́мни.（背包很重，好像里面装着几块石头。）

> 注：带比较从句的复合句，主句中没有指示词 так, тако́й。主句中加进了指示词 так, тако́й，从句就变成行为方式或程度从句了，试比较：
>
> Рюкза́к был **тако́й** тяжёлый, как бу́дто в нём лежа́ли ка́мни.（背包那么重，好像里面装着几块石头。）（带程度从句的复合句）

2. 用连接词 чем 连接的句子

……比较级，чем…

чем（比……）引起的从句位于主句之后，чем 紧接主句中的形容词或副词比较级。例如：

Сего́дня холодне́е, **чем** вчера́.（今天比昨天冷。）

Он оказа́лся сильне́е, **чем** я предполага́л.（他的力气比我想象的要大。）

3. 用双重连接词 чем — тем 连接的句子

чем + 比较级……，（тем + 比较级……）

чем — тем 是双重连接词，чем 用于从句，тем 用于主句，意为"越是……越是……"，表示特征的"伴随性"，即同时加强或削弱，相辅相成、相得益彰；主句与从句都必须用形容词或副词比较级。例如：

Чем ночь темне́е, **тем** я́рче звёзды.（夜越暗，星越明。）

Чем бли́же к се́веру, **тем** холодне́е.（越往北，天越冷。）

Чем тяжеле́е предме́т, **тем** он ине́ртнее.（物体越重，它的惯性越大。）

Чем да́льше мы шли, **тем** трудне́е станови́лась доро́га.（我们越往前走，路越难行。）

五　带原因从句的主从复合句

原因从句用来说明主句中行为的原因或根据，表示与主句之间的因果关系，回答 почему́? отчего́? из-за чего́? по како́й причи́не? 等问题，常用连接词 потому́ что, оттого́ что, так как, оттого́ что, благодаря́ тому́, что, из-за того́ что 等与主句连接。例如：

На у́лицах бы́ло мно́го наро́ду, **потому́ что** был пра́здник.（街上人很多，因为是节日。）

带连接词 потому́ что 的从句要放在主句的后面，不可放在其前。

带连接词 так как 的从句可位于主句之后，也可放在主句之前，此时主句开头常有 то 与 так как 呼应。例如：

Де́вочка не отве́тила, **так как** она оби́жена холо́дным приёмом.（小姑娘没有答话，因为冷淡的态度使她感到委屈。）

Так как Ва́ня заболе́л, **то** он не пришёл на собра́ние.（因为万尼亚病了，

所以他没来开会。）

Так как было поздно, мы вернулись домой.（因为天色已晚，我们就回家了。）

连接词благодаря тому что（由于……），ввиду того что（鉴于……），в силу того что（由于……）一般用于书面语，用于公文语体。

连接词благодаря тому что 通常表示好的、有利的原因，из-за того что则表示不利的原因。如：

Пищевые продукты испортились **из-за того, что** они хранились в сыром месте.（食品坏了，是因为把它们保存在了潮湿的地方。）

Благодаря тому, что все усилили, работу закончили вовремя.（多亏大家共同努力，工作才按时完成。）

Из-за того, что погода ухудшилась, экскурсия отменена.（鉴于天气恶化，游览取消了。）

除так как 外，所有原因连接词都可以分成两部分。此时 что 留在从句，其前面部分留在主句，这使原因意义得到突出和强调。位于主句中的连接词部分带有重音，试比较：

Олег проснулся, **оттого что** дядя Коля будил его.（奥列格醒了，因为柯里亚舅舅叫了他。）

Олег проснулся **оттого, что** дядя Коля будил его.（奥列格之所以醒来，是因为柯里亚舅舅叫了他。）

当原因连接词前有加强语气词только, лишь, и, даже, 以及否定语气词 не 时，连接词必须分写。例如：

Он переехал **лишь потому, что** хотел быть ближе к природе.（他搬走了，仅仅是想要亲近大自然。）

Я говорю это **только потому, что** мне жаль тебе.（我说这个只是因为我可怜你。）

Часы стоят **не потому, что** их забыли завести.（表停了并不是因为忘记给它上弦了。）

六　带目的从句的主从复合句

目的从句指出主句行为的目的，回答зачем?（为什么？），с какой целью?（带有何种目的？）的问题，常用连接词чтобы (чтоб)与主句连接。例如：

①Врачи сделают всё, чтобы **больной** скорее **поправился**.（为使病人尽快痊愈，医生们尽了一切努力。）

②Врачи сделают всё, чтобы **спасти** больного.（为了挽救病人，医生们尽了一切努力。）

要注意的是：当主句与从句的行为属于同一主体时，从句中不再出现表示行为主体的成分，其行为用不定式表示，如例②，因为"尽（努力）"和"挽救"这两个行为都是同一主体（врачи）发出的，所以从句中行为就用了不定式。

当主句与从句的行为不属于同一主体时，从句要有主语，而谓语要用过去时形式，如例①。试再比较：

Я пришёл, чтобы **рассказать** вам об этом.（我来是为了给你们讲讲这件事。）

Я пришёл, чтобы **вы рассказали** мне об этом.（我来是让你们给我讲讲这件事。）

主句	从句
同一主体	
	① 无主语 ② 行为用不定式表示

主句	从句
主体 А	主体 Б
	① 有主语 ② 谓语用过去时表示

注：如果从句是无人称句，其主要成分（谓语）也要用过去时形式。例如：

Я дал ребёнку книжку с картинками, чтобы ему не **было скучно**.（我给孩子一本绘本，以使他不感到寂寞。）

在带目的从句的复合句中，为了强调目的，主句中常加指示词для того 与从句中的чтобы相呼应。例如：

Я пришёл к вам **для того, чтобы** с вами поговорить.（我到您这儿来是为了和您谈谈。）

Я пришёл не **для того, чтобы** спорить с вами.（我不是来和你争论的。）

带 чтобы 的目的从句可位于主句之前或之后，也可插在句子中间。如：

Чтобы сократить путь, мы шли лесом.（为了缩短路程，我们从树林里走。）

Мы шли лесом, **чтобы сократить путь**.（我们从树林里走，以便缩短路程。）

Мы, **чтобы сократить путь,** шли лесом.（我们为了缩短路程，从树林里走。）

并非所有带 чтобы 的从句皆是目的从句，有时它连接的可能是说明从句。试比较：

① Он сказал нам об этом, **чтобы мы не забыли**.（他告诉我们这件事的目的是让我们别忘了。）（从句回答 для чего? 或 зачем?）（目的从句）

② Друзья хотят, **чтобы я ещё раз спел эту песню**.（朋友们希望我再唱一遍这首歌。）（说明从句）（从句回答 Чего хотят от меня друзья?）

七　带条件从句的主从复合句

条件从句回答При каком условии?（在什么条件下？）的问题，条件从句借助连接词если (если... то...)，раз (раз... то...)等与主句连接，说明主句中事实发生或可能发生的条件。例如：

Если завтра будет хорошая погода, то мы поедем за город.（如果明天天气好的话，我们就到郊外去。）

Раз дождя́ нет, зна́чит мо́жно идти́ да́льше.（既然没有雨，这就是说可以继续走了。）

Раз не зна́ешь, молчи́.（既然不知道，就别吱声。）

条件从句可位于主句之前、主句之后或主句中间。例如：

Е́сли дождь переста́нет, мы отпра́вимся на рабо́ту.（如果雨停了，我们就去干活。）

Мы отпра́вимся на рабо́ту, **е́сли дождь переста́нет**.（译文同上）

Мы, **е́сли дождь переста́нет**, отпра́вимся на рабо́ту.（译文同上）

带е́сли的从句在主句之前时，主句中可以用то与之呼应。例如：

Е́сли ядро́ разру́шишь, **то** освобожда́ется огро́мная эне́ргия.（如果使原子核破裂，就会释放出巨大的能量。）

Е́сли ты лю́бишь э́ту кни́гу, **то** я её тебе́ дам.（如果你喜欢这本书，我就把它给你。）

主句句首除用то与从句呼应外，还可用так, тогда́等词。如：

Раз вы согласи́лись, **так** вам нельзя́ отка́зываться.（既然您同意了，就不能再拒绝。）

Е́сли вы уста́ли, **тогда́** отдохни́те.（如果你们累了，那么就休息吧。）

上述各从句所表示的条件是现实的。有的条件从句所表示的条件是虚拟的、假设的。如：

Я пришёл бы к вам, **е́сли бы вы меня́ пригласи́ли**.（若是您邀请了我，我就到您这儿来了。）

Е́сли бы у нас бы́ли биле́ты, мы пошли́ бы в теа́тр.（我们若是有票，就到剧院去了。）

Она́ бы не заболе́ла, **е́сли бы не попа́ла под дождь**.（若不是被雨淋，她是不会病倒的。）

可参看本书"动词的假定式"部分。

八　带让步从句的主从复合句

让步从句表示与主句内容相悖的现象和事实，回答 несмотря́ на что（尽管怎样？）的问题。让步从句扩展整个主句，通常用连接词 хотя́ 或 несмотря́ на что（虽然，尽管）与主句相接。例如：

Хотя́ стоя́т моро́зы, де́ти ве́село игра́ют на дворе́. （虽然天气寒冷，孩子们依然快活地在户外玩耍。）

В степи́ было ти́хо, па́смурно, **несмотря́ на то, что** со́лнце подняло́сь. （虽然太阳已经升起，草原上却显得宁静，且（天气）阴暗。）

Несмотря́ на то, что наш ста́роста до́лго боле́л, он всё же сдал экза́мены. （尽管我们班长病了很久，他也还是通过了各科考试。）

带 хотя́ 的从句位于主句之前时，主句开头可有 но 与 хотя́ 呼应。例如：

Хотя́ она поги́бла, **но** и́мя её бу́дет жить в века́х. （虽然她牺牲了，但她的英名永存。）

Хотя́ о́чень жаль, **но** мне пора́ идти́. （尽管很舍不得，但我还是该走了。）

让步从句还可用 как ни, ско́лько ни, кто ни, что ни, куда́ ни, когда́ ни 等与主句连接。这种从句带有概括让步性质，意为"不管（无论）如何（多么）……（无论谁），（无论什么），（无论往哪儿），（无论何时）"，例如：

Кто ни встреча́л его́, все ему́ сочу́вствовали. （无论谁见到他都同情他。）

Что ни рассказа́ли, он ниче́м не интересова́лся. （不管给他讲什么，他一点儿都不感兴趣。）

Куда́ мы **ни** приезжа́ли, везде́ нас горячо́ встреча́ли. （不管我们到了哪里，到处都受到热烈欢迎。）

Когда́ я **ни** приходи́л к нему, его́ всё не бы́ло до́ма. （不管我什么时候到他那里去，他总是不在家。）

Ско́лько ни бу́дешь стуча́ть, ни за что не откро́ю. （不管你敲多长时间，

我决不开门。）

Сколько Саша **ни** думал, ничего не приходило ему в голову.（不管萨沙想了多久，他还是什么也不会想出来。）

为加强语气，句中как ни, сколько ни等还可带有бы构成，此时 как бы ни, сколько бы ни, 不管涉及的是什么时候的情况，从句谓语只能用过去时。例如：

Как бы я **ни** старался, и не выполню это задание в срок.（无论我怎么努力，我也不能按时完成任务。）

Сколько бы я **ни** жили, я не забуду этого（Л. Толстой）.（无论我活多久，我都忘不了这件事。）（托尔斯泰）

九　带结果从句的主从复合句

结果从句用连接词так что与主句相接，表述主句内容导出的结果。结果从句扩展整个主句，永远位于主句之后。其结构为：

（主句），так что...

Дождь лил как из ведра, **так что** выйти на улицу было невозможно.（大雨倾盆，根本没法外出。）

Я сделал ошибку в начале вычисления, **так что** надо было всё начинать сначала.（我开始计算时就出了错，所以全得重来。）

До меня выступавшие высказали всё важное и необходимое, **так что** мне нечего добавить.（在我之前发言的人把所有重要的和必要的东西都讲了，所以我没什么可补充的了。）

十 带接续从句的主从复合句

接续从句使用что, отчего́, заче́м, почему́ 等与整个主句发生关系。从意义上看，接续从句表示对主句内容的补充说明或表示结论、结果。接续从句不属于疏状（状语）从句。因篇幅小，不宜单独成章，我们暂且把它与疏状从句合为一章。例如：

Брат верну́лся, **что** о́чень обра́довало роди́телей. （哥哥回来了，这使双亲很高兴。）

Он пло́хо знал го́род, **заче́м** и взял такси́. （他对城市不熟悉，因此打了辆出租车。）

从上面的例句中可见，关联词что, заче́м分别代表主句的内容，接续从句永远位于主句之后。带接续从句的复合句结构是：

主句，что (заче́м, отчего́, почему́...) ...

关联词что可以用于各种格（带或不带前置词），究竟用哪一格的形式，取决于它在从句中的语法地位。例如：

В 10 часо́в ве́чера бра́та ещё не́ было до́ма, **что** всех нас беспоко́ило. （夜里十点钟弟弟还没回家，这使我们大家很不安。）

В нача́ле апре́ля прошёл си́льный дождь, **благодаря́ чему́** снег бы́стро та́ял. （四月初下了一场大雨，因此雪很快就化尽了。）（句中что因благодаря́要求用第三格。）

Пя́того ма́я я прие́ду в Шанха́й, **о чём** я уже́ писа́л дире́ктору Ва́ну. （我将于5月5日抵沪，关于此事我已写信通知了王经理。）（句中о чём是писа́л要求的补语）

第十五章
无连接词复合句

一 概述

由两个或两个以上的单句，不用连接词和关联词，而是用语调、句序等手段连接而成的复合句，叫**无连接词复合句**（бессою́зные сло́жные предложе́ния）。例如：

（1）Тепе́рь он зна́ет: лисе́ ве́рить нельзя́.（现在他明白了，不能相信狐狸。）

（2）Тепе́рь он зна́ет, что лисе́ ве́рить нельзя́.（译文同上）

这两个句子意思相同，不同之处在于只是例（2）有连接词что，而例（1）不带连接词。因此类似例（1）的句子叫无连接词复合句。

无连接词复合句中，有的相当于带连接词的主从复合句，而有的则相当于带连接词的并列复合句，试比较：

Наступи́ло ле́то, заня́тия в шко́ле ко́нчились.（夏天来了，学校功课结束了。）（主从复合句）

Наступи́ло ле́то, **и** заня́тия в шко́ле ко́нчились.（夏天来了，学校功课结束了。）（并列复合句）

无连接词复合句由于没有连接词、关联词做语法标志，那么句间的意义关系，要根据语调和上下文来确定。口头上靠语调，书面上通过相应的标点符号体现出来。无连接词复合句中的标点大体上可以作为分句间意义关系的标志。后句补充、揭示前句具体内容时，分句间用冒号。例如：

Из их рассказов было ясно: жизнь рабочего везде одинакова.（从他们的讲述中可以清楚地知道：工人的生活到处都一样。）

前句表示后句的条件时，分句间用破折号。例如：

Не умеешь отдыхать — не умеешь и работать.（不会休息，也就不会工作。）

不过，冒号与破折号也可以表示其他关系。例如：

Учитель был доволен — всё шло хорошо.（老师很满意，因为一切都很顺利。）

在这个句里，破折号表示了因果关系，相当于冒号。可见标点符号不是唯一的标志只是个重要参考因素罢了。

由于没有连接词或关联词这种语法标志，无连接词复合句不宜区分并列复合句与主从复合句，只能说与之相当或相近。

二　相当于并列复合句的无连接词复合句

1. 表达列举关系的无连接词复合句

各分句间点逗号，相当于带连接词и的并列复合句。

有的复合句，各分句间关系不那么密切，分句间便打"；"，例如：

Наш корабль стоял у берега Африки. День был прекрасный; с моря дул свежий ветер.（我们的军舰停泊在非洲的岸边。那一天天气晴朗；海面上吹着清爽的风。）

2. 表达对别、对比关系的无连接词复合句

这类复合句相当于带连接词а和но的并列复合句，表示两分句之间有对比、对立或意义的转折等关系，分句间常用破折号，有时也见到用逗号的情

形。如：

Телегин писал Даше каждый день — она отвечала ему реже.（捷列金天天给达莎写信，但她却很少回信。）

Впереди была жизнь, позади — плен и гибель.（前进就有活路，后退则只有被俘和死亡。）

三　相当于主从复合句的无连接词复合句

1. 后一分句相当于说明从句

后面的分句相当于（带что的）说明从句，对前句中某成分起补充、说明作用。这样的复合句，分句间打冒号，句子格式为：

[……]: [说明].

Мечта его осуществилась: он стал лётчиком.（他的愿望实现了：他成了飞行员。）

И только сейчас Таня вспомнила: сегодня Надежде Сергеевне исполняется пятьдесят лет.（只是这会儿丹娘才想起来，今天娜杰日达·谢尔盖耶夫娜满五十岁。）

（试比较：...Таня вспомнила, **что** сегодня Надежде Сергевне исполняется пятьдесят лет.）

Она долго несла раненого и думала только об одном: как помочь раненому.（她背着伤员走了很久，心里只有一个念头：怎样抢救伤员。）

有的无连接词复合句在变为带说明从句的复合句时，需加и увидел, что; и услышал, что; и почувствовал, что; и заметил, что 等。试比较：

Посмотрел я в ответ : всё точно.（我看了看答案：全对。）

Посмотрел я в ответ **и заметил, что** всё точно.（我看了看答案，发现全对。）

2. 后面的分句相当于原因从句

表示因果关系，第二分句表示第一分句行为的原因、根据，分句间打冒号，可放进连接词 потому́ что, так как。如：

Но институ́т она́ не успе́ла ко́нчить: 22 ию́ня 1941 го́да неме́цкие фаши́сты напа́ли на Сове́тский Сою́з. （然而她未能念完大学，因为1941年6月22日德国法西斯对苏联发起了进攻。）

Пора́ спать: уже́ по́здно.（该睡觉了，已经很晚了。）

3. 第一分句相当于时间或条件从句

这种复合句，分句间用破折号，第一分句表示时间或条件。如：

Придёт весна́ — дви́нутся парохо́ды.（春天一到，轮船就要开动了。）

（试比较：Когда́ придёт весна́, дви́нутся парохо́ды.）

Волко́в боя́ться — в лес не ходи́ть.（怕狼的话就别进森林。）

（试比较：Е́сли волко́в боя́ться, в лес не ходи́ть.）

4. 第二分句相当于结果从句

这种复合句第二部分指出第一部分内容导出的结果、结论。中间用破折号，第二部分前可加连接词 так что。如：

Ме́лкий до́ждик се́ет с утра́ — вы́йти невозмо́жно.（蒙蒙细雨从一清早就下个不停，因此无法出门。）

（试比较：Ме́лкий до́ждик се́ет с утра́, так что вы́йти невозмо́жно.）

Мы сиде́ли в пе́рвом ряду́ — нам всё бы́ло хорошо́ ви́дно.（我们坐在头一排，因而我们全都看得清。）

（试比较：Мы сиде́ли в пе́рвом ряду́, так что нам всё бы́ло хорошо́ ви́дно.）

第二分句相当于结果从句的无连接词复合句。也可把第一分句转换为原因从句，第二分句转换为主句，如上面第二例可转换为：

Так как мы сиде́ли в пе́рвом ряду́, нам всё бы́ло хорошо́ ви́дно.

5. 第二分句表示对前句的某种追述或补充说明，相当于接续分句

句中常有 тако́й, так, вот что, э́то 等代（副）词。如：

Она́ хорошо́ улыба́ется, **така́я** улы́бка была́ у мое́й ма́тери.（她笑容可掬，我母亲就是这样笑的。）

Прика́з есть прика́з — **так** воспита́ла его а́рмия.（命令就是命令，军队就是这样教育他的。）

Вы встре́титесь с тру́дностями: **э́то** почти́ не избе́жно.（你们一定会遇到困难，这几乎是不可避免的。）

第十六章
繁式复合句

有的复合句结构比较复杂，由三个或三个以上分句构成。这些复合句一般称为繁式复合句，常见有如下几种类型：

一 带从句的并列复合句

1. 并列复合句的某分句带有从句。例如：

Долго втроём сидели мы в саду, и Маруся нам рассказывала, что делала.
（我们三个人一起在花园里坐了好久，玛鲁霞给我们讲了她的所作所为。）

从上图可以看出：分句（1）和（2）是并列关系，（3）是（2）的说明从句。

再看下例：

Неизвестно, чем кончилось бы это, но в это время мальчика позвали к чаю.
（不知这会如何结局，然而此刻男孩被唤去喝茶。）

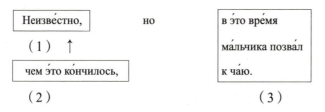

可以发现：分句（1）带有一从句（2），分句（1）和（2）作为一个整体同（3）发生并列关系。

2. 有可能一个从句同时与两个主句发生关系。例如：

Когда́ Кашта́нка просну́лась, бы́ло уже́ светло́ и с у́лицы доноси́лся шум.（卡施坦卡醒来时天已大亮，街声喧杂。）

图中，时间从句（1）同时与分句（2）和（3）发生关系，分别是（2）（3）的从句，而（2）（3）则是并列关系。

二　带并列从句的主从复合句

1. 一个主句同时带有若干从句。例如：

Я люблю́ бо́льше всего́ го́род, где я роди́лся, где прохо́дят мои́ шко́льные го́ды и где у меня́ мно́го друзе́й.（我最喜欢的城市就是那个我出生于斯、度过童年时期、结交了许多朋友的城市。）

(1) Я люблю́ бо́льше всего́ го́род,

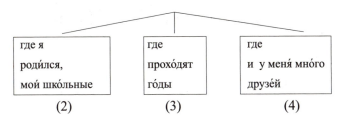

三个由关联词где引出的从句都与主句（1）发生关系，都从同一角度限定主句中的名词是го́род，是同等从句。

同等从句可能用不同连接词或关联词与主句连接，只要从句是从同一角度与主句发生关系，回答同一问题。如下列句中两个从句，虽然关联词不同，但都是与объясня́ли发生关系的说明从句：

Большевики́ объясня́ли рабо́чим, кто вино́вник и как ну́жное ним боро́ться.（布尔什维克向工人们宣讲：谁是罪魁祸首，应该怎样同他斗争。）

2. 一个主句带有两个或两个以上的从句，这些从句属非同等从句，因为与主句的不同成分发生关系，或者从不同角度与主句的同一成分发生关系，回答不同问题。例如：

Всё, что постро́ено на Земле́, принадлежи́т тем, кто стро́ил.（地球上建成的一切都应属于建设者。）

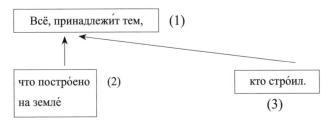

如图，分句（1）всё принадлежи́т тем 是主句，分句（2）是限定从句，与всё发生关系，分句（3）即кто стро́ил 与主句中的тем发生关系，也是限定从句。这两个分句虽都属于限定从句，但与主句的不同成分发生关系，因而是非同等从句。

三　带递序从句的主从复合句

两个或两个以上的从句处于递序从属关系，即分句（2）是（1）的从句，（3）是（2）的从句，那么（3）则为二级从句。例如：

Отец писал мне, что, когда я уехал, мать долго плакала.（父亲写信告诉我：我走了之后，母亲哭了好久。）

如图，分句Отец писал мне是主句，分句（2）是说明从句，与писал发生关系，而分句（3）即когда я уехал与分句（2）发生关系，是说明（2）的时间从句。因此分句（2）是一级从句，分句（3）二级从句，整个句子表现为递序从属关系，故被称作带递序从句的主从复合句。

四　兼带并列从句与递序从句的复合句

还有这样的繁式复合句：主句带有并列从句，并列从句中有的又带有二级从句。例如：

Наша молодёжь должна знать, какой путь прошли люди старшего поколения, какую борьбу выдержали они, чтобы дети и внуки их могли жить счастливой жизнью.（我们的青年应该知道老一辈的人走过了什么样的道路，经受了什么样的斗争，才能为了子孙后代过上幸福生活。）

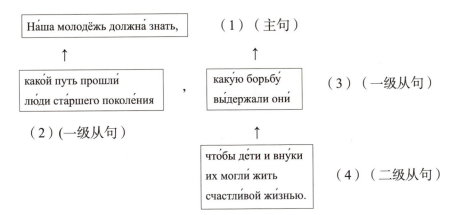

如图，分句（1）是主句，分句（2）和（3）是说明从句，均为一级从句，与знать发生关系，而分句（4）作为二级从句与（3）发生关系，是说明（3）的目的从句。

第十七章
直接引语与间接引语

一 直接引语

写文章或说话时常常原封不动地引述别人或自己的话语、想法，用引号括起来。这用引号括起来的语句，就叫做**直接引语(прямая речь)**。例如：

«Что ты де́лаешь?» — спроси́л я. （"你在做什么？"我问。）

Вдруг кто-то кри́кнул: «Аку́ла!» （突然有人喊了一声："鲨鱼！"）

作者在使用直接引语时往往附加一定的语句，说明引的是谁的话、那话是对谁说的、什么场合说的等等。这种引出直接引语的话，叫作者之话 (а́вторские слова́)。如上例中，直接引语以外的部分（спроси́л я; вдруг кто-то кри́кнул）都是作者之话。

如上例所示，作者之话可放在直接引语前、直接引语后或插在直接引语之中。

二 直接引语的书写与标点符号

直接引语书写时，第一个字母要大写。俄语直接引语可用引号或破折号标出。

第十七章　直接引语与间接引语

1. 直接引语（作品中人物的话）单独起行时，一般用"—"。

```
作者之话：
—直接引语
```

Однажды ста́рший брат дал мне кни́гу и сказа́л:

— Отнеси́ в библиоте́ку и возьми́ другу́ю.

（一天，哥哥给了我一本书，并说道："送图书馆去，再借一本别的书。"）

Но ма́льчик отве́тил:

—Я не могу́ уйти́. Я часово́й.

（可是小男孩回答说："我不能走开。我是哨兵。"）

2. 直接引语不另起行时，一般用引号«　»或""，引语前加冒号（：）。

```
作者之话：«直接引语»
```

Вдруг кто́-то кри́кнул: «Аку́ла!»（突然有人喊了一声："鲨鱼！"）

试比较：

Вдруг кто́-то кри́кнул:

—Аку́ла!（译文同上）

3. 按照俄语的一般规则，直接引语放引号内时，句号放在引号外，而感叹词、问号、省略号则要放在引号内。

```
«直接引语».
«直接引语?！……»
```

Капита́н вы́шел на па́лубу и кри́кнул: «Купа́ться!»（船长走到甲板上，喊了一声："洗澡哇！"）

Тепе́рь он ду́мал: «Мо́лодость не помеша́ет ей стать настоя́щей поля́рницей».（现在他却以为："青春年少并不影响她成为一名真正的北极工作者。"）

Наконе́ц я ей сказа́л: «Пойдём погуля́ть!»（最后我对她说道："我们去

散散步吧！"）

4. 直接引语在前、作者话在后时，作者话之前用"—"，同时，作者的话第一个字母小写，谓语在前，主语在后。

> —直接引语，（?!……）—（谓+主）．

— Петру́сь! — послы́шался го́лос дя́ди. （"彼特鲁西！"传来舅舅的声音。）

— Ах, како́й нехоро́ший ма́льчик! — сказа́ла де́вочка. （"哎呀，你这小孩可太不好了！"小姑娘说。）

注意：在这种情况下直接引语如为陈述句时，原来句末的句号要换成逗号。例如：

— Дя́дя вы́учил, — отве́тил Петру́сь. （"舅舅教的，"彼特鲁西回答说。）

试比较：

Петру́сь отве́тил: «Дя́дя вы́учил». （彼特鲁西回答说："舅舅教的"。）

5. 当作者之话插在直接引语之间时，作者话的前后都用"—"，第一字母小写，谓语在前，主语在后。

> «直接引语，—（谓+主），—直接引语»．

«Не серди́сь, — говори́л он, — пла́кать то́же не на́до». （"不要生气，"他说，"也不要哭。"）

«Ба́бушка, — вдруг сказа́л Ва́ся, —дава́й я тебе́ утю́г починю́». （"外婆！"瓦夏突然叫道，"让我帮你修理电熨斗吧！"）

注意：俄语与汉语不同，引号只用在引语最前与最后，断开的地方，即作者之话前后，不再加引号。

6. 如果前后被拆开的直接引语是一个完整的句子，那么直接引语的第二部分小写开头，同时，作者之话后点逗号。

> —直接引语, —作者之话, —引语.

——Видишь, — сказал Вася, — контакт плохой. （"你看，"瓦夏说，"接触不良。"）

7. 如果作者之话是放在两个独立的句子中间，那么作者之话的前面用逗号和破折号，或问号、感叹号加破折号，作者之话后用句号加破折号，同时，第二部分直接引语大写字母开头。

> —直接引语, （？！……）—(谓+主).—（大写开头）直接引语.（？！……）

—— Молодец! — сказал майор. — Из тебя выйдет настоящий воин. До свидания! （"好样的！"少校说。"你会成为一个真正的军人。再见！"）

—— Мама? — переспросила задумчиво девочка. — А моя мама позволила мне ходить над рекой. （"妈妈？"小姑娘若有所思重复了一句。"可是，我的妈妈允许我到河边去。"）

——Я не странный, — ответил мальчик печально. —Я ... я слепой. （"我不古怪，"男孩伤心地说。"我……我是个瞎子。"）

8. 如果插在中间的作者之话，其后一部分与后面的直接引语相关，则在作者话后面用冒号和破折号。

> —直接引语, —(谓+主)：—引语.

——Не сердись, — повторил он и на ухо добавил: — плакать тоже не надо. （"不要生气，"他重复了一遍，并且低声地在耳边补充了一句："也不要哭。"）

三 变直接引语为间接引语

原原本本引用的话叫直接引语，转述别人的话叫**间接引语**（ко́свенная речь）。例如：

Он сказа́л: **«Приду́ ве́чером».**（他说："我晚上会来。"）（直接引语）

Он сказа́л, что **придёт ве́чером**.（他说他晚上会来。"）（间接引语）

间接引语实际是主从复合句的从句：作者话是主句，间接引语则为用连接词或关联词连接的从句。

把直接引语变为间接引语时，句子结构、原来的词形要发生一定的变化。

1. 如果直接引语是第三者的话，那么变间接引语时，直接引语中的一、二、三人称都要变为第三人称。例如：

直接引语	间接引语
Он сказа́л: «**Я приду́** ве́чером».（他说："我晚上会来。"）	Он сказа́л, что **он придёт** ве́чером.（他说他晚上会来。）
Что **ты** там, лиса́, **де́лаешь**? — спроси́л козёл.（"喂，狐狸，你在那里干什么呢？"山羊问。）	Козёл спроси́л лису́, **что она́** там **де́лает**.（山羊问狐狸在那里干什么。）

2. 如果直接引语是祈使句，那么相应要变为带**что́бы**的从句。例如：

По́вар сказа́л Алёше: «Чита́й э́ту кни́гу!»（厨师跟阿廖沙说："你读这本书吧！"）	По́вар сказа́л Алёше, **что́бы он чита́л э́ту кни́гу**.（厨师让阿廖沙读这本书。）

3. 如果直接引语是疑问句，带有疑问代词 **кто, что, какóй, котóрый, чей, скóлько, гдé, кудá, почемý** 等变间接引语时，就以这些词为关联词。例如：

Он спроси́л: «Котóрый час?».	Он спроси́л, котóрый час.
（他问："几点了？"）	（他问几点了。）
Ю́ра спроси́л Та́ню: «Когда́ ты придёшь?»	Ю́ра спроси́л Та́ню, когда́ она́ придёт.
（尤拉问丹娘："你什么时候来？"）	（尤拉问丹娘什么时候来。）
Де́вочка спроси́ла слепóго ма́льчика: «Заче́м ты меня́ гóнишь?»	Де́вочка спроси́ла слепóго ма́льчика, за че́м он её гóнит.
（小姑娘问盲童："你干嘛跟着我？"）	（小姑娘问盲童为什么跟着她。）

4. 如果直接引语是不带疑问词的疑问句，那么变间接引语时，应加疑问语气词**ли**以连接主句与从句。例如：

Де́вочка спроси́л слепóго ма́льчика: «Ты придёшь?».	Де́вочка спроси́л слепóго ма́льчика, придёт **ли** он.
（小姑娘问盲童："你一定来吗？"）	（小姑娘问盲童是否一定会来。）
Я спроси́л: «Ви́тя, ты зада́чи реши́л?»	Я спроси́л Ви́тю, реши́л **ли** он зада́чи.
（我问："维佳，你习题都解完了吗？"）	（我问维佳是否都解完了习题。）

参考书目

本书编写过程中主要参考了以下图书：

1. Бархударов С.Г.等编《Русский язык》. М., 1976.
2. Воробьева Г.Ф.等编《Современный русский язык》. М., 1975.
3. Новиков Л.А.主编《Современный русский язык》. СПБ Лань, 2001.
4. Почтенная Т.Г.,《Русский язык. Синтаксис》. М.,1977.
5. 《Правила русской орфографии и пунктуации》. М.,1956.
6. Пулькина И.М.与Захава Е.Б.编《Учебник русского языка (для студентов》иностранцев)》. М., 1979.
7. Розенталь Д.З.主编《Современный русский язык》. М., 1976.
8. 陈国亭、赵淑贤：《俄语初级实践语法》（第2版），外语教学与研究出版社，2017。
9. 陈国亭：《俄语语法教程》，上海外语教育出版社，2016。
10. 程千山：《现代俄语语法教程》，东南大学出版社，2015.
11. 《大学俄语》（1—4册），外语教学与研究出版社，1996。
12. 杜桂枝：《现代俄语句法学》，北京大学出版社，2019。
13. 樊明明：《现代俄语修辞学教程》，外语教学与研究出版社，2014。
14. 郝燕：《新时代俄语系统语法》，北京出版社，2009。
15. 黄颖：《新编俄语语法》，外语教学与研究出版社，2008。
16. 李勤等：《俄汉英句法语义对比研究》，外语教学与研究出版社，2016。
17. 王福祥：《现代俄语句法的几个问题》，外语教学与研究出版社，2016。
18. 吴贻翼：《现代俄语复合句句法学》（第2版），北京大学出版社，2015。
19. 信德麟、张会森、华劭：《俄语语法》（第2版），外语教学与研究出版社，2009。

20. 《义务教育课程方案和课程标准》（2022年版），中华人民共和国教育部制定，2022。

20. 张会森：《当代俄语语法》，商务印书馆，2010。

21. 张会森：《最新俄语语法》，商务印书馆，2000。